Florida

Zeit für das Beste

Highlights – Geheimtipps – Wohlfühladressen

»In Florida we salt margaritas, not sidewalks«

Wand-Graffiti in der »Green Parrot Bar« von Key West

BRUCKMANN

Florida

Zeit für das Beste

Dirk Rheker
Sabine Rheker-Weigt
Christian Heeb

BRUCKMANN

Oben: Kurze Wege zur nächsten Welle am Atlantik
Mitte: Auffallen um jeden Preis ist auch auf dem Ocean Drive in Miami Beach ein beliebter Sport.
Unten: Fotoshooting unter dem warmen Licht der subtropischen Sonne

INHALTSVERZEICHNIS

Oben: Der Ocean Drive ist eine beliebte Party- und Ausgehmeile.
Mitte: Beim Sonnenuntergang in St. Pete Beach wenden sich alle Blicke nach Westen.
Unten: Cinderella Castle im Magic Kingdom des Walt Disney World Resorts

DIE TOP TEN

CLUBBING IN MIAMI BEACH (S. 46)

»Mansion«, »Treehouse«, »LIV Nightclub« und, und, und – Miami Beach ist Floridas Hochburg der Partygänger. Vor allem um die berühmte Collins Avenue herum wird die Nacht inmitten gestylter Models, muskelbepackter Beaus und VIPs zum Tag. Und natürlich legen DJs aller angesagten Musikrichtungen auf.

HOCHSEEANGELN AUF ISLAMORADA (S. 64)

In der »Sportanglerhauptstadt der Welt«, wie sich Islamorada stolz nennt, hat man die Qual der Wahl: Morgens einen Fisch aus dem Atlantik an den Haken holen oder nachmittags einen frischen Fang aus der seichteren Florida Bay an Land ziehen? Die günstige Insellage in den Upper Keys macht's möglich. Und Angler glücklich.

WANDERN IN DEN EVERGLADES UND BIG CYPRESS (S. 88)

Ohne Boot – und bei günstiger Witterung auch ohne nasse Schuhe – lernen Spaziergänger und Wanderer das Naturwunder »River of Grass« auf gut ausgebauten Wegstrecken kennen. Von 300 Metern Kürze bis zu vielen Kilometern Länge ist alles dabei – Infos gibt's jeweils im Visitor Center.

TAUCHEN IM BISCAYNE NATIONAL PARK (S. 100)

Das drittgrößte Riff der Welt lockt Taucher und Schnorchler gleichermaßen an. Und zeigt sich von seiner unnahbaren und geheimnisvollen Seite: Wer die faszinierende Unterwasserwelt entdecken will, muss mit dem eigenen Boot anreisen, denn der Nationalpark ist weitgehend unerschlossen, und seine Inselchen sind nur auf dem Wasserweg zu erreichen.

GOLFEN IN NAPLES (S. 150)

Fast 100 Golfplätze bietet das elegante Naples am Golf von Mexiko seinen Gästen: öffentlich, privat, mit und ohne angegliederte Schulen, beleuchtet oder möglichst naturnah. Neu in Sachen Golfen? Die Rick Smith Academy im Tiburón Golf Club gilt als eine der besten Golfschulen in den Staaten.

JSCHELN AUF SANIBEL ISLAND (S. 137)

obsmuscheln, Kronenschnecken, Engelsflügel, ıddollars und die unter Sammlern begehrte grane Junonia – sie alle sind hier am Strand zu den und machen das Eiland zu einem der besten schelsammelreviere weltweit. Im Bailey-Mat-ws Shell Museum werden die kalkigen Kost-keiten erklärt.

NSTGENUSS IN SARASOTA (S. 126)

e Meister der europäischen Malerei, wie Rubens, ian und Velázquez, beziehungsweise ihre Werke, ft der kunstinteressierte Besucher des Ringling ıseum of Art in Sarasota. Weiter nördlich, in Petersburg, begeistert das Salvador Dalí Museum t mehr als 2100 Exponaten Bewunderer des ınischen Surrealisten.

ANIEREN IN PALM BEACH (S. 190)

ıcht, Prunk und Luxus an jeder Ecke: Der Nobel-ist die Heimat des amerikanischen Geldadels. man in den Edelboutiquen der Worth Avenue ɔppen möchte, ist eine Frage des persönlichen ldbeutels. Aber Flanieren und Schauen auf der ganten Meile ist nicht minder lohnenswert – d obendrein kostenlos.

ANATIS IM CRYSTAL RIVER (S. 104)

hönheiten sind sie zwar nicht, aber die »grauen esen« bezaubern mit ihrem friedlichen Wesen d ihren knuddeligen Formen. Im Crystal River eserve State Park und im Homosassa Springs ldlife State Park kann man den Seekühen mit en freundlichen Knautschgesichtern begegnen, fotografieren, beobachten – und sogar mit ıen schwimmen.

ADDELN AUF DEM SUWANNEE RIVER (S. 263)

eltberühmt, weil viel besungen: der 426 km lange wannee River. Der romantische Fluss mit seinen stallklaren Quellzuflüssen im Norden Floridas t als Eldorado für Kajakfahrer, Angler und Sport-ucher. Und seine breite Mündung als eines der ößten naturbelassenen Deltas der USA.

Oben: Bilderbuchstrand: Smathers Beach auf Key West
Mitte: In vielen Gegenden Floridas kann man Delfine aus der Nähe erleben.
Unten: Wie ein verzauberter Märchenwald mutet das Chassahowitzka National Wildlife Refuge an.

Florida – Projektionsfläche für Träume

Ein flirrender Feuerball über türkisfarbenem Wasser. Weißer, puderfeiner Sand unter den Füßen. Ein Schwarm Pelikane zieht über den Spülsaum, im klaren Wasser tummeln sich zwei verspielte Delfine. Von irgendwoher klingt Gitarrenmusik. Und ein zarter, warmer Wind rauscht in den Palmwedeln. Kann das alles denn wahr sein?

Rein geografisch gesehen ist Florida nicht mehr als ein Anhängsel am Kontinent Nordamerika. Ein 800 Kilometer langer Appendix – zwischen den Südstaaten der USA im Norden und der Karbik im Süden. Aber gleichzeitig ist Florida auch eine der größten Projektionsflächen für Träume und Sehnsüchte, die die Vereinigten Staaten zu bieten haben. Sonne, endlose Strände, Palmen, Meer und eine Flora und Fauna wie im Garten Eden – so stellen sich die Menschen den Sunshir State vor. Und so lernen viele ihn dann auch kennen. Als Touristen, als Einwanderer oder als Teilzeit-Residenten.

Erwartungen im Gepäck

Die meisten Besucher landen mit dem Flugzeug auf einem der internationalen Flughäfen Florida. Mit ganz unterschiedlichen Erwartungen im Gepäck. Die einen möchten am Strand relaxen oder freuen sich auf romantische Sonnenuntergänge auf den Keys. Andere haben ihre *travel bags* voll Golfschläger dabei, um auf einem der über eintausend Golfplätze einzuputten. Wieder andere freuen sich auf Kajak-Touren durch Mangrovenwälder oder die nahezu endlosen Everglades. Und dann gibt es noch die, die mit fast leeren Koffer

Steckbrief Florida

Geografie: Florida gehört zum Südosten der USA und besteht aus dem Festlandteil Florida Panhandle sowie der Halbinsel Florida. West- und Südküste werden vom Golf von Mexiko begrenzt, die Ostküste vom Atlantischen Ozean.

Am südlichen Ende der Halbinsel liegt die Inselkette der Florida Keys, auf denen sich im Ort Key West der südlichste Punkt der kontinentalen USA befindet.

Lage: Florida hat eine Breite von 260 km zwischen 79°48'W bis 87°38'W und eine Länge von 800 km zwischen 24°30'N bis 31'N.

Fläche: 170 304 km², davon 140 000 km² Land- und 30 000 km² Wasserfläche

Küstenlinie: Die Küstenlinie ist 1930 km lang, davon sind 1060 km Strände.

Einwohner: Nahezu 19 Millionen Menschen leben in Florida, damit liegt der Sunshine State hinter Kalifornien, Texas und New York auf Platz 4 der bevölkerungsreichsten US-Bundesstaaten.

Flagge:

Hauptstadt: Tallahassee

Staatsmotto: In God We Trust

Spitzname: Sunshine State

Höchster Punkt: Britton Hill (345 feet/ 105 m) im Walton County

Größter See: Lake Okeechobee (1891 km²)

Längster Fluss: St. Johns River (499 km); er entspringt bei Vero Beach und mündet bei Jacksonville in den Atlantik.

Nationalparks: In Florida gibt es drei dieser Schutzbereiche – den Biscayne-Nationalpark, den Dry-Tortugas-Nationalpark und den Everglades-Nationalpark.

Politik und Verwaltung: Florida ist in 67 Countys unterteilt; die Exekutivgewalt übt auf bundesstaatlicher Ebene ein für vier Jahre gewählter Gouverneur aus.

Religion: Die sechs größten Religionsgemeinschaften in Florida sind Baptisten (30 Prozent), Methodisten (15 Prozent), Katholiken (30 Prozent), Juden (12 Prozent), Presbyterianer (7 Prozent) und Anglikaner (5 Prozent). Ebenfalls vertreten sind Muslime, Zeugen Jehovas und Anhänger von Naturreligionen.

Zeitzonen: Die Hauptzeitzone in Florida ist Eastern Time, der die Mitteleuropäische Zeit sechs Stunden voraus ist (=MEZ – 6 Std.). Eine weitere Zeitzone beginnt bei Apalachicola, 100 km westlich von Tallahassee: Central Time, sieben Stunden nach der MEZ.

Zugehörigkeit: Am 3. März 1845 wurde Florida der 27. Bundesstaat der USA.

Oben: Im Wynwood Art District von Miami macht die Kunst auch vor Hauswänden nicht Halt.
Unten: Das 2011 eröffnete Dalí-Museum in St. Petersburg zeigt surrealistische Gemälde, Zeichnungen und Skulpturen des berühmten Katalanen.

anreisen, um Platz für all die Schnäppchen zu haben, die sie beim Shopping in den unzähligen Malls machen wollen. Und die kleinen Florida-Besucher? Die können es kaum erwarten, Mickey Mouse & Co. in den Vergnügungsparks persönlich zu treffen, in Wasserparks atemberaubende Rutschen zu erleben oder einem echten Alligator Aug' in Aug' gegenüberzustehen. Vielleicht sogar in freier Wildbahn…

Abenteuer, Erholung, Sightseeing, Kultur – Florida bietet das alles. Und dann auch Attraktionen, die sich nicht grell und lautstark nach vorne drängeln, aber Weltklasse-Niveau haben. Wie das Salvador Dalí Museum in St. Petersburg an der Westküste mit seiner umfangreichen Sammlung des spanischen Surrealisten. Oder das Norton Museum of Art in West Palm Beach an der Ostküste, das in seiner Dauerausstellung neben amerikanischen und chinesischen Werken auch zeitgenössische Fotografie präsentiert. Sie spielen in der ersten Liga der Museen mit. Und sind damit für manchen, der sich auf den Weg in den Sunshine State macht, ein wichtiger Programmpunkt auf der langen To-do-Liste.

Der europäische Entdecker

Ob Juan Ponce de León auch so eine Liste dabeihatte, als er in der Osterzeit, am 27. März 1513, zum ersten Mal Nordamerika sichtete? Falls ja, dann wird ganz obenan die »Quelle der ewigen Jugend« gestanden haben. Denn den spanischen Konquistador interessierte nicht das neu entdeckte Land, das er zunächst für eine Insel hielt. Er wollte jenen sagenumwobenen Born finden, von dem schon in der griechischen Antike berichtet wird und dessen Wasser zwar nicht unsterblich, aber doch erfreulich jünger machen sollte. Das neu entdeckte Terrain nannte Ponce de León »Florida«, nach »Pasqua Florida«, dem spanischen Namen für Ostern. Allein: Den Jungbrunnen fand er nicht. Auch spätere Landgänge blieben erfolglos. Zwar beobachtete der Spanier gemeinsam mit seinem Navigator Antón de Alaminos noch das Phänomen des Golfstroms, der, wie man heute weiß, hundertmal so viel Wasser transportiert, wie alle Flüsse der Welt zusammen ins Meer ergießen. Doch ein mythischer Jungbrunnen ist auch das warme Wasser der gewaltigsten Strömung im Ozean nicht.

Juan Ponce de León bezahlte seine Suche nach der ewigen Jugend übrigens mit dem Leben. 1521 wurde er an der Ostküste von einem vergifteten Pfeil der einheimischen Indianer getroffen und starb kurze Zeit später – im 62. Lebensjahr.

Die »Snowbirds«

Ponce de Leóns Suche nach der Quelle der ewigen Jugend geht auch ohne ihn weiter. Und das ist offensichtlich. Denn Florida ist jedes Jahr das Reiseziel Tausender sogenannter snowbirds, die aus dem Norden kommen und unter südlicher Sonne, gern auch im schmucken Zweitwohnsitz, überwintern. Dabei handelt es sich nicht um weiße Zug-

Oben: Die Dudley Farm bei Gainesville zeigt einstiges bäuerliches Leben.
Mitte: Münze im Mel Fisher's Treasure Museum in Sebastian
Unten: Das Museum of Florida History in Tallahassee widmet sich indianischen Kulturen.

vögel, sondern um – vorwiegend – weißhaarige Damen und Herren. Pensioniert, mit viel Zeit, dem passenden Finanzhintergrund und dem festen Willen, jeglicher Kälte ihrer Heimat zu entfliehen und es sich im Sunshine State gut gehen zu lassen. Sie kommen aus Kanada, aus New York, Illinois, Nebraska, Wisconsin oder Ohio. Dort, wo es friert und schneit und so kalt werden kann, dass es weh tut. Vor allem im Alter. Und deshalb bleiben die »Zugvögel« lieber hier. Unter südlicher Sonne. Zumindest so lange, bis es im Paradies ab Juni zunehmend schwüler und damit klimatisch unbekömmlicher wird. Manch einer dieser Winterflüchtlinge scheint übrigens kurz nach seiner Ankunft doch aus der »Quelle der Jugend« getrunken zu haben: schicke Sonnenbrillen, kurze Hosen, bunt gemusterte Blusen (und zunehmend auch das Skalpell von Schönheitschirurgen …) lassen die sonnenhungrigen Senioren recht bald um Jahre jünger wirken. Hätte Ponce de León das noch erleben dürfen!

Subtropisches Feeling statt Winter-Blues

Einheimische wissen: Die beste Reisezeit für Florida sind die europäischen Spätherbst- und Wintermonate. Dann ist auch die Gefahr, einem Hurrikan zu begegnen, wesentlich geringer als in der Zeit davor – Hurrikan-Saison ist von Juni bis November, ganz besonders groß ist die Möglichkeit eines Wirbelsturmes von Mitte August bis Mitte Oktober. Auch die Luftfeuchtigkeit und die damit verbundene Schwüle lassen in dieser niederschlagsärmeren Zeit wohltuend nach. Die Luft wird klarer, frischer, die Temperaturen erreichen nicht mehr Spitzenwerte von über 35 °C, sondern bleiben bei moderaten »um die 25«, und das Meer ist herrlich warm zum Baden, Tauchen und Schnorcheln. Während es von Dezember bis Februar vor allem

Oben: Die allgegenwärtigen »Stars and Stripes«, hier weht die Flagge auf einem Boot vor Useppa Island im Golf von Mexiko.
Unten: Rollerbladen ist »in«. Dieses junge Paar ist im North Shore Park in St. Petersburg unterwegs.

im Norden und in Zentralflorida sogar richtig kühl werden kann, locken März, April und Mai dann mit zumeist strahlendem Sonnenschein und angenehmen Temperaturen, bei denen sich auch Europäer wohl fühlen. Jetzt ist die richtige Zeit für Exkursionen – während daheim die Menschen noch mit Schal, Mütze und Wintermantel herumlaufen, genießen die Besucher Floridas schon das subtropische Feeling.

Sonnig und sympathisch – lässig und easy-going

Ein anderes, lässigeres Lebensgefühl als zu Hause ist das, was die meisten Touristen suchen, die nach Florida kommen. Mehr als zwei Millionen allein aus Westeuropa sind es jährlich – und der Sonnenschein-Bundesstaat ist genau die richtige Destination für ihre Sehnsucht. Es ist nicht nur der American Way of Life, dem die Besucher hier begegnen: diese Toleranz, den anderen so sein zu lassen, wie er ist – vorausgesetzt natürlich, er hält sich an gültige Regeln und Gesetze und beachtet die Freiheit des anderen. Aber da ist diese Freundlichkeit, die zunächst einmal die Basis jeder Begegnung ist – »How are you doing?« Diese sympathische Neugier, die nachfragt, ohne aufdringlich zu sein. Die vielleicht auch gar nicht so ernst gemeint ist oder so ins Detail gehen möchte, wie mancher Tourist annimmt, der zum ersten Mal Florida besucht. Denn ein tatsächliches Bulletin zur persön-

Oben: »Snowbirds« genießen das Strandleben in St. Augustine.
Mitte: Türkis und grün leuchtet das Wasser am Daytona Beach.
Unten: Während anderswo noch Winter ist, sitzt man in Miami Beach auf einer Restaurant-Terrasse und erfreut sich der Sonnenstrahlen.

Oben: Stolze Fächerpalme auf Casey Key im Golf von Mexiko
Mitte: Die Ten Thousand Islands im Südwesten Floridas aus der Vogelperspektive
Unten: Typisch für den Norden Floridas sind Zedern- und Zypressensümpfe.

lichen Situation erwartet hier niemand. Auch keine Problemlösungen mit Fremden. Undenkbar. »It's showtime!« Einfach nur freundlich sein, ein bisschen Alltagskosmetik – »make my day«. Im Süden Floridas kommen noch karibische Einflüsse hinzu – je südlicher man reist, umso stärker ist dieses »easy-going« spürbar. Keine Hektik, Leute!

Entstehung der Halbinsel – die Naturräume

Doch nicht nur der Lebensstil ist in Florida teilweise karibisch, sondern auch die Erde, auf der man hier steht: Diese südliche Halbinsel hat nicht immer zum nordamerikanischen Kontinent gehört. Das urzeitliche Florida war Teil einer vulkanischen Kette, die auch die karibischen Inseln hervorgebracht hat. Über Jahrmillionen brachen hier Vulkane aus. Was sie ausspuckten, wurde vom Meer überspült. Und wieder freigegeben. Senkte und hob sich. Einige Teile kamen dann wieder als Inseln zum Vorschein. Korallen bildeten Riffe, Flüsse und Wind landeten riesige Mengen Sand an. Florida wurde auf diese Weise mit dem nordamerikanischen Kontinent verbunden. Bis heute entstanden verschiedene Landschaftsformen, die die Halbinsel prägen. So ist der nördlichste Teil, der »Panhandle« (»Pfannenstiel«), ein Nachbar der Bundesstaaten Georgia und Alabama und ihnen auch näher als dem Rest des Sunshine States. Hier, wie in den angrenzenden Südstaaten, wachsen in einem gemäßigten Klima Baumwolle, Tabak und Erdnüsse. Mit Spanischem Moos behangene Eichen säumen die Straßen und bilden schattige Alleen.
Es gibt Berge und dichte Pinien- und Laubwälder – und an der Küste des Golfes von Mexiko die weißesten Strände Floridas. Die sogenannte Redneck-Riviera rund um Pensacola ist ein Sommerferienziel vor allem unter alteingesessenen Südstaatlern – und viel besser als ihr eher rustikaler Ruf.

Prärie, Dünen und Zitrushaine

Die Westgrenze Nordfloridas wird vom Suwannee River gebildet, der nördlich von Cedar Key in die warmen Fluten des Golfes von Mexiko mündet. In diesem Teil Floridas finden sich Sümpfe, Prärien mit Grasland und ausgedehnte Wälder. Und hohe Dünen an vielen Atlantikstränden. Weiter im Süden beginnt das subtropische Zentralflorida mit seinen Hügelketten in nordsüdlicher Richtung und einer Landschaft mit unzähligen Gewässern und Seen. Der 160 Kilometer lange Höhenzug *The Ridge*, nordwestlich des Lake Okeechobee, ist die Hauptwasserscheide Floridas und zudem das weltweit größte Anbaugebiet für Zitrusfrüchte. Sein höchster Punkt ist der Sugarloaf Mountain, mit 95 Metern auch eine der »gewaltigsten« Erhebungen der Halbinsel. Während die Atlantikküste von vorgelagerten Inseln und Dünenketten bestimmt wird, schneidet die Tampa Bay des Golfes von Mexiko tief in die Küstenlinie ein. Hier gibt es Muschelstrände, aber auch sumpfige Abschnitte mit Mangrovenwäldern.

Die Küstenebene

Der Südteil der Halbinsel Florida wird von seinem Küstentiefland, den Coastal Lowlands, geprägt, das nur wenige Meter höher ist als der Meeresspiegel. Im Landesinneren gibt es riesige Anbaugebiete für Obst, Gemüse und Zuckerrohr sowie Weideland für Rinder. Im Südwesten wurden in den vergangenen Jahrzehnten große Sumpfgebiete für landwirtschaftliche und touristische Projekte trockengelegt. In einem weiten Bogen, der an der Südostküste Floridas beginnt und rund 200 Kilometer weiter im Golf von Mexiko endet, liegen die Florida Keys, 200 große und kleine tropische Inseln, wie Perlen an einer Kette aufgereiht. Sie sind die aus dem Wasser ragenden Spitzen des

Oben: Graureiher sind überall im Sunshine State anzutreffen.
Mitte: Fast unberührt: eine Dünenlandschaft auf den Keys in der Florida Bay
Unten: Zitrusfrüchte – Floridas Markenzeichen

Oben: Im feuchtwarmen Klima der Subtropen fühlen sich Alligatoren ausgesprochen wohl.
Unten: Der Weeki Wachee River bringt es nur auf elf Kilometer Länge, aber er entspringt dem tiefsten Quelltopf der USA.

drittgrößten tropischen Korallenriffs der Welt. Als eigenständiger und mittlerweile in weiten Bereichen geschützter Naturraum gilt das riesige Sumpfgebiet Everglades.

Der »nutzlose Sumpf«

Es ist gewissermaßen Ur-Florida. So wie die Everglades sah früher ein großer Teil der Halbinsel aus: eine Sumpflandschaft mit scharfkantigem Gras und einer scheinbar unendlichen Weite. Aber eben nur scheinbar. Und eben doch endlich. Dafür hat der Mensch mit seinen Eingriffen in die Natur gesorgt. Vor Millionen von Jahren entstand dieses seltsame Naturphänomen »Everglades«: ein 322 Kilometer langer, 80 Kilometer breiter und nur wenige Zentimeter »tiefer« Wasserstrom, der gemächlich, nicht schneller als 800 Meter täglich, Richtung Süden kriecht. Er hat keinen Quellfluss und speist sich allein aus Regenwasser. Der seltsame Strom beginnt im Norden am Okeechobee-See und endet im Süden in der Florida Bay. Floss unendlich lange Zeiten ungestört vor sich hin – bis der Mensch kam. Es war Johann Wilhelm Gerhard von Brahm (1718–1799) aus Koblenz, der die

Everglades im 18. Jahrhundert erstmals kartografierte. Menschen kamen und wollten aus dem »nutzlosen« Sumpf fruchtbares Ackerland schaffen. Mit fatalen Folgen. Denn die natürlichen Abläufe wurden durch Trockenlegungen und Eindeichungen stark beeinträchtigt. Bevor die Everglades aber gänzlich zu Tode kanalisiert und eingedämmt wurden, erkannte man Sinn und Wert dieser Urlandschaft. Und machte einen großen Teil davon zum Nationalpark. Und 1982 dann zum Naturerbe der Welt und zum Biosphären-Reservat der UNESCO. Heute erkunden Touristen aus aller Welt in Kanus oder kleinen Booten diese Wunderwelt aus Wasser, Schilfgürteln und Gras, in der neben einer Vielzahl von Tierarten auch Nachfahren der Ureinwohner Floridas leben.

Indianische Ureinwohner

Sie hießen Alabama, Apalachee, Apalachicola, Caloosahatchee, Calusa, Guale, Miccosukee, Muskogee, Seminolen, Timucua und Yamasee. Sie waren Fischer, Jäger, Sammler, bauten Gemüse an und töpferten ihre Keramiken. Sie jagten mit Pfeil und Bogen in den Sümpfen und fischten mit Netzen im Meer. Sie zimmerten Kanus, mit denen sie übers Meer bis nach Kuba paddelten und errichteten Versammlungshäuser, in denen 3000 Personen Platz fanden. Sie bauten Hügel aus Muschelschalen und huldigten ihren Göttern. 100 000 Indianer lebten vor rund 500 Jahren auf der Halbinsel Florida. Ihr Schicksal war es, dass sich Menschen jenseits des Atlantiks zu dieser Zeit auf die Suche nach Seewegen aufmachten und neue Kontinente entdeckten. Und dass es eben genau die Heimat dieser Indianer war, in der die Fremden mit ihren Segelschiffen anlandeten. Den Entdeckern, und vor allem ihren mitgebrachten Infektionskrankheiten, wie der Grippe, Masern oder Pocken waren die Indianer schutzlos ausgeliefert.

Oben: Statue eines Häuptlings vom Timucua-Stamm in St. Augustine
Mitte: Indianisches Kunsthandwerk zeigt das Ah-Tha-Thi-Ki Museum im Big Cypress Seminole-Reservat in den Everglades.
Unten: Verhaltene Neugier: ein Miccosukee-Junge

Oben: Der stolze Seminole »Swamp Owl« verdient sein Geld als Alligator-Ringer.
Mitte: Ihre Rosen bringt die junge Straßenhändlerin in Key West an den Mann.
Unten: Und wer ist der Kapitän? Trio im Hafen von Key West

Es gab tapfere Krieger und fähige Anführer, wie den Seminolen-Häuptling Osceola (1804–1838) und seinen Nachfolger Coa Choochee. Aber der Übermacht aus Soldaten, Söldnern und Siedlern hatten die Indianer nach zahlreichen Gefechten und drei Seminolen-Kriegen (1817–1858) nichts mehr entgegenzusetzen. Die Überlebenden wurden aus Florida ausgesiedelt – oder immer weiter in die Sümpfe getrieben. Wo sie mehr schlecht als recht ihr Auskommen fanden. Heute sind ihre Nachkommen, Miccosukee und Seminolen, offiziell anerkannt und leben in selbstverwalteten Reservaten. Und erhielten 1990 von der US-Regierung 50 Millionen Dollar als Entschädigung für 120 000 Quadratkilometer Land, das ihnen seit 1823 geraubt wurde. Ihren Lebensunterhalt verdienen die Indianer heute mit dem Betrieb von Casinos, Hotels, Golfplätzen und Museen. Sie führen Touristen in ihre Welt und die der Everglades. Und gehören heute selbstverständlich zu Floridas buntem Bevölkerungsgemisch.

Die Menschen im Sunshine State

Zu Beginn des 20. Jahrhunderts lebten rund 530 000 Menschen in Florida – heute sind es schon fast 20 Millionen. Resultat einer gigantischen Zuwanderung, die dem Bundesstaat eine der höchsten Bevölkerungsdichten der Vereinigten Staaten bescherte. Mit all den dazugehörigen Vorteilen, aber auch Problemen.

Unbeirrt strahlt Floridas Sonne über Menschen aller Ethnien, die hier ein Zuhause gefunden haben oder noch suchen. Oder einfach eine Lebensgrundlage, die ihnen ihre Herkunftsländer weder politisch noch wirtschaftlich bieten konnten oder wollten.

Den Großteil dieser menschlichen Vielfalt stellen die weißen, englischsprachigen Bewohner. Viele

von ihnen sind aus dem Norden der USA zugewandert, heute kommen sie aus New York, Neuengland und dem Mittleren Westen. Mit 16,8 Prozent sind die Hispanics oder auch Latinos, zu denen vor allem kubanische Emigranten und mittelamerikanische Einwanderer gehören, die zweitgrößte Gruppe in Florida. Sie leben vorwiegend im Ballungsraum Miami mit mehr als drei Millionen Einwohnern, bilden dort sogar den Großteil der Bevölkerung, sprechen ihre spanische Muttersprache, zuweilen gemischt mit Englisch: Spanglish. Sie brachten ihre kulturellen Besonderheiten mit, ihre Musik und Tänze, ihre Rezepte, Gewürze...und ihr Temperament. Nordamerikanische und europäische Touristen reizt dieser Lebensstil, der die Nähe zur Karibik verrät. Rund ein Sechstel der Bevölkerung Floridas ist dunkelhäutig, in vielerlei karibischen und afrikanischen Schattierungen. Die Anzahl der Bewohner mit asiatischen Wurzeln ist eher gering und misst sich in einigen Zehntausend.

Entgegen aller Vorurteile: Die Tatsache, dass Florida ein beliebtes Domizil für sonnenhungrige Ruheständler ist, hat aus dem Bundesstaat keine gigantische Seniorenresidenz der USA werden

Oben: Lebenslust auch ohne Helmpflicht – junge Motorrollerfahrer auf der Duvall Street in Key West
Unten: Viel Geschick braucht es für die Fertigung dieses Schmucks, der im Freilichtmuseum des Big-Cypress-Reservates angeboten wird.

lassen. An zahlreichen Hochschulen lernen Tausende junger Studentinnen und Studenten. Und in einem gigantischen Dienstleistungssektor, in dem 56 Prozent aller Beschäftigten des Landes ihren Lebensunterhalt verdienen, arbeiten vor allem junge Leute. Sie sorgen dafür, dass es Pensionären und Touristen in Florida gut geht und alles funktioniert. Und dafür, dass die Alterspyramide nicht auf dem Kopf steht.

Mickey Mouse & Co.

Auf dem Kopf stehen ist das Motto der zahlreichen Freizeitparks mit ihren Karussells, Achterbahnen und Wasserrutschen. Eine gigantische Welt des Vergnügens – nicht nur für Kinder. Walt Disney World, das bekannteste Spaß-Imperium in Orlando, erstreckt sich über 122 Quadratkilometer und nimmt damit flächenmäßig die Größe von San Francisco ein. Hier finden sich das »Magic Kingdom«, das Epcot Center, die Disney Hollywood Studios, das Animal Kingdom, drei Wasserparks und ein Nachtklub- und Vergnügungsviertel. Busch Gardens, die Universal Studios und SeaWorld, Discovery Cove, Cypress Gardens, Gatorland und das Kennedy Space Center sind weitere Attraktionen für Groß und Klein – mit mal mehr, mal weniger pädagogischem Anspruch. Wer sich bei diesem Angebot nicht amüsiert, zählt wahrscheinlich eher zu den Naturliebhabern als zu Kirmesfreunden oder Zoobesuchern. Etwas kann den Spaß allerdings ein wenig abbremsen: die Warterei. In Hoch-Zeiten muss vor einigen Attraktionen in langen oder auch sehr langen Warteschlangen ausgeharrt werden, bis man endlich an der Reihe ist. Amerikanische Besucher sind da sehr geduldig und lassen sich auch durch Hinweistafeln wie »ab hier noch eine Stunde Wartezeit« nicht abschrecken. Das fällt Europäern nicht immer leicht. Doch Meckerei macht's auch nicht schneller.

Oben: Ein Autogramm der echten Minnie Mouse im »Magic Kingdom« – was für ein Mädchentraum!
Unten: Rolle rückwärts – Orcas bei der »Shamu Show« in SeaWorld Orlando

Shops, Malls, Outlets und viele Schnäppchen

Wenig zu meckern haben Floridas Besucher, bei denen das Shopping ganz oben auf der Liste der Aktivitäten und Urlaubsfreuden steht. Sie finden im Sunshine State ihr Paradies. Unzählige Malls mit wirklich allem, was das Herz begehrt (oder wovon das Herz bislang noch gar nicht wusste, dass es das begehren könnte), lassen die Kreditkarten glühen. Kein Geheimtipp, sondern eine feste Größe bei der Planung gezielter Kaufräusche sind Factory Outlets, die Markenartikel direkt vom Hersteller, zumeist aus dem Mode- und Sportbereich, zu günstigeren Preisen anbieten. Zwar sind die »Schnäppchen« gelegentlich aus der Saison des vergangenen Jahres oder aus Überproduktionen – na und?

Das größte Outlet der Welt, die Sawgrass Mills Mall, befindet sich übrigens bei Fort Lauderdale und beglückt Kaufwillige mit über 350 Shops. Verglichen mit Preisen in Europa kann man hier und in den anderen Factory Outlets, je nach Kursschwankung, tatsächlich um einiges günstiger einkaufen. Leider gibt es einen »Spielverderber«, den man auch bei tollsten Sonderangeboten nicht aus den Augen verlieren sollte: den heimischen Zoll (siehe S. 281). Bei der Heimreise wird kontrolliert, und wer über die erlaubte Grenze an einführbaren Waren hinausgeschossen ist, muss im schlechtesten Fall nachverzollen. Und dann wird aus einem Schnäppchen schnell ein teures Ärgernis.

Florida kulinarisch

Wer nach einer Shopping-Tour, einem Paddelausflug oder einem Strandtag Hunger hat oder wenigstens Appetit verspürt, hat die Qual der Wahl. Längst gilt nämlich die Gleichung »USA = Fast

Oben: Im Mizner Park in Boca Raton ist Shopping ein edles Vergnügen.
Unten: Schnäppchenjäger, Modebewusste, Markenfetischisten, Powershopper – in Florida finden alle, was sie suchen.

Oben: Cocktail mit Charme in der Bar des »The Breakers Palm Beach«
Unten: Südstaatenküche, wie hier in Gainesville, bestimmt die Speisekarten vieler Restaurants in Florida.

Food«, die sich in Europa lange hartnäckig gehalten hat, nicht mehr. Die Küche in den Vereinigten Staaten ist heute vielfältiger, *more sophisticated* als noch vor ein paar Jahrzehnten. Da gibt es zum einen unzählige Ethno-Restaurants, deren Betreiber die Rezepte ihrer Herkunftsländer mit in den Schmelztiegel Sunshine State brachten. Einige von ihnen zelebrieren ihre Heimatküche genau wie daheim, anderen gelingt die Melange aus Mitgebrachtem und Vorgefundenem. Junge, ambitionierte Köche – viele von ihnen haben einen Teil ihrer Lehr- und Wanderjahre bei bekannten Küchenchefs in Europa und Asien verbracht – bieten Kreationen, die sich als »moderne amerikanische Küche« verstehen und mit viel Fantasie und Mut gelegentlich schon den Bereich der Kunst streifen. »Kochkunst« eben. Bei den Zutaten wird ein klarer Trend deutlich: Lebensmittel aus der Umgebung, ohne lange Transportwege, so frisch wie irgend möglich. Und da hat Florida mit seinen Küsten, seinen Weiden und seinem Klima natürlich einiges zu bieten.

Und mal ganz ehrlich: Ab und zu schmeckt doch auch ein gut gemachter Burger mit *french fries* einfach *delicious*!

Loslassen im Paradies

Alles in allem also ein köstlicher Cocktail, den Florida da für seine Besucher schüttelt. Oder rührt. Je nach Geschmack – und Zutaten. Strände so fein wie Puderzucker, warmes, smaragdgrünes Meer, raschelnde Palmen. Pulsierende Party-Metropolen, in denen Szenegänger die Nacht zum Tag machen. Shopping-Möglichkeiten, die noch jeden Schnäppchenjäger begeistert haben. Innovative neue Restaurants, inspiriert von den verschiedenen ethnischen Einflüssen seiner Besitzer. Sonnenuntergänge, so schön und atemberaubend, als hätte sie ein durchgeknallter Künstler in Rosarot und Tieforange an den abendlichen Himmel gepinselt. Naturerlebnisse in einer Landschaft, die bis heute in weiten Teilen ungezähmt geblieben ist. Mit urzeitlichen Alligatoren, verspielten Delfinen und trägen Seekühen, in die spanische Eroberer nach entbehrungsreichen Monaten auf See einst junge Meerjungfrauen hineinfantasierten.

Wer nach Florida kommt, will aufgehen im subtropischen Paradies und will loslassen – den kalten Winter, die Realität und manchmal auch die Hemmungen. Viele vergessen den Alltag beim Sonnenbaden am Strand, beim Faulenzen und Schnorcheln. Andere suchen in der Partyszene von South Beach oder bei durchzechten Nächten in Key West ihren Weg zur Entspannung. Noch mehr hoffen, sich in den perfektionierten Unterhaltungsfabriken von Disney World und Universal in Orlando zu verlieren. Florida bedient sie alle – und löst am Ende für jeden sein Versprechen ein, dass ein Entkommen möglich ist. Dass der Bundesstaat zur frühen touristischen Hochburg Amerikas aufstieg, ist nicht allein der Eisenbahn zu verdanken, wie oft erzählt wird. Es war vor allem die atemberaubende Natur, die die ersten Snowbirds anzog. Und spätestens seither wirkt Florida Jahr für Jahr wie der letzte Rückzug der Menschheit ins Sonnenglück.

Oben: Zeit für ein Tässchen? Kaffeepause in Jacksonville
Unten: Auch diese beiden Schmuckreiher *(Snowy Egret)* scheinen Muße für ein Schwätzchen zu haben.

Geschichte im Überblick

Ca. 10000 Jahre v. Chr. Nomadenvölker siedeln sich auf der Halbinsel an und verschwinden wieder; erst vor rund 2000 Jahren werden Calusa-Indianer in den Feuchtgebieten Floridas, Tamucua-Indianer im Norden und Tequesta-Indianer im Süden sesshaft.

1513 Der spanische Entdecker Juan Ponce de León entdeckt auf seiner Suche nach Gold und dem »Jungbrunnen« zu Ostern neues Land, das er nach dem spanischen Osterfest »Pascua Florida« benennt.

1562 Französische Hugenotten errichten ein Fort, um das Gebiet für Frankreich in Besitz zu nehmen. Spanische Truppen zerschlagen diesen Plan drei Jahre später.

Tausende Indianer sterben durch Krankheiten, die die Europäer mit ins Land bringen.

Lange Zeit blieb das Interesse Spaniens auf Mittel- und Südamerika beschränkt, während Großbritannien, Frankreich und die Niederlande versuchten, Nordamerika für sich einzunehmen.

1756 Der Siebenjährige Krieg beginnt, an dessen Ende Spanien Florida an Großbritannien abtritt und im Gegenzug Kuba erhält.

1775 Beginn des Amerikanischen Unabhängigkeitskrieges, der bis zum 3. September 1783 dauert

1783 Der »Friede von Paris« sichert den Spaniern ganz Florida und den britischen und französischen Kolonien im Norden die Unabhängigkeit zu.

21. Juni 1788 Formelle Gründung der Vereinigten Staaten von Amerika mit der Ratifizierung der US-Verfassung

1817–1818 Erster Seminolen-Krieg: General Andrew Jackson, erster Gouverneur Floridas und späterer US-Präsident, beginnt einen Vernichtungskrieg gegen Floridas indianische Bevölkerung.

1819 Die Spanier verkaufen ihr gesamtes Territorium an die USA.

1821 Florida wechselt offiziell in US-Besitz.

1823 Tallahassee wird die Hauptstadt der Halbinsel.

1835–1858 In zwei weiteren Kriegen widersetzen sich die Seminolen der systematischen Umsiedlung durch die »weißen« Amerikaner. Einige Seminolen finden Zuflucht in den Everglades.

1845 Florida wird der 27. Bundesstaat der amerikanischen Union. Zu der Zeit leben hier 65000 Menschen.

1861–1865 Von den Kämpfen des amerikanischen Bürgerkriegs ist das konföderierte Florida unmittelbar kaum betroffen, ist aber nach Ende des Krieges bankrott.

1880 Floridas Bevölkerung steigt auf 270 000 Einwohner an.

1885 Pionier Henry Morrison Flagler erschließt Florida durch eine Eisenbahnstrecke, die 1895 Miami erreicht und dort einen Bauboom auslöst. Luxushotels werden gebaut, Flaggschiffe des Tourismus.

1920 Der Immobilien-Boom zieht immer mehr Touristen sowie neue Einwohner aus dem Norden nach Florida.

1926 Ein verheerender Hurrikan zerstört weite Teile Miamis und Südfloridas.

1929 Nach dem Börsenkrach an der Wall Street kommen Tausende Arbeitslose aus den Nordstaaten nach Florida, um hier ein neues Leben zu beginnen.

1933 Florida ist der größte Zitrusfrüchte-Produzent der USA.

1940 2,5 Millionen Touristen pro Jahr besuchen den Sunshine State.

1947 US-Präsident Harry S. Truman erklärt die Everglades zum Nationalpark.

1958 Gründung der amerikanischen Weltraumbehörde NASA. Der erste amerikanische Satellit wird von Cape Canaveral in die Umlaufbahn katapultiert.

1959 Fidel Castros Revolution bringt eine Flüchtlingswelle von Zehntausenden Kubanern nach Florida.

1969 Das Raumschiff *Apollo 11* startet mit Neil Armstrong, Michael Collins und Edwin Aldrin von Cape Canaveral an der Ostküste Floridas zur ersten bemannten Mondlandung. Am 21. Juli um 3.56 MEZ betreten die ersten Menschen den Mond.

1971 Der Walt-Disney-Konzern entdeckt Florida als einen Standort für seine Erlebnisparks. Das »Magic Kingdom« eröffnet in Orlando, weitere Parks folgen.

1979 Der Art Deco District in Miami Beach wird zum historischen Gebiet erklärt. Mehr als 800 Bauten stehen damit unter Denkmalschutz.

1980 Knapp 10 Millionen Menschen leben in Florida. In einem Massenexodus fliehen rund 140 000 Kubaner in den Sonnenstaat.

1992 Hurrikan *Andrew* verwüstet die Südspitze Floridas.

2002 Die Nachwirkungen des 11. September 2001 schwächen die Tourismusbranche des Sunshine State.

2004 Vier Hurrikane treffen in nur sechs Wochen auf das Festland Floridas.

2009 Trotz Wirtschaftskrise steigen die internationalen Besucherzahlen in Florida.

2013 Gedenkfeiern anlässlich des 500. Jahrestages der Ankunft des spanischen Entdeckers Juan Ponce de León.

MIAMI UND DIE FLORIDA KEYS

Vorangehende Doppelseite: Angler an der White Street Pier in Key West
Mitte: Blick von Key Biscayne auf die Skyline von Downtown Miami
Unten: Easy Rider mit Damenbegleitung – ganz schön cool!

1 Downtown und Little Havana

Boom ohne Ende

Sie sind »jung« und »hip« geworden: Downtown Miami, einst nur Standort von Bürogebäuden und Geschäften, sowie die Gegend rund um die Brickell Avenue, dem Finanzdistrikt Miamis. An jeder Ecke öffnen neue Restaurants oder exklusive Läden. Das kulturelle Zentrum bildet das Adrianne Arsht Center for the Performing Arts; das Pérez Art Museum avancierte schon kurz nach der Eröffnung zum neuen Wahrzeichen der Stadt.

Das Geschäftszentrum von Miami ist kaum zu übersehen, denn dort – zwischen der Biscayne Bay und dem Interstate 95 – ragen reihenweise gläserne Wolkenkratzer in den Himmel und bilden die Skyline der Stadt. Man kann Downtown Miami ohne weiteres zu Fuß erkunden. Bequemer ist aber die Benutzung des Metromover, einer Hochbahn mit vielen Stopps, die das gesamte Zentrum

MAL EHRLICH

Ein bisschen Grusel

Miami Vice – wer denkt da nicht an coole Drogen-Cops wie Sonny Crockett und Feuergefechte im Designeranzug? Die Stadtväter Miamis befürchteten, derlei Gewalt könnte Besucher verschrecken. Das Gegenteil war der Fall: Miami avancierte zur Lifestyle-Metropole, und die Kriminalität ist dank der örtlichen Polizei in den letzten Jahren deutlich zurückgegangen. Hier wird mit dem Tourismus zu viel Geld verdient, als dass man es sich leisten könnte, Besucher durch Angst vor Übergriffen zu verlieren.

umrundet. Besonders in heißen Sommermonaten kann die Fahrt in der vollklimatisierten Bahn eine willkommene Abkühlung sein.

Die American Airlines Miami Arena, Heimat und Basketball-Olymp der Korbjäger von *Miami Heat*, ist ein guter Ausgangs- und Orientierungspunkt. Der Blick von hier über den Hafen der Stadt, der weltgrößten Anlegestelle für Kreuzfahrtschiffe, ist atemberaubend. Gleich nebenan lädt das neue, nach Plänen der Basler Architekten Herzog & de Meuron errichtete Pérez Art Museum Miami (PAMM) Kunstbesucher ein. Sehenswert ist schräg gegenüber der Freedom Tower: Man kann den markanten gelben Turm zwar nicht besteigen, ein kurzer Stopp lohnt sich aber. Er stammt aus den 20er-Jahren und wurde dem Glockenturm der Kathedrale von Sevilla nachempfunden. Die Bezeichnung Freedom Tower und auch der Spitzname des Gebäudes, »Ellis Island of the South«, erinnern daran, dass hier in den 60er-Jahren die Einwanderung kubanischer Flüchtlinge bürokratisch abgewickelt wurde. Eine Idee weiter nördlich, auf Watson Island, eingangs des Mac Arthur Causeways hinüber nach Miami Beach, liegen die exotischen Gärten des Jungle Island Park. Hier kann man neben vielen bunten Pflanzen bei mehrfach täglichen »Parrot Shows« auch Papageien und andere tropische Vögel sowie Reptilien bestaunen.

Extravagante Plattform

Folgt man dem Biscayne Boulevard weiter nach Norden, gelangt man zu dem architektonisch sehenswerten Gebäude des Bacardi Imports Headquarter. Hier wird nicht nur das Imperium des bekannten Rumfabrikanten verwaltet, es gibt auch ein originelles World of Bacardi Museum. Etwas weiter bietet das Adrienne Arsht Center for the Performing Arts berühmten Künstlern und talen-

AUTORENTIPP!

KUNST IN DER SCHWEBE

Mit ihrem kühnen Museumsentwurf für das Pérez Art Museum Miami knüpften die Schweizer Architekten Herzog & de Meuron an die Tradition der in der Biscayne Bay beheimateten Pfahlhäuser an. Die untere Etage liegt sechs Meter über der Hochwassermarke, was den Schutz der Kunstwerke garantiert. Drei verschieden hohe Ausstellungsebenen haben die Baumeister in ihrem Entwurf aufeinandergesetzt. Ihnen war dabei wichtig, anstelle einer isolierten »Schatzkammer« für Kunstliebhaber einen Ort zu schaffen, der für jedermann zugänglich ist und fließende Übergänge zwischen innen und außen bietet. Ganz im Sinne einer neuen Gebäude-Ökologie wurde das PAMM auch als sehr grünes Museum geplant, einschließlich diverser hängender Gärten.

Pérez Art Museum Miami. Di–So 10–18 Uhr, Do 10–21 Uhr, 1103 Biscayne Blvd., Miami, FL 33132, Tel. 305 375 3000, www.pamm.org

Oben: Ab in die Ferne – ein gigantisches Royal-Caribbean-Kreuzfahrtschiff mit dem Freedom Tower im Hintergrund
Unten: Kleiner Poser vor einem Wandbild im Wynwood Art District

tierten Newcomern gleichermaßen eine extravagante Plattform. Kulturell interessierte Besucher erleben vor atemberaubender Kulisse Broadway-Musicals, Ballett, Tanz und Kabarett sowie Jazz-, Rock- und Popkonzerte weltberühmter Musikgrößen. Südlich an den Museumspark schließt sich der Bayside Marketplace an, eine Shopping Mall, deren Angebot besonders auf touristische Kundschaft zielt. Immerhin hat man von den Terrassen einiger Restaurants und Fast-Food-Ketten einen schönen Blick auf die Jachten in der Miamarina. Am Marketplace legen auch Ausflugsboote zu Rundfahrten durch die Biscayne Bay ab. Hinter dem Hafen liegt die exklusive Insel Fisher Island, die nur per Boot oder Privatflugzeug erreicht werden kann und Wohnort vieler Prominenter ist.

Ein interessanter Stopp in der Innenstadt ist das Metro-Dade Cultural Center (Metromover-Halt: Government Center), ein von Philip Johnson entworfener Komplex, der einem spanischen Fort nachempfunden wurde. Er beherbergt das Historical Museum of Southern Florida, das detailliert und interessant über die Entwicklung Südfloridas informiert.

Manhattan in Jung

Weiter südlich gilt die Brickell Avenue als Hauptschlagader des modernen Finanz- und Businesszentrums in Downtown Miami. Und ist zugleich eine geschichtsträchtige Meile: Hier wurde 1896 die Stadt geboren, nachdem die Grundbesitzerin Julia Tuttle (1848–1898), »Mutter von Miami« genannt, Henry Flagler davon überzeugt hatte, seine Eisenbahnstrecke bis nach Südflorida auszudehnen. Heute sind in den Hochhäusern entlang der Brickell Avenue Versicherungen, Banken, Appartements und Hotels untergebracht. Man fühlt sich wie mitten in Manhattan – nur dass hier kaum ein Gebäude älter als zehn Jahre ist. Das künstlich

Rundgang Downtown und Little Havana

Ⓐ Port of Miami – Gigantische Anlegestelle für die größten Kreuzfahrtschiffe der Welt.

Ⓑ Bayside Marketplace – Große Shopping-Mall direkt an der Biscayne Bay. Shops, Restaurants, Fast-Food-Ketten. 401 Biscayne Blvd.

Ⓒ American Airlines Miami Arena – Heimat der Korbjäger des Basketball-Teams *Miami Heat*. 601 Biscayne Bay

Ⓓ Freedom Tower – Gebaut in den 20er-Jahren, ist er dem Glockenturm der Kathedrale von Sevilla nachempfunden. 600 Biscayne Blvd.

Ⓔ Pérez Art Museum Miami (PAMM) – Im Jahr 2013 eröffnet, gilt das Haus für moderne und zeitgenössische Kunst als neues Wahrzeichen Miamis.

Ⓕ Children's Museum – Auf zwei Ebenen jede Menge interessante Ausstellungsstücke für wissbegierige Kinder, die auch interaktiv präsentiert werden. 980 MacArthur Causeway.

Ⓖ Jungle Island Park – Hübsche kleine Naturoase in spektakulärer Lage. Tägliche »Parrot Shows«. 1111 Parrot Jungle Trail.

Ⓗ Adrienne Arsht Centers for the Performing Arts – Plattform und Bühne für beruhmte Kunstlern und talentierte Newcomer. 1300 Biscayne Blvd.

Ⓘ Bacardi Imports Headquarter – Hier wird nicht nur das Imperium des bekannten Rumfabrikanten verwaltet, es gibt auch ein originelles World of Bacardi Museum. 2100 Biscayne Blvd.

Ⓙ Overtown – Ältester afroamerikanischer Stadtteil Miamis, der in den 20er- bis 40er-Jahren als Floridas Harlem galt.

Ⓚ Metro-Dade Cultural Center – Von Philip Johnson entworfener Komplex, der einer spanischen Fortanlage nachempfunden wurde. Historisches Museum, Hauptsitz der Miami-Dade Library. 101 West Flagler St.

Ⓛ Mary Brickell Village – Geschäfts- und Restaurantkomplex und Treffpunkt für die Geschäftsleute der umliegenden Büros zur Happy Hour. 901 South Miami Ave.

Ⓜ Brickell Avenue – Hauptschlagader des modernen Finanz- und Businesszentrums in Downtown Miami.

Ⓝ Gusman Center for the Performing Arts – 1925 als Kino gebaut, ist es heute die Heimat der Florida Philharmonics und des im Februar stattfindenden Miami Film Festivals. 174 East Flagler St.

Oben: Moderne Architektur – die First United Methodist Church im Stadtzentrum vom Miami
Unten: Nicht auf seine Zigarre verzichten möchte dieser Domino-Spieler auf der Maximo Gomez Plaza in Little Havana.

angelegte Brickell Key nebenan ist eine Insel in Dreiecksform, ohne Badestrand, jedoch mit umlaufendem Joggingpfad und dem Hotel »Mandarin Oriental«. Einen Besuch wert ist westlich der Brickell Avenue auch das Mary Brickell Village, ein Geschäfts- und Restaurantkomplex und nach Feierabend zur Happy Hour Treffpunkt für die Businessleute der umliegenden Büros.

Etwas weiter westlich der Innenstadt liegt Overtown, einer der ältesten afroamerikanischen Stadtteile, der in den 20er- bis 40er-Jahren als Floridas Harlem galt. In seinem historischen Lyric Theatre gastierten einst Jazzgrößen wie Billie Holiday, Count Basie und Cab Calloway.

Vom Dorf zur Lifestyle-Metropole

Selbst für amerikanische Verhältnisse ist Miami eine ziemlich junge Stadt: Ihre Anfänge reichen gerade hundert Jahre zurück. Wo mittlerweile mehr als zwei Millionen Menschen leben, befand sich um die Wende vom 19. zum 20. Jahrhundert noch ein Dorf. Heute ist Miami eine der am schnellsten wachsenden Metropolen der USA. Der Mix der Bevölkerung ist noch farbenfroher als anderswo und trägt eine deutlich karibische Note. Fast 20 Prozent der Einwohner sind außerhalb der USA geboren.

Nachdem der Öl-Millionär und Florida-Pionier Henry Flagler seine Eisenbahntrasse bis nach Miami verlängerte, um Zitrusfrüchte vom frostfreien Süden nach Norden zu transportieren, sorgte der Immobilien-Boom der 20er-Jahre für einen Entwicklungsschub. Städte, Touristenorte und Wolkenkratzer schossen in Südflorida aus dem Boden. Selbst während der lähmenden Depression wuchs die Bevölkerung weiter an. Nach dem zweiten Weltkrieg kam die Mafia, und seit Fidel Castros Machtübernahme 1959 in Kuba erreichten große Wellen kubanischer Flüchtlinge die Stadt. In den 80er-Jahren dann wurde die Entwicklung Miamis durch den Kokainhandel bestimmt, als die Stadt zu einem Umschlagplatz für Drogen aus Südamerika wurde. Zwar verwandelte das Geld aus dem Drogenhandel Teile der Stadt durch den Bau von mondänen Gebäuden und Nachtklubs, doch wurde der Aufschwung überschattet von der steigenden Zahl an Gewaltverbrechen. Letztere waren auch Thema der insgesamt 111 Episoden der TV-Kultserie *Miami Vice* (mit Don Johnson und Philip Michael Thomas in den Hauptrollen), die in den Jahren 1984 bis 1989 ausgestrahlt wurde.

Im neuen Jahrtausend avancierte die Stadt – trotz vorübergehendem Immobilien-Crash – zur internationalen Lifestyle-Metropole und zu einem florierenden kulturellen Zentrum. Und ein Ende des Booms ist nicht in Sicht...

Starker Kaffee in Little Havana

Hier ist die Luft satt vom Duft des starken Café Cubano und dem süßen Zuckerrohrsaft, den die Kubaner Guarapo nennen. Zwischen der Southwest 12th Avenue und der Southwest 27th Avenue, in Little Havana. Allein 1965 flohen 100 000 Kubaner in Folge der kommunistischen Revolution nach Miami; die meisten von ihnen ließen sich in der Nähe des Flusses nieder. Zwar zogen über die Jahre viele Menschen aus Nicaragua, Honduras und Haiti zu, doch in den Restaurants, Nachtklubs, Theatern und Zigarren-Shops rund um die Hauptstraße Calle Ocho blieb die kubanische Authentizität erhalten. Salsa-, Timba- und Rumba-Musik samt kubanischer Lebensfreude machen sich nach wie vor lautstark bemerkbar. Jeden letzten Freitag im Monat gibt's hier den »Cultural Friday« (auf der 8th Street zwischen der 14th und 17th Ave.), bei dem Musik und Straßentheater viele Zuschauer anlocken.

AUTORENTIPP!

PICKNICK IM BAYFRONT PARK

Der Bayfront Park liegt mitten im Herzen von Downtown Miami. Und bietet Kontrapunkte: Beruhigendes Grün nahe am Wasser vor einer spektakulären Wolkenkratzerkulisse. Ein tropischer Garten mit Wasserfall wurde hier schon 1926 angelegt, der Landschaftsarchitekt und Künstler Isamu Noguchi hat vor einigen Jahren den Weg entlang der Biscayne Bay erneuert und für eine üppige Bepflanzung gesorgt. Zu entdecken gibt es hier Statuen und Gedenksteine für wichtige Menschen und Ereignisse der USA. So wird an Christopher Columbus ebenso erinnert wie an die tragische Explosion des Spaceshuttles *Challenger* in Cape Canaveral 1986. Im Klipsch Amphitheatre finden verschiedene Veranstaltungen statt, die regelmäßig bis zu 10 000 Besucher begeistern.

Bayfront Park. 301 North Biscayne Blvd., Miami, FL 33132, Tel. 305 358 7550, www.bayfrontparkmiami.com

Tacos in allen Variationen gibt's beim Mexikaner an der Calle Ocho in Little Havana.

Infos und Adressen

ESSEN UND TRINKEN

Area 31. Auf der 16. Etage des »EPIC«-Hotels gelegen, bietet das Restaurant einen tollen Blick auf den Miami River mit der Silhouette von Downtown Miami. 270 Biscayne Blvd. Way, Miami, FL 33131, Tel. 305 424 5234, www.area31restaurant.com

Azul Miami. Eine feine französische Cuisine mit asiatischen Anklängen wird hier zelebriert. Auf der Terrasse wird mit Blick auf die Biscayne Bay diniert. Die Weinkarte mit über 700 edlen Tropfen wird drinnen wie draußen gereicht. 500 Brickell Key Drive, Miami, FL 33131, Tel. 305 913 8358, www.mandarinoriental.com/miami/fine-dining/azul

Bourbon Steak. Balance und Harmonie sind die Ziele, die Chef Michael Mina mit seinen lukullischen Kreationen erreichen will. Und er ist dabei sehr erfolgreich unterwegs. Turnberry Isle, 19999 West Country Club Drive, Miami, FL 33180, Tel. 786 279 6600, www.michaelmina.net

Casablanca. Mittwochs gibt's hier Austern »all you can eat«. Und der Blick auf den Miami River ist einfach unschlagbar. 404 North River Drive, Miami, Fl 33128, Tel. 305 371 4107, www.casablancaseafood.com

Ceviche 105. Peruanische Küche, modern interpretiert und präsentiert. Mit allen Zutaten, die das südamerikanische Land zu bieten hat. Serviert in einem Lokal von fast skandinavisch-eleganter Nüchternheit. 105 Northeast 3rd Ave., Miami, FL 33132, Tel. 305 577 3454, www.ceviche105.com

Dinieren am Ocean Drive in Miami Beach

Crazy About You. In einem Restaurant- und Lounge-Setting können Liebhaber einer spanisch beeinflussten Küche mit Blick auf die Biscayne Bay speisen. Und das zu zivilen Preisen. 1155 Brickell Bay Drive, Miami, FL 33131, Tel. 305 377 4442, www.crazyaboutyourestaurant.com

db Bistro Moderne. Nach New York und Singapur bietet Chef Daniel Boulud nun auch hier seinen aufregenden Mix aus traditioneller französischer Bistro-Küche und zeitgenössischem amerikanischem Geschmack. Très chic! 255 Biscayne Blvd., Miami, FL 33131, Tel. 305 421 880, www.dbbistro.com

El Exquisito Restaurant. Kubanische Spezialitäten mitten im Herzen von Little Havana – »direkt aus Großmutters Küche«. 1510 Southwest 8th St., Miami, FL 33135, Tel. 305 643 0227, www.elexquisitomiami.com

Finnegan's on the River. Für Bootsfreunde hat das Restaurant einen Anlegesteg, von dem aus man direkt auf die Terrasse schlendern kann. Am Wochenende legen DJs auf, oder Livebands spielen Reggae und Popmusik. 401 Southwest 3rd Ave., Miami, FL 33130, Tel. 305 285 3030, www.finnegansriver.com

NAOE. Die Liste der Auszeichnungen ist lang. Kritiker nannten ihren Besuch eine »fast religiöse Erfahrung«. Von Montag bis Samstag kommen pro Abend nur jeweils acht Gäste um 18 und um 21 Uhr in den Genuss einer dreistündigen Menü-Zeremonie, die Chef Kevin Cory zusammenstellt. Reservierung erforderlich! 661 Brickell Key Drive, Miami, FL 33131, Tel. 305 947 6263, www.naoemiami.com

Perricone's Marketplace & Cafe. Inmitten von Downtown Miami und mitten im Grünen und fast wie Bella Italia – Perricone's macht's möglich. Italienische Küche in einer bunten, lebendigen Atmosphäre. 15 Southeast 10th St., Miami, FL 33131, Tel. 305 374 9449, www.perricones.com

The Capital Grille. Miamis Ableger der berühmten Steakhouse-Kette bietet Gebratenes vom Feinsten im Finanzdistrikt. Nichts für Vegetarier! 444 Brickell Ave., Miami, FL 33131, Tel. 305 374 4500, www.thecapitalgrille.com

Zuma. Rainer Beckers Ableger seines noblen Sushi-Imperiums überzeugt mit Spitzenqualität und puristischer Eleganz. Besonderheit: Wer mag, fährt mit dem Boot vor. 270 Biscayne Blvd., Miami, FL 33131, Tel. 305 577 0277, www.zumarestaurant.com

ÜBERNACHTEN

EPIC. Aufenthalte ohne Einschränkung verspricht das 30-stöckige Luxushotel am Wasser. Das fängt mit einem Balkon für jedes Zimmer an, reicht über zwei Pools, Spa und Restaurants und endet mit extra großzügig geschnittenen Hotelzimmern. 270 Biscayne Blvd. Way, Miami, FL 33131, Tel. 305 424 5226, www.epichotel.com

Four Seasons Miami. Subtropisches Flair, verquickt mit europäisch geprägtem Luxus und abgeschmeckt mit einer Prise Art déco – so versteht sich das Hotel, das keinen Wunsch unerfüllt bleiben lassen möchte. 1435 Brickell Ave., Miami, FL 33131, Tel. 305 358 3535, www.fourseasons.com/miami

InterContinental Miami. Gediegene Eleganz – ob in den 641 geschmackvoll eingerichteten Zimmern, den Restaurants und Cocktail Lounges oder dem Spa und dem beheizten Outdoor-Pool mit Sonnendeck. 100 Chopin Plaza, Miami, FL 33131, Tel. 305 577 1000, www.icmiamihotel.com

Online – auch in der Mittagspause

Mandarin Oriental Miami. Asiatische Zurückhaltung vermischt mit Verwöhn-Luxus. Fernöstliches Spa, Restaurants, Privatstrand, Traumblick auf die Bucht. 500 Brickell Key Drive, Miami, FL 33131, Tel. 305 913 8288, www.mandarinoriental.com/miami

Viceroy Miami. Stylishes Luxushotel, dessen Interieur die Handschrift der jungen Top-Designerin Kelly Wearstler trägt. Mit gigantischer Pool-Terrasse und dem längsten Infinity-Pool an der Biscayne Bay. 485 Brickell Ave., Miami, FL 33131, Tel. 305 503 4400, www.viceroyhotelsandresorts.com

Mitte: Coral Gables' schmucke Congregational Church ist auch bei Hochzeitspaaren sehr gefragt.
Unten: Mit Kind, Hut und Hund – Flanieren in Coconut Grove

2 Coconut Grove und Coral Gables

Träume in Stein

Coconut Grove, von den Einheimischen oft nur »The Grove« genannt, ist das älteste Viertel Miamis. Dieser Anfang des 19. Jahrhunderts gegründete Ort direkt an der Bucht hat sich seinen Charme inmitten der Großstadthektik bewahrt. Gleich nebenan bezaubert Coral Gables mit seinen aus Korallenfelsen gemauerten Eingangstoren, gepflegten, baumbestandenen Alleen und pittoresken Häusern.

Schlendern durch die Straßen, die Künstlerflair ausstrahlen. Im fußgängerfreundlichen Zentrum von Coconut Grove reihen sich unzählige Cafés, Galerien, Bars und Boutiquen aneinander. Man setzt sich an einen der vielen Tische und genießt die entspannte Atmosphäre und das bunte Treiben von Shoppern, Studenten, Touristen und Nachtschwärmern.

Karibische Einflüsse

Die an der Bucht gelegenen Parks – wie der Peacock Park, der Kennedy Park und der The Barnacle Historic State Park – laden zum Entspannen ein. Im Ortsteil Village West leben heute die Nachkommen der ersten Bewohner von Coconut Grove: Bahamaer und Afroamerikaner. Der spürbare Einfluss der Karibik gipfelt jedes Jahr im Sommer im *Miami-Bahamas Goombay Festival*, einer bunten, aufregenden Mischung aus Rhythmen, Kostümen, Junkanoo-Tanz, Kunsthandwerk, exotischen Leckereien und ausgelassenen Menschen. Der Event zählt zu den größten seiner Art in den USA.

Coconut Grove und Coral Gables

So richtig in Schwung kam Südfloridas Besiedlung 1884 mit der Errichtung des ersten Hotels in Coconut Grove durch die englischen Einwanderer Charles und Isabella Peacock. Ihr »Bay View House«, später bekannt als »Peacock Inn«, fungierte als Herberge für die ersten Wintertouristen, die von Key West per Schiff anreisten. Der Unternehmer und Jachtdesigner Ralph M. Munroe (1851–1933), der 1886 seinen Hauptwohnsitz von New York nach Florida verlegte, benannte die Gegend Cocoanut Grove und begann bald mit den Planungen für einen Ort. Mit Erfolg. Als Miami 1896 mit 300 Einwohnern offiziell zur Stadt ernannt wurde, war das abgelegenere Cocoanut Grove bereits eine blühende Gemeinde mit eigener Schule, mehreren Kirchen, einer Bibliothek und sogar einem Jachtklub.

Mit dem Bau der Straße, die den Ort 1919 mit Downtown Miami verband, erhielt auch Cocoanut Grove die Stadtrechte. (Eine der ersten Maßnahmen war es dann, das »a« aus dem Namen zu streichen). Und war nach wie vor ein Magnet für Künstler und Schriftsteller, für europäische Adelige und wintermüde Industriemagnaten aus dem Norden.

Jeunesse dorée statt Hippies

Eine der Sehenswürdigkeiten der Stadt ist die Plymouth Congregational Church. Errichtet wurde sie Anfang des 20. Jahrhunderts von Clinton MacKenzie und Phillippe Feliz Rebom im sogenannten Spanish Colonial Revival Style – in Erinnerung an die ehemaligen spanischen Kolonialherren. Eindrucksvoll ist auch die am Wasser gelegene Villa Vizcaya, die wie eine italienische Renaissancevilla anmutet. Pilgerstätte für Touristen ist auch das über 100 Jahre alte Barnacle House, romantisches Anwesen des Stadtvaters Ralph M. Munroe. Das Leben heute tobt im luxuriösen Geschäfts-

AUTORENTIPP!

RENAISSANCE À LA 1916

Das gerade mal vor 100 Jahren erbaute Vizcaya Museum and Gardens, ehemals Residenz des Baumaschinen-Millionärs John Deering, zaubert italienisches Flair nach Südflorida. Die 70-Zimmer-Villa nebst herrlichem Garten an der Biscayne Bay wurde 1952 vom Miami-Dade County erworben und dient heute als Museum und für Empfänge. Die eleganten, im Barock- und Renaissancestil möblierten Räume geben Zeugnis von Deerings Vorliebe für Italien. Neben so illustren Gästen wie Präsident Reagan, Papst Johannes Paul II. und Queen Elizabeth war das Vizcaya 1994 auch repräsentativer Veranstaltungsort des historischen Gipfeltreffens mit Präsident Bill Clinton und den Regierungschefs der westlichen Industrienationen.

Vizcaya Museum and Gardens. Mi–Mo 9.30–16.30 Uhr, 3251 South Miami Ave., Miami, FL 33129, Tel. 305 250 9133, www.vizcaya.org

Oben: Ein in Freiheit lebendes Papageienpärchen in Coral Gables
Unten: Nobel, teuer und beliebt – CocoWalk mit Designerläden, Restaurants und Cafés in Coconut Grove

zentrum CocoWalk. Die Kreuzung der McFarlane Road mit der Grand Avenue ist eine der größten Einkaufsmeilen Miamis. Hier reihen sich Boutiquen und luxuriöse Shops aneinander. Wenn es dunkel wird, trifft sich Miamis Jeunesse dorée hier zu Drink und Dinner. Dann hat die Gegend ein ganz anderes Flair als noch in den 60er-Jahren, als dieser Stadtteil ein Treffpunkt für Hippies war.

Teuerste Gemeinde

Von Bäumen gesäumte Boulevards, Springbrunnen und gewundene Gassen haben dem benachbarten Stadtviertel Coral Gables den Beinamen »The City Beautiful« eingebracht. Die stattlichen Banyanbäume und breiten Straßen machen diesen Bezirk mit seinem altertümlichen Charme besonders bezaubernd. Tatsächlich ist Coral Gables nicht wie große Teile Miamis organisch gewachsen, sondern das Resultat eines Traums. George Merrick hatte die Vision, eine eigenständige, sorgfältig geplante Gemeinde neben dem boomenden und vergleichsweise unstrukturierten Miami zu errichten. Dabei konnte er auf eine geerbte Zitrus- und Avocadoplantage und zusätzlich erworbenes Land aufbauen und begann 1921 mit der Planung seiner Traumstadt. Im Rahmen einer sorgfältig ausgearbeiteten Marketingkampagne startete er kurz darauf mit dem Verkauf von Grundstücken, und bereits 1924 bestand Coral Gables aus mehr als 600 Häusern, drei Kirchen und zahlreichen Geschäften. Der überwältigende Anfangserfolg aber blieb Merrick nicht lange treu. Nach dem verheerenden Hurrikan von 1926 und dem darauf folgenden Immobilien-Crash musste er einen großen Teil seiner Pläne aufgeben. Ungeachtet der wirtschaftlichen Probleme, die dem Zusammenbruch des Baubooms folgten, war Coral Gables aber in der Lage, sich wieder zu erholen. Heute zählt der Stadtteil zu den wohlhabendsten Gemeinden im Großraum Miami. Viele der Gebäude stehen unter Denkmalschutz und vermitteln einen Eindruck von Merricks kühnem Entwurf. Eines der schönsten Baudenkmäler ist die 1927 entstandene Coral Gables City Hall, Sitz der Stadtverwaltung. Gebaut aus dem lokalen, charakteristischen Korallengestein und vom Bildhauer John St. John mit zahlreichen Fresken und Bildern verziert, »erzählt« es die Geschichte der Anfänge.

Der Alhambra Circle, eine der pompösen Einfahrten nach Coral Gables, präsentiert sich im mediterranen Stil, der diese Stadt prägt. Herausgearbeitet aus einem Korallensteinbruch ist der berühmte Venetian Pool, eines der schönsten Schwimmbäder Floridas in italienischer Architektur, das sogar einen Wasserfall hat. Das ebenfalls im mediterranen Baustil errichtete und prunkvoll restaurierte »Biltmore Hotel« zählt heute zu den wenigen Fünf-Sterne-Hotels alter Grandeur in Südflorida. Coral Gables ist auch die Heimat der University of Miami. 1926 gegründet, beherbergt sie heute die *Miami Hurricanes*, einige der besten College-Teams in den Sportarten Football, Baseball und Basketball. Auch die schönen Künste blühen in Coral Gables.

AUTORENTIPP!

Cocktail im »Biltmore Hotel«
Eine Nobelherberge für Reiche und Berühmte wie Al Capone und den Herzog und die Herzogin von Windsor. Das wohl bekannteste Gebäude in Coral Gables wurde 1926 erbaut. Das Wahrzeichen des »Biltmore Hotels« ist der Turm – eine Replik des Kathedralenturms von Sevilla. Zum Hotel gehört der größte Swimmingpool der Vereinigten Staaten, in dem bereits der Olympionike und spätere Tarzan-Darsteller Johnny Weissmüller trainierte. Der Ruhm des Hauses verblasste in den 30er-Jahren. Im Zweiten Weltkrieg war das Hotel ein Lazarett, bis 1968 ein Veteranenhospital und stand anschließend zeitweise leer. Der Renovierung folgte die glanzvolle Neueröffnung 1986. Nach einem Konkurs 1992 stieg das »Biltmore« wie ein Phönix aus der Asche und atmet bis heute Luxus.

The Biltmore Hotel. 1200 Anastasia Ave., Coral Gables, FL 33134, Tel. 305 913 3100, www.biltmorehotel.com

Oben: Schon die fröhlich bemalten Fassaden des Restaurants in Coconut Grove reflektieren pure Lebenslust.
Unten: Planschen im Venetian Pool in Coral Gables, einem der schönsten Schwimmbäder Floridas

Das Lowe Art Museum auf dem Gelände der Universität zeigt Wechselausstellungen lokaler und internationaler Künstler. Für Kunstinteressierte ist der jeweils erste Freitag des Monats ein wichtiger Termin, denn zwischen 19.30 und 22 Uhr sponsert die Coral Gables Gallery Association die »Gables Gallery Night«, eine kostenlose Tour durch einige der über 20 Galerien.

Die »Wundermeile« Miracle Mile bietet eine Fülle kleiner Geschäfte, Kaufhäuser und Boutiquen entlang einer hübsch bepflanzten und backsteingepflasterten Straße. Besonders beliebt bei modebewussten Besuchern ist die Luxus-Mall Merrick Park. In der Rundhalle des Colonnade Buildings, dem ehemaligen Firmensitz von Merricks Baufirma, befindet sich heute die Lobby des Hotels »The Westin Colonnade Coral Gables«.

Natürlich verfügt Coral Gables auch über eine Fülle erstklassiger Restaurants – ob klassisch europäisch, amerikanisch, kubanisch, chinesisch oder die Mischung aus europäischer Küche mit den Gewürzen und Früchten der Karibik, die sich hier »Floribbean Cuisine« nennt.

Infos und Adressen

SEHENSWÜRDIGKEITEN

Fairchild Tropical Botanic Garden. Im größten botanischen Garten auf dem Festland der USA wachsen mehr als 2500 Pflanzen- und Baumarten aus aller Welt. Tgl. 9.30–16.30 Uhr, 10901 Old Cutler Rd., Coral Gables, FL 33156, Tel. 305 667 1651, www.fairchildgarden.org

Miami Museum of Science. Für Wissbegierige gibt es hier Ausstellungen zum Thema Naturgeschichte und Astronomie – und für Sternengucker ein Planetarium. Tgl. 10–18 Uhr, 3280 South Miami Ave., Miami, FL 33129, Tel. 305 646 4200, www.miamisci.org

Pan Am Building. In den 30er- und 40er-Jahren war Coconut Grove das Hauptquartier von Pan Am. Hier starteten die Flugboote nach Südamerika. Das Terminal wird heute als City Hall genutzt und ist eines der wenigen Art-déco-Gebäude in Coconut Grove. 3500 Pan American Drive, Coconut Grove, FL 33133, Tel. 305 250 5400

ESSEN UND TRINKEN

Jaguar Ceviche Spoon Bar & Latam Grill. Eine Küche, die klassische Rezepte neu interpretiert und Wert auf lateinamerikanische Einflüsse legt. Eindrucksvoll ist auch die Weinkarte. 3067 Grand Ave., Coconut Grove, FL 33133, Tel. 305 444 0216, www.jaguarhg.com/restaurants

Lateinamerikanisch:
Jaguar Ceviche Spoon Bar & Latam Grill

ÜBERNACHTEN

Hotel St. Michel. Ein Haus mit südeuropäischem Charme, das 1926 als »Sevilla Hotel« eröffnet wurde. 162 Alcazar Ave., Coral Gables, FL 33134, Tel. 305 444 1666, www.boutiquehotelcoralgables.com

Mayfair Hotel & Spa. Anklänge an Jugendstil und Art déco, dazu viel dunkles Tropenholz. 3000 Florida Ave., Coral Gables, FL 33133, Tel. 305 441 0000, www.mayfairhotelandspa.com

Outdoor Dining, wie hier in Coconut Grove, gehört wie überall in Florida zum Lebensgefühl.

3 Key Biscayne

Am Anfang war die Kokosnuss

Key Biscayne bietet für jeden Geschmack etwas: Der nördliche Teil beheimatet den Crandon Park, in dem sich vor allem am Wochenende Kitesurfer und Familien zum Grillen treffen. Den mittleren Abschnitt der Insel nimmt die Gemeinde Key Biscayne mit ihren 12000 wohlhabenden Einwohnern ein. Im südlichen Inselteil befindet sich der Bill Baggs Cape Florida State Park, der unverfälschte Naturerlebnisse verspricht.

Beim Namen Key Biscayne fällt vielen Menschen vor allem Tennis ein. Nicht ohne Grund – schließlich finden hier alljährlich im Frühjahr die *Miami Open* statt, ein Turnier, das irgendwann mal drauf und dran war, zum fünften Masters-Turnier der Filzball-Saison erhoben zu werden. Zwei Wochen lang jagen die besten Tennisspieler und -spielerinnen der Welt hier dem gelben Ball hinterher.

Mitte: Im Crandon Park in Key Biscayne wird jährlich das Tennisturnier *Miami Open* ausgetragen.
Unten: Das Neptune Memorial Reef, eine Gedenkstätte für Feuerbestattungen, liegt fast sechs Kilometer vor der Küste.

Luxuriöser Rückzugsort

Gleich neben dem Stadion bietet Key Biscayne tropische Landschaften und viel Ruhe. Das macht die Insel zu einer beliebten Destination für Menschen, die dem Großstadttrubel entrinnen wollen. Zum Beispiel jene Reichen und Berühmten, die sich hier in luxuriösen Villen niedergelassen haben. Einer der ersten war der einstige US-Präsident Richard Nixon (1913–1994), der ein Anwesen erbauen ließ, das als »Florida White House« bekannt wurde.

Hauptort der Insel ist Key Biscayne, in dem 12000 gut betuchte Menschen leben. Und das erst seit

1947. Da wurde die sechs Kilometer lange Zufahrtsstraße Rickenbacker Causeway erbaut, und mit der Eröffnung begann auch die Entwicklung des Eilands. Vorher war Key Biscayne vor allem eine gigantische Kokosnussplantage, die größte der Vereinigten Staaten. Eine riesige Fläche im Süden der Insel gehörte damals dem Mähdrescher- und Traktor-König James Deering (1859–1925), der auch Erbauer der berühmten Villa Vizcaya in Miami war. Das Areal ging noch durch mehrere Hände, ehe es 1966 an den Bundesstaat Florida verkauft wurde. Das Gebiet wurde zum Bill Baggs Cape Florida State Park ernannt. Dort steht noch heute der 29 Meter hohe Leuchtturm, ein Nachbau des *lighthouse* von 1825. Die Bauwerke waren überlebenswichtig, denn rund um die südöstliche Küste Floridas mit seinen Riffen liefen viele Schiffe auf Grund. Hat man die 110 Stufen bis zur Spitze des Leuchtturms erklommen, wird man mit einem weiten Blick Richtung Miami belohnt. Nebenan steht das Keeper's House, ein Museum, in dem die originale Ausstattung des einstigen Leuchtturmwärterhäuschens zu sehen ist.

Modernes Atlantis

Für eine ganz besondere Attraktion von Key Biscayne muss man sich tief ins Wasser wagen: das 2007 eröffnete Neptune Memorial Reef, etwa sechs Kilometer von der Insel entfernt in einer Tiefe von zwölf Metern. Es ist ein Unterwasser-Mausoleum und mit 56 000 Quadratmetern das größte menschengemachte Riff der Welt. Hier kann die Asche Verstorbener beigesetzt werden. In Urnen oder auch mit Beton vermischt als Säulen oder Skulpturen. Entstanden ist eine Unterwasser-Friedhofsstadt mit Terrassen, Toren und Statuen. Wer das Riff besuchen möchte, findet unter www.nmreef.com Informationen über Tauchbasen.

AUTORENTIPP!

ZU GAST BEI FLIPPER

Bis heute sind Delfine die Hauptattraktion des Miami Seaquariums. 1963 brachten sie der Anlage Weltruhm: In dem Jahr entstand in der Flipper Lagoon die Pilotfolge der Fernsehserie *Flipper*. Als Killerwale die Lieblinge der Zuschauer wurden, entstand 1970 ein Showbecken für Orcas, die beim Aufprallen aufs Wasser die Zuschauer in den ersten Reihen nass spritzen. Heute kann man neben Delfinen und Killerwalen auch Seelöwen und Seehunde, Seekühe und Schildkröten sehen. Wer mag, darf mit Delfinen schwimmen. Die Anlage will jedoch auch Wissen über die unterschiedlichen Meeresbewohner vermitteln. Die Mitarbeiter kümmern sich auch um verletzte Tiere, die hier aufgepäppelt und wieder in die Freiheit entlassen werden.

Miami Seaquarium. Tgl. 9.30–18 Uhr, 4400 Rickenbacker Causeway, Key Biscayne, FL 33149, Tel. 305 361 5705, www.miamiseaquarium.com

Oben: Wegen der optimalen Windverhältnisse ist die Nordspitze Key Biscaynes ein beliebtes Surfrevier. **Unten:** Faszinierend, aber nicht ungefährlich und daher an belebten Stränden nicht erlaubt: Kitesurfen

Die zugige Nordspitze Key Biscaynes wurde inzwischen der schnell wachsenden Fangemeinde der Kitesurfer zugeschlagen. Hier bläst der Wind konstant ablandig von Coconut Grove im Westen herüber und verfängt sich auf seinem Weg Richtung Atlantik in den Kites, den Schirmen oder Drachen der Surfer. Dass die Kitesurfer seit geraumer Zeit ein Stück Strand offiziell ihr Revier nennen können, ist den lokalen Surfaholics zu verdanken. Denn Kiten ist kein ungefährlicher Sport. Wenn Anfänger ihr Board verlieren und es hochkant aus den Fluten katapultiert wird, sollte kein Badegast in der Nähe sein. An einem überfüllten Badestrand kiten? No-Go! Dank Sportsgeist und Beharrlichkeit erhielten die Kitesurfer vor einigen Jahren die offizielle Erlaubnis für die Nordspitze.

So wird der Crandon Park am Wochenende zu einer einzigen Partyzone. Im Norden schwirren die Kiter übers Wasser. Gleich nebenan feiern zahllose aus Kuba immigrierte Großfamilien ihre Grillpartys. Ghettoblaster und Musiker sorgen dabei für ein Gewirr aus Salsa-, Merenque- und Calypso-Rhythmen. Ein Fest für alle, auch wenn der Wind mal nicht bläst.

Infos und Adressen

SEHENSWÜRDIGKEITEN

Historic Lighthouse and Keeper's House. Sein Vorgänger am Südzipfel von Key Biscayne wurde 1836 von Seminole-Kriegern im Kampf gegen Landnahme und Umsiedlung niedergebrannt, doch der 1856 neu aufgebaute Leuchtturm strahlt heute höher und weißer denn je. Im Leuchtturmwärterhaus nebenan erfahren Besucher von den Lebens- und Arbeitsbedingungen anno dazumal. Besichtigungstouren Do–Mo 10–13 Uhr, 1200 South Crandon Blvd., Bill Baggs Cape Florida State Recreation Area, Key Biscayne, FL 33149, Tel. 305 361 5811, www.key-biscayne.com

ESSEN UND TRINKEN

Boater's Grill. Einst ein Versteck für Piraten und Schmuggler, gibt sich das Lokal heute weniger geheimnisvoll und lädt zu Gegrilltem und mehr. Spezialität ist die Meeresfrüchte-Paella. 1200 Crandon Blvd., Key Biscayne, FL 33149, Tel. 305 361 0080, www.lighthouserestaurants.com

Gran Inka. Der Name verrät's: Hier wird südamerikanisch gekocht. Vor allem peruanische Gerichte stehen auf der Speisekarte, u.a. das Nationalgericht *Ceviche.* 606 Crandon Blvd., Key Biscayne, FL 33149, Tel. 305 365 7883, www.graninka.com

Rusty Pelican. So rustikal wie der Name ist das Restaurant dahinter nicht. Stattdessen regiert hier eine moderne, amerikanische Küche mit Eleganz und Gespür für eine hinreißende Präsentation. 3201 Rickenbacker Causeway, Key Biscayne, FL 33149, Tel. 305 361 3818, www.therustypelican.com

ÜBERNACHTEN

The Ritz-Carlton Key Biscayne. Erstes Haus am Platz, mit allem Luxus, den man von einer Herberge dieses Namens erwarten kann. Die eleganten Zimmer spiegeln das sonnige Flair der Karibik oder Südfrankreichs wider und sind mit kostbaren Stoffen und Designermöbeln eingerichtet. 455 Grand Bay Drive, Key Biscayne, FL 33149, Tel. 305 365 4500, www.ritzcarlton.com

The Silver Sands Beach Resort. Einfaches, aber zauberhaft gelegenes Resort mit schönem Pool und tropischem Flair. 301 Ocean Drive, Key Biscayne, FL 33149, Tel. 305 361 5441, www.silversandsbeachresort.net

Schlanke Gestalt mit hellem Kopf – der 29 Meter hohe Cape-Florida-Leuchtturm

4 Miami Beach

Laufsteg der Eitelkeiten

SoBe (South Beach), wie die Einheimischen den Stadtteil von Miami Beach getauft haben, diente einst als Kulisse für *Miami Vice*. In der TV-Serie aus den 80er-Jahren wimmelte es nur so von Drogendealern und korrupten Polizisten. Doch diese Zeiten sind vorbei. Statt wilder Verfolgungsjagden werden heute Werbespots gedreht: Oft werden schon bei Sonnenaufgang leicht bekleidete Models durch den Sand gescheucht. Am Abend tauschen die Beautys den Bikini gegen ein sexy Kleidchen und feiern wilde Partys in den Bars am Ocean Drive – gemeinsam mit allen anderen.

Doch Miami Beach bietet mehr als nur hedonistische Nabelschau. Neben Stars und Sternchen regiert hier heute auch die bildende Kunst. Die *Art Basel Miami Beach* ist das Aushängeschild

MAL EHRLICH

EROTISCHE ÜBERDOSIS

In seinem Roman *Back to Blood* brachte es Autor Tom Wolfe auf den Punkt: »New York ist die Stadt des Geldes, Washington die Stadt der Macht und Miami die Stadt des Sex.« Keine Frage: In Miami Beach liegt Hedonismus in der Luft. Lust, Genuss, sinnliche Begierde – die Szene in South Beach ist grell, laut und aufgeheizt. Irgendwann hat freilich jeder Besucher mal genug vom ewigen Reigen des Balzens. *Erotic overdose* sozusagen. Dann fährt man am besten in die Everglades und besucht die Alligatoren!

Mitte: Sonnenbräune ist ein unverzichtbares »Must-have«.
Unten: Nachtschwärmer zieht es wie magisch zur trubeligen Partymeile am Ocean Drive.

dieser Metamorphose. Doch ganz ohne Party geht es natürlich nicht: Wenn die Kunstbranche sich jeden Dezember hier trifft, wird Miami Beach seinem Ruf als ultimativer Feier-Hochburg mehr als gerecht: Dann bitten auch Kunsthändler zu Lachshäppchen und Champagner.

Strandleben und Nightlife

Derweil strahlen die blitzblanken Art-déco-Fassaden stolz in pastelligen Bonbonfarben. Und der Strand, er ist wie immer schön, lang und schneeweiß. Dazu die Lincoln Road, seit Jahrzehnten Flaniermeile Nummer eins, und natürlich die berühmten Bars und Cafés am Ocean Drive. Und jeder Besucher merkt schnell: Miami Beach, das ist die Quersumme aus Strandleben und Nightlife. Dabei ist Beach nicht gleich Beach. Zwischen 16th und 20th Street tummelt sich ein eher besser betuchtes Volk am Strand. Schließlich befindet man sich hier vor dem »Delano«, dem »National« und dem »Shore Club«, allesamt exklusive Art-déco-Hotels. Gleich daneben im eleganten »Ritz-Carlton« gönnt man sich ganz mondän die Dienste eines sogenannten Tanning Butlers, eines in knappe Shorts gehüllten Muskelpaketes, das Sonnencreme auf der Haut blasser Nachtschwärmer verteilt.

Im Strandabschnitt zwischen 2nd und 3rd Street sonnt sich ein fröhliches Durcheinander aus Einheimischen, Touristen, Models und Surfern. Später geht's dann in eine der vielen Bars auf der Lincoln Road, um bei einem Cuba Libre gelassen auf die bunten Menschenmassen zu blicken, die links und rechts vorbeiziehen. An Samstagnachmittagen ist der Strandclub »Nikki Beach« die angesagteste Adresse. Sonntags aalt man sich bei Mojitos am schönsten Art-déco-Schwimmbecken der Stadt im »The Raleigh«. Oder man pilgert in die ultimative Hochburg von Stil und Luxus: das »Setai Hotel«.

AUTORENTIPP!

RADELN ON THE BEACH

Mit dem Fahrrad lässt sich das Szeneviertel South Beach besonders gut erkunden. Für den kilometerlangen Sandstrand eignet sich ein stilechter *beach cruiser*. Bei diversen Verleihern sind die Räder neben anderen Modellen stunden- oder tageweise zu mieten. An 60 Stationen stehen zudem für ein paar Dollar 500 kommunale DecoBikes bereit. Und wenn man sich geschickt zwischen den Autos hindurchschlängelt, kommt man schnell voran. Doch aufgepasst, dass man keiner der Nobelkarossen vor die Haube kommt!

Bike and Roll. 210 10th St., Miami Bayside, FL 33139, Tel. 305 604 0001, www.bikeandroll.com

DecoBike Miami Beach. 723 Washington Ave., Miami Beach, FL 33139, Tel. 305 532 9494, www.decobike.com

Miami Beach Bicycle Center. 601 5th St., Miami Beach, FL 33139, Tel. 305 674 0150, www.bikemiamibeach.com

An dieser Luxusvilla in Miami Beach führt gewiss kein Fahrradweg vorbei.

Oben: In vielen Bars und Szene-kneipen ist Livemusik aller Genres zu hören.
Unten: Art déco vom Feinsten erwartet Gäste im Hotel »Marlin« in Miami Beach.

Und abends? Wer sich, möglichst gut ausgeruht und auf jeden Fall gestylt, ins Nachtleben stürzen will, hat die Qual der Wahl. Vorausgesetzt, er wird eingelassen. Im »Mansion« (1235 Washington Ave.) stehen die Gäste schon seit über einem Jahrzehnt Abend für Abend Schlange und warten auf das »go« der Türsteher.

Der »LIV Nightclub« im glamourösen »Fontainebleau Hotel« (4441 Collins Ave.) ist nicht weniger nobel und so weltberühmt, dass er alle naselang in einem Hollywood-Film auftaucht. »Set Miami« (320 Lincoln Rd.) bietet Musikstile von Rock über Rap bis House – und ein tolles Interieur samt Go-gos, die in großen Plastikröhren an der Wand tanzen. Ein vielseitiges DJ-Spektrum gibt's im »Story Nightclub« (136 Collins Ave.): Heute legt hier vielleicht ein international bekannter Musiker auf, morgen dann ein kreativer Underground-(Noch-)Geheimtipp. Ein heimeliges, dunkles Ambiente mit echten Palmen lädt im »Treehouse« (323 23th St.) zu hemmungslosem Tanzen nach eigener Choreographie ein. Weniger um den eigenen künstlerischen Ausdruck als vielmehr ums Sehen und Gesehenwerden geht es in der »Skybar at the Shore Club« (1901 Collins Ave.), einem wahren Magneten für Stars und Sternchen. Nach einigen Runden auf der Tanzfläche entspannt man sich hier ganz cool am Pool bei Chill-out-Musik, lässt sich bewundern und beobachtet die anderen Gäste.

Rundgang Miami Beach

A Art Deco Welcome Center – Von hier aus starten (tgl. ab 10.30 Uhr) geführte Spaziergänge: Art Deco Tour, Gay and Lesbian Tour und South Beach Food Tour (12 und 17 Uhr). 1001 Ocean Drive

B The Wolfsonian – Designobjekte von 1885 bis 1945.1001 Washington Ave.

C World Erotic Art Museum Miami – Erotische Kunst aus aller Welt. Eintritt ab 18 Jahren. 1205 Washington Ave.

D New World Center – Heimat des New World Symphony Orchestras. 500 17th St.

E Colony Theatre – Erstrahlt wieder in altem Art-déco-Glanz. 1040 Lincoln Rd.

F Holocaust Memorial – Denkmal zu Ehren der Holocaust-Opfer. 1933–1945 Meridian Ave.

G Bass Museum of Art – Faszinierende Kunstsammlung. Mi, Do, Sa, So 12–17 Uhr, Fr 12–21 Uhr, 2100 Collins Ave., www.bassmuseum.org

Oben: Viele historische Gebäude säumen den Ocean Drive.
Mitte: Traum in Pink – ein Cadillac Cabrio aus dem Jahr 1959 …,
Unten: … dem auch die Restaurantbesucher voller Bewunderung hinterherschauen.

Flop der Kokosnüsse

Was für ein Bogen von dieser stylishen Pracht zu den Anfängen! Das erste auf der Insel Miami Beach errichtete Gebäude hatte eher profanen Charakter: ein vom United States Life-Saving Service (gehört heute zur U.S. Coast Guard) im Jahr 1876 gebautes Haus zur Aufnahme von Schiffbrüchigen auf Höhe der heutigen 72nd Street. In den 1880er-Jahren legten Ezra Osborn und Elnathan T. Field aus New Jersey eine Kokosnussplantage mit 155 000 Palmen an, die aber unwirtschaftlich war und bald aufgegeben wurde. Einer der Investoren in dieses erfolglose Projekt war der Unternehmer John S. Collins, der später mit dem Verkauf von Grundstücken finanziell mehr reüssierte.

Mit Beginn des Eisenbahnzeitalters und der Stadtgründung Miamis auf der Festlandsseite der Biscayne Bay im Jahr 1896 entwickelte sich gleichzeitig auch der Hafen. Der Bau des Government Cut im Jahr 1905, einer Kanalverbindung zwischen Ozean und Bay, trennte die Südspitze von Miami Beach ab, die seitdem die Insel Fisher Island bildet. Hier darf nur derjenige seinen Fuß an Land setzen, der dort eine Immobilie besitzt oder Hotelgast des noblen »Fisher Island Club«-Hotels ist.

Im frühen 20. Jahrhundert erkannten die Unternehmerfamilie Collins, die Bankiers-Brüder Lummus und der aus Indianapolis stammende Geschäftsmann Carl G. Fisher das Potenzial von Miami Beach als Touristenziel. Am 12. Juni 1913 wurde die Fährverbindung von Miami auf die Insel durch die 2,5 Meilen lange Collins Bridge ersetzt, die bei ihrer Eröffnung als die längste Holzbrücke der Welt galt. 1915 errichtete man mit dem »Brown's Hotel« am Ocean Drive ein erstes Hotel auf der Insel, das heute noch existiert. Zu diesem Zeitpunkt bestimmten große Mangrovensümpfe die Gegend, die nach und nach trockengelegt wurden.

1917 wurde Miami Beach offiziell als *City* ins Register eingetragen. Carl G. Fisher (1874–1939) trieb in den 20er-Jahren die Entwicklung der Stadt als Winterwohnsitz von reichen Industriellen aus dem Norden und Mittleren Westen der USA maßgeblich voran. Auf seine Initiative wurde das Ufer auf der Westseite befestigt und mehrere künstliche Inseln in der Bay aufgeschüttet. Dazu zählen Star Island, Palm Island und Hibiscus Island, die Sunset Islands, die Normandy Isle sowie die meisten der Venetian Islands. 1926 errichtete man anstelle der Collins Bridge den Venetian Causeway, der über die Venetian Islands führt.

Doch der Miami-Hurrikan im selben Jahr setzte – wie in ganz Südflorida – der prosperierenden Entwicklung der Stadt ein abruptes Ende. Ebenso dem Vermögen Carl G. Fishers. Aber schon in den 30er-Jahren entwickelte sich der Ort wieder zu einem beliebten Reiseziel. In dieser Zeit entstand auch das Art-déco-Viertel. Und in den Jahrzehnten nach dem Zweiten Weltkrieg stieg die Einwohnerzahl von Miami Beach durch Zuzug aus dem Norden um ein Vielfaches. Hinzu kam eine große Anzahl an Exilkubanern nach der Kubanischen Revolution 1959. Es boomte – doch in den 70er-Jahren kam der Ort mehr und mehr herunter, Drogendealer und Verbrecher ließen sich nieder. Erst die Erneuerung des Art-déco-Distrikts brachte die Wende und machte Miami Beach wieder zur touristischen Perle. Mit vielen Facetten.

Kreuzfahrtschiffe vor der Nase

Ein bisschen freizügiger als anderswo war man hier immer schon: Am Strand von South Beach wird »oben ohne« und Alkohol generell toleriert, sprich: Die Ordnungshüter drücken meist ein Auge zu. Für Nudisten und Freunde der FKK-Kultur gibt es sogar einen eigenen Strandabschnitt: den

AUTORENTIPP!

KULTIGES INSIDER-MAGAZIN

Seit über 25 Jahren berichtet das wöchentlich erscheinende Kult-Blatt *Miami New Times* über jeden und alles, worüber man in Miami Bescheid wissen muss. Wo gibt es die beste Happy Hour, wo die heißesten Events? In welcher Strandbar kann man am besten flirten? Wo gibt es angesagte *wine tastings*? Wen kann man in diesem Jahr auf der *Miami Fashion Week* treffen? Und wo findet man das beste Sushi oder die leckersten *stone crabs*? Jeden Donnerstag holt man sich das Gratis-Magazin an einer der berühmten Zeitungsboxen auf der Straße, an der man vorne die Klappe öffnet – und wird automatisch zum Miami-Insider. Und erfährt, was es Neues gibt in SoBe, was »in« ist und was »out« und wo man sich abends unbedingt sehen lassen sollte. Die Online-Version der Zeitung ist ebenfalls sehr zu empfehlen: www.miaminewtimes.com.

AUTORENTIPP!

RUBENS UNTER PALMEN

Es ist schon etwas verwirrend, als Europäer im Bass Museum of Art die Gemälde holländischer und flämischer Maler wie Flinck, Bol, Jordaens und Rubens mit ihrem nördlichen Licht zu sehen, während draußen die heiße subtropische Sonne brennt. Unter den mehr als 2800 Exponaten sind auch andere Stilrichtungen vertreten: Werke der italienischen Renaissance von Ghirlandaio und Botticelli, Hofgemälde aus der Zeit des Rokoko, Bilder englischer Porträtisten im Stil der »Grand Tradition« des 18. Jahrhunderts sowie Skulpturen aus Renaissance, Barock und Rokoko. Auch das 19. und 20. Jahrhundert kommen nicht zu kurz. Zu sehen sind bedeutende Werke aus aller Welt, darunter fotografische Exponate und japanische Holzschnitte.

Bass Museum of Art. Mi–So 12–17 Uhr, Fr 12–21 Uhr, 2101–2199 Collins Ave., Miami Beach, FL 33139, Tel. 305 673 7530, www.bassmuseum.org

Haulover Beach in Bal Harbour, etwa 15 Kilometer nördlich des Art-déco-Viertels. Während der Nacht spielt sich das Geschehen eher abseits des Wassers ab. Der berühmteste Treffpunkt am Ocean Drive ist sicher das »News Café«. Rund um die Washington Avenue liegen einige der heißesten Clubs der Stadt. Als Hauptsaison zum Feiern gilt die Zeit von Oktober bis Mai.

Ganz am südlichen Ende der Avenue liegt der South Pointe Park. Hier kann man vor allem am Wochenende die großen Kreuzfahrtschiffe beim Auslaufen beobachten. Es ist ein beeindruckendes Erlebnis, wenn die Giganten der Meere nur wenige Meter entfernt zu ihren Törns in die Karibik aufbrechen.

Promis, Parties und Privates

Im südlichsten Teil von Miami Beach nennen sich die ersten fünf Straßen »South of Fifth«. Hier stehen die glitzernden Appartementtürme, hier findet man die teuersten *condominiums* in spektakulärer Hochhausarchitektur. Weiter nördlich ab der 6th Street beginnt South Beach mit dem berühmten Ocean Drive. Hier sind die meisten Restaurants angesiedelt und Hotels wie das viel fotografierte »Colony Hotel«, Cocktailbars, Boutiquen und Kunstgalerien. Und hier parken Lamborghinis und Ferraris am Straßenrand und muskelbepackte beziehungsweise silikonbestückte Strandmodels flanieren über die Promenade.
Bis spät in die Nacht tönen heiße Rhythmen aus Lautsprechern von nahezu jedem Gebäude. Für Sportler sind direkt am Strand Volleyballnetze aufgebaut, Skater und Radfahrer können sich am Ocean Drive austoben.

In Mid Beach und North Beach ab der 25th Street geht es etwas ruhiger zu, dies ist der Bereich von Hotels und großen Appartementhäusern. Häuser

wie »The Palms Hotel«, das berühmte »Fontainebleau Hotel« auf der 44th Street und das »Eden Roc« in der 45th Street bestimmen die touristische Szene. Auf der 68th Street verspricht das »Canyon Ranch Hotel« Entspannung für Körper und Seele.

Nördlich der Stadt Miami Beach beginnt die City of Surfside (88th Street–96th Street), fast ausschließlich ein exklusives Wohngebiet. Das sich daran anschließende Bal Harbour ist eine der bestsituierten Nachbarschaften Südfloridas. Wer im Luxushotel »St. Regis« absteigt, kann sich gleich gegenüber in den Bal Harbour Shops bei Versace, Gucci, Armani, Prada, Chanel und Co. mit Luxuswaren eindecken. Noch weiter nördlich liegen die Stadtteile Sunny Isles und Aventura. Viele russische Investoren haben sich hier vor und während der Immobilienkrise eingekauft. Auch Donald Trump ist vertreten, u.a. mit dem »Trump International Beach« am perfekt weißen Strand. Ein paar wenige günstigere Motels wirken mit ihren maximal drei Etagen wie Winzlinge neben gewaltigen Hotelkomplexen mit bis zu 50 Stockwerken.

Golden Beach ist der nördlichste Stadtteil im Miami-Dade County auf der Miami-Beach-Seite – die exklusivste und teuerste Wohngegend direkt am Meer. Hier gibt es die einzigen Einfamilienhäuser, die direkt am Atlantik liegen und Privatzugang zum Strand haben. Und einen entsprechenden Preis...

Oben: Iguanas lieben ein wärmendes Bad in der Sonne.
Mitte: Rettungsschwimmer-Turm am Strand – auch nach Haien wird Ausschau gehalten.
Unten: Privatvillen mit eigenem Bootsanleger sind keine Seltenheit.

Infos und Adressen

ESSEN UND TRINKEN

Balans. Rezepte zwischen fernöstlichen Spezialitäten und Mittelmeer-Cuisine. Schickes Ambiente. 1022 Lincoln Rd., Miami Beach, FL 33139, Tel. 305 534 9191, www.balansrestaurants.com/lincoln-road

Barton G. Restaurant. Jedes Gericht – serviert werden amerikanische Klassiker – überrascht mit fantasievoller Gestaltung. 1427 West Ave., Miami Beach, FL 33139, Tel. 305 672 8881, www.bartong.com

Bazaar. Feine, manchmal experimentelle, immer überzeugende Küche in einem eleganten Interieur. 1701 Collins Ave., Miami Beach, FL 33139, Tel. 305 455 2999, www.thebazaar.com

Big Pink. Moderne Sportsbar mit jungem, trendigem Publikum. Und bis hin zur Speisekarte ist alles in Pink. 157 Collins Ave., Miami Beach, FL 33139, Tel. 305 532 4700, www.mylesrestaurantgroup.com

Cardozo Bar & Grill. Das Bistro-Restaurant im »Cardozo Hotel« bietet kubanisch inspirierte Küche und eine Terrasse *to see and to be seen.* 1300 Ocean Drive, Miami Beach, FL 33138, Tel. 305 695 2823, www.cardozohotel.com

J&G Grill. Frische Zutaten, virtuose Zubereitung, elegante Räumlichkeiten und einer der größten Weinkeller Südfloridas. 9703 Collins Ave., Bal Harbour, FL 33154, Tel. 305 993 3300, www.jggrillmiami.com

Joe's Stone Crab. Besonders zu empfehlen sind hier Muschel-*Ceviche*, *Coconut Shrimp* und *Grouper, Phô Style.* Im Sommer geschlossen. 11 Washington Ave., Miami Beach, FL 33139, Tel. 305 673 0365, www.joesstonecrab.com

Johnny Rockets. Eines der besten Hamburger-Restaurants der Stadt. Von der Terrasse aus Möchtegern-Stars, Supermodels, Touristen, Jogger und Rollerblader beobachten. 728 Ocean Drive, Miami Beach, FL 33139, Tel. 305 538 2115, www.johnnyrockets.com

News Café. Hier treffen sich Miamis Touristen und Einheimische zum Frühstück (bis zum frühen Abend) und zu Champagner (bis zum frühen Morgen). 800 Ocean Drive, Miami Beach, FL 33139, Tel. 305 538 6397, www.newscafe.com

Nobu. Neue japanische Küche wird hier kombiniert mit edlem Interieur und einer »Bühne« für hippe Gäste. 1901 Collins Ave., Miami Beach, FL 33139, Tel. 305 695 3232, www.noburestaurants.com

Prime 112. Zu finden ist das elegante Steakhouse im historischen »Browns Hotel«, dem 1915 gebauten ersten Hotelgebäude von Miami Beach. 112 Ocean Drive, Miami Beach, FL 33139, Tel. 305 532 8112, www.mylesrestaurantgroup.com

Das kulinarische Angebot ist unüberschaubar.

Sardinia Enoteca Ristorante. Italiens, pardon, Sardiniens Visitenkarte in Florida. Mehrfach ausgezeichnet, mit rustikal-edler Küche und edlen Tropfen. 1801 Purdy Ave., Miami Beach, FL 33139, Tel. 305 531 2228, www.sardinia-ristorante.com

Tap Tap. Haitianische Küche inmitten knallbunter Werke karibischer Künstler. 819 5th St., Miami Beach, FL 33139, Tel. 305 672 2898, www.taptapmiamibeach.com

ÜBERNACHTEN

Betsy Hotel. Wunderbar deplaziert: Inmitten des glitzernden Ocean Drives ist dieses Hotel ein wohltuend stilvoller Ort der Ruhe. 1440 Ocean Drive, Miami Beach, FL 33139, Tel. 305 531 6100, www.thebetsyhotel.com

Canyon Ranch Miami Beach. In diesem Wohlfühltempel gleicht der Kampf gegen die körperliche und spirituelle Erschlaffung einer religiösen Übung. 6801 Collins Ave., Miami Beach, FL 33141, Tel. 305 514 7000, www.canyonranch.com/miamibeach

Delano. Das 1995 von Philippe Starck in strahlendem Weiß neu gestaltete Hotel ist nachts ein Szenetreff. 1685 Collins Ave., Miami Beach, FL 33139, Tel. 305 672 2000, www.delano-hotel.com

Fontainebleau Miami Beach. Prachthotel aus den 50er-Jahren, Lieblingshotel von Fred Astaire, Marlene Dietrich und Sean Connery. Die Renovierung kostete 2008 eine Milliarde Dollar. 4441 Collins Ave., Miami Beach, FL 33140, Tel. 305 535 3283, www.fontainebleau.com

Loews Miami Beach Hotel. Im Herzen von South Beach – ideal, um sich ins Nachtleben zu stürzen. 1601 Collins Ave., Miami Beach, FL 33139, Tel. 305 604 1601, www.loewshotels.com/en/Miami-Beach-Hotel

Sagamore. Das durchgestylte Hotel besitzt eine eigene Sammlung zeitgenössischer Kunst. 1671 Collins Ave., Miami Beach, FL 33139, Tel. 305 535 8088, www.sagamorehotel.com

The Raleigh. Elegant, diskret und luxuriös in dem für Miami Beach typischen Art-déco-Stil. Eine Besonderheit: der Pool aus den 40er-Jahren. 1775 Collins Ave., Miami Beach, FL 33139, Tel. 305 534 6300, www.raleighhotel.com

The Ritz-Carlton South Beach. Puttin' on the Ritz! Nicht verpassen: den Hotel-Brunch »Cocktail and Culinary« am Sonntag. 1 Lincoln Rd., Miami Beach, FL 33139, Tel. 786 276 4000, www.ritzcarlton.com

Viele Hotels setzen auf Wellness-Angebote.

The Setai. Das asiatisch inspirierte Design verleiht dem Hotel eine sehr chice Note. In der Lobby ist Promi-Gucken angesagt. 2001 Collins Ave., Miami Beach, FL 33139, Tel. 305 520 6000, www.setai.com

The Standard Spa. Wer seinen Körper entgiften will, ist hier richtig. 40 Island Ave., Miami Beach, FL 33139, Tel. 305 673 1717, www.standardhotels.com/miami

W South Beach. Hollywood-Ambiente: High Heels und Abendgarderobe sind hier angesagter als Badetücher und Flip-Flops. 2201 Collins Ave., Miami Beach, FL 33139, Tel. 305 938 3000, www.wsouthbeach.com

5 Wynwood, Design District und Little Haiti

Neues (Kunst-)Leben aus Ruinen

Miami hat sich binnen weniger Jahre zum Kunstmekka gemausert. Im Wynwood Art District hat die zeitgenössische Kunst mit Exponaten der Malerei, Fotografie und mit Installationen eine neue Heimat gefunden. Im Design District, dem Zentrum der Einrichtungsindustrie, haben sich zahlreiche Clubs und Lounges angesiedelt, die ein illustres und internationales Szenepublikum anlocken.

Auch die Kunst geht »outdoor« – Wandmalerei im Wynwood Art District.

Unweit der pastellfarbenen Häuser im Art-déco-Distrikt von Miami Beach und der Bankentürme von Midtown Miami liegt das Künstlerviertel Wynwood. Im Norden grenzt es an den Stadtteil Little Haiti, im Süden an den Town Square, im Westen an den Interstate 95 und im Osten an die East Coast Avenue. Früher ein heruntergekommenes Industriequartier, vibriert es hier heute nur so vor Kreativität. Als 2002 die etablierte Kunstmesse *Art Basel* ihre damals noch kleine US-Tochter in Miami aus der Taufe hob, zog es Künstler und Kulturschaffende in die verlassenen Hallen des Viertels. Doch vor allem die Maler beschränkten sich bald nicht auf ihre neuen Ateliers: Heute ist Wynwood ein Zentrum der Street Art – die Fassaden fensterloser Lagerhäuser erwiesen sich als ideale »Leinwände« für großflächige Wandmalereien.

Kunst in der Lagerhalle

Die Wynwood Art District Association wurde im Frühjahr 2003 von einer Gruppe von Kunsthändlern, Künstlern und Kuratoren ins Leben gerufen. Heute ist Wynwood die Heimat von über 70 Galerien, sieben Kunstkomplexen, fünf Museen, mehreren Kunstmessen und unzähligen Ateliers. Zahlreiche private Sammlungen sind hier beheimatet, darunter so bedeutende Namen wie die kubanische Familie de la Cruz, der Bauunternehmer, Philanthrop und Multimillionär Martin Z. Margulies und die Rubell-Familie. Viele der Werke werden dem kunstsinnigen Publikum jetzt in einer ehemaligen Lagerhalle präsentiert – genau dort, wo die Polizei in den 80er-Jahren konfiszierte Drogen lagerte.

»Anwalt der Kreativen«

An jedem zweiten Samstag findet im Kunstdistrikt ein Tag der offenen Tür statt. Galerien, Kulturzentren und Showrooms öffnen ihre Tore für die Öffentlichkeit, und in den Straßen gibt es Konzerte und Tanzvorführungen. Viele Künstler gewähren Zugang zu ihren Studios und bieten Art-Fans die Möglichkeit, *works in progress* zu begutachten. Dann treffen sich hier Anwohner, Touristen, Künstler, Intellektuelle, Hipster, Galeristen, Prominente und mehr oder weniger Wolhlhabende, um Kunst in allen Formen zu produzieren, zu bewundern, zu kaufen oder mit ihr zu handeln. Und dann sind da natürlich die berühmten Wandgemälde. Der Unternehmer, Hotelier, Restaurantbesitzer, Träumer und Kunstliebhaber Tony Goldman suchte vor einigen Jahren in Miami einen Ort, um jungen Street-Art-Künstlern einen Platz für deren Werke zu geben. Also erwarb er leerstehende Fabrikhallen in Wynwood. Das »Wynwood Walls Project« wurde zum Startschuss für eine Open-Air-Kunstgalerie der Extraklasse. Unzählige Sprayer und Maler bearbeiteten in den folgenden Jahren die bereitgestellten Wände – und schufen *murals*, die den Ruf des Viertels als Kreativ-Mekka weiter festigten. Derzeit führt Jessica Goldman Srebnick, Tochter von Tony Goldman, die Initiative ihres 2012 verstorbenen Vaters fort.

AUTORENTIPP!

LIEBE ZUR KUNST

In Sachen Kunst macht der Bauunternehmer und Multimillionär Martin Z. Margulies keine Geschäfte: Er versteht seine gesammelten Werke nicht als Investitionen, sondern hat einen tiefen Bezug zu ihnen. Seine Kollektion umfasst moderne und historische Fotografien, Videokunst, Skulpturen und Installationen verschiedener Kunstströmungen wie Pop-Art, Minimalismus und Expressionismus. Das Eingangsfoyer wird von einer riesigen Anselm-Kiefer-Skulptur dominiert, weiter in der Galerie finden Besucher Arbeiten renommierter Künstler wie Olafur Eliasson, Richard Serra, Donald Judd, Franz West oder Willem de Kooning. Die Sammlung umfasst über 6000 Werke, darunter 3500 Fotografien, die bis ins Jahr 1917 zurückgehen.

The Margulies Collection at the WAREhOUSE. Okt.–März Mi–Sa 11–16 Uhr, 591 Northwest 27th St., Miami, FL 33127, Tel. 305 576 1051, www.margulieswarehouse.com

Oben: Familienausflug zur Kunst – Schnappschuss mit Baby und Oma vor einer Wynwood-Wand
Unten: Den Künstler freut das Interesse offensichtlich.

Heute weltbekannte Künstler haben sich damals als Newcomer an Dutzenden Mauerwänden künstlerisch »ausgetobt«. Mittlerweile sind die Graffitis und Straßenkunstwerke über die Walls hinausgewachsen. Nahezu jedes Haus, jede Fabrik in Wynwood ist ein Kunstwerk. Und wie andernorts führte die Gentrifizierung des Viertels auch hier dazu, dass sich manche Künstler, vor allem diejenigen am Anfang ihrer Karriere, die Mieten nicht mehr leisten können. Dann geht es einige Blocks weiter nordwärts, nach Little Haiti, wo es sich billiger leben lässt.

Rettender Wandel

Im benachbarten Design District betrieben zu Beginn des 20. Jahrhunderts feine Möbelfabriken ihre industriellen Showrooms. Doch das Gebiet verkam, Druglords verhökerten auf verwahrlosten Straßen Marihuana und Kokain. In den 80er-Jahren gab es Rassenunruhen, und die Drehbuchautoren der TV-Kultserie *Miami Vice* fanden hier ihre Inspirationen. Bis der erfolgreiche Unternehmer und Architektur-Fan Craig Robins dem untergehenden Design District den Rettungsring zuwarf. Robins war es bereits gelungen, den Art Deco District in South Beach erfolgreich in eine Party-Landschaft zu verwandeln. Auch im Design District hatte er Erfolg: Zur Jahrtausendwende zogen die ersten Künstler ins Viertel, bald folgten Galerien, Showrooms, Einrichtungs- und Design-Geschäfte. Heute gilt der Bezirk als Inbegriff von coolem, urbanem Stil.

Zentrum der Avantgarde

Miamis Design District hat sich zum neuen Szenetreff für Avantgardisten, Künstler und Intellektuelle entwickelt. Nichts ist hier zu spüren vom Glamour à la South Beach. Gerade das mache das Ausgehen spannender als am Ocean Drive, wo sich Provinzler aus Ohio und Arkansas mit Touristen aus Europa treffen, lästern seine Bewohner. Ateliers und Galerien, Ausstellungsräume, kleine Läden, Bars und Restaurants drängen sich dicht aneinander und machen den Stadtteil nicht nur für Kreative zu einem Anziehungspunkt. Mit seinen hippen Techno-Clubs und Lounges lockt der District jede Menge Partygänger und Nachtschwärmer an. Und Genießer ebenso: Die Palette reicht von edler asiatischer oder französischer Küche über karibische Leckereien bis zum saftigen Burger.

Prallbuntes Leben

Einwanderer des karibischen Inselstaates, für die dieser Teil Miamis erster Anlaufpunkt in den USA war, gaben Little Haiti seinen heutigen Namen. Und sie prägten seinen Charakter: Fröhlich bunte Häuser, Geschäfte und temperamentvolle, lebensfrohe Bewohner verleihen dem Viertel westlich des Biscayne Boulevards jede Menge Lokalkolorit. Viele der kunstvoll bemalten Holzhäuser wurden inzwischen leider abgerissen, einige Gebäude mit Graffiti-Kunst sind aber erhalten geblieben wie beispielsweise das Little Haiti Cultural Center.

AUTORENTIPP!

SAMMELLEIDENSCHAFT

Die Rubell-Familiensammlung (RFC) wird seit 1964 – kurz nach der Hochzeit von Donald und Mera Rubell – ständig erweitert. Damals betrug das monatliche Kunstbudget des Ehepaares noch bescheidene 25 Dollar, doch mit steigendem Etat stieg auch die Qualität derart, dass die Sammlung zeitgenössischer Kunst heute als eine der besten weltweit gilt. Über 5000 Exponate haben die kunstversessenen Rubells in Jahrzehnten zusammengetragen, darunter Werke von Ai Weiwei, Kehinde Wiley, Marilyn Minter, Elizabeth Peyton und weiteren Künstlern des 20. und 21. Jahrhunderts. Darüber hinaus hat das Ehepaar mit viel Engagement dabei geholfen, die »Art Basel« in Miami Beach zum Erfolg zu führen; im Rahmen ihrer Contemporary Arts Foundation machen sie ausgewählte Arbeiten ihrer Sammlung ganzjährig öffentlich.

Rubell Family Collection. 95 Northwest 29th St., Miami, FL 33127, Tel. 305 573 6090, www.rfc.museum

Oben: Kunterbunt – Caribbean Marketplace in Lemon City
Mitte: Blick in die Fendi-Kunstgalerie im Design District
Unten: Fröhliches Toben ausdrücklich erwünscht – andächtige Museumsstille ist hier unangebracht.

Wer Glück hat, erlebt auf dem Caribbean Marketplace eines der spontanen Open-Air-Konzerte oder eine temperamentvolle Tanzeinlage. Auch Geschäfte und Bars in Little Haiti zeugen von der Heimatkultur der Haitianer: bunte Stoffe, exotische Früchte und Cocktails, karibische Musikinstrumente und jede Menge Voodoo-Equipment. Allzu selig sollten Besucher jedoch nicht durch das Viertel schlendern: Die Armut hier ist hoch – in der Vergangenheit wurden sorglose Touristen immer wieder Opfer von Taschendieben. Seitdem die Stadtverwaltung die Polizeipräsenz in Little Haiti deutlich erhöht hat, ist es hier sicherer geworden.

Buntes Markttreiben

Im Caribbean Marketplace (5925 Northeast 2nd Ave.), einer überdachten Markthalle direkt neben dem Little Haiti Cultural Center, gibt es viele Läden und Stände mit einem bunten und gelegentlich skurrilen Angebot. Dazu Cafés und Imbisse mit exotischen Köstlichkeiten. Und karibisch gute Laune und brodelnde Lebensfreude gratis dazu. Sehenswert sind auch die bunten *murals* in Little Haiti. Dargestellt wurden zumeist typische Straßenszenen im fernen Port-au-Prince, aber auch religiöse Motive. Manche sind wahre Kunstwerke – von heute unbekannten und morgen vielleicht hoch gehandelten Malern. Mit ihren berühmteren »Verwandten« im benachbarten Wynwood District können die Wandgemälde durchaus mithalten.

Infos und Adressen

Sogar die Farben von Kunstwerk und Besucherin harmonieren.

ESSEN UND TRINKEN

Joey's. Als Joey's 2008 zum ersten Mal seine Türen öffnete, gehörte es zu den Pionieren im sich verändernden Wynwood-Viertel. Seitdem bietet das Restaurant feine, aber unprätentiöse italienische Küche. 2506 Northwest 2nd Ave., Miami, FL 33127, Tel. 305 438 0488, www.joeyswynwood.com

The Butcher Shop Beer Garden & Grill. »Old-fashioned« lautet die Maxime dieser Mischung aus Restaurant, Biergarten und Laden. Und das heißt hier: Lebensmittel und Zutaten in der Qualität guter alter Zeiten und Steaks, für deren »Auf-der-Zunge-Zergehen« sich auch der weiteste Weg lohnt. 165 Northwest 23rd St., Miami, FL 33127, Tel. 305 846 9120, www.thebutchershopmiami.com

ÜBERNACHTEN

Miami Marriott Biscayne Bay. Ganz in der Nähe von »Miami Arts« und der angesagten Viertel Wynwood District und Design District bietet das einzige Downtown-Hotel am Wasser viele Annehmlichkeiten. 1633 North Bayshore Drive, Miami, FL 33132, Tel. 305 374 3900, www.marriott.com

Real Living Residences. Dieses Hotel mit zehn Appartements liegt nur wenige Minuten von den wichtigsten Galerien entfernt und hat Sauna, Fitnesscenter und einen Pool auf dem Dach. 2700 North Miami Ave., Miami, FL 33127, Tel. 305 573 19 99, www.rlmiami.com

AUSGEHEN

Cafeina Wynwood Lounge. Gastronomische Mixtur aus Lounge, Tapas-Restaurant, Galerie und Event-Lokal. Die Terrasse ist stylish, die Bar hat das Flair eines »Speakeasy«, jener berüchtigten Bars der Prohibitions-Zeit. 297 Northwest 23rd St., Miami, FL 33127, Tel. 305 438 0792, www.cafeinamiami.com

Ein stärkendes Häppchen … im Angesicht der Kunst

Mitte: Im »Marriott Hotel« auf Key Largo fahren Gäste nicht mit dem Wagen, sondern mit dem Boot vor. **Unten:** Ein Schauspiel der Natur: der Sonnenuntergang im »Chesapeake Resort« auf Islamorada

6 Upper Keys: Key Largo, Tavernier, Islamorada, Long Key

Koralleninseln mit Tücken und Rekorden

Mythos Florida Keys. Jene langgestreckte Kette kleinerer und größerer Inseln, die durch Brücken verbunden sind. Das vorgelagerte Korallenriff im Atlantik ist ein Dorado für Schnorchler und Taucher. Versteckte Buchten entlang der Keys lassen sich am besten von Segel- oder Motorbooten aus entdecken. Erster Anlaufpunkt: die »Upper Keys«, das dem Festland am nächsten gelegene erste Drittel der Inselkette.

Key Largo ist die nördlichste Insel der Florida Keys und trug einst den Namen Rock Harbor. Aber dann kam ein Hollywoodstar samt seiner Herzensdame und hinterließ seine Spuren: In einer lokalen Bar, dem »Caribbean Club«, der berühmt ist für seinen Blick auf atemberaubende Sonnenunter-

MAL EHRLICH

EIN STÜCK VOM GLÜCK

Eine Landschaft wie eine Fototapete. Und Vorstellungen von perfektem Idyll: Die Keys sind für viele Reisende so etwas wie Florida hoch 2. Noch ein bisschen mehr Garten Eden als der Rest des Sonnenscheinstaates. Und dann das: eine Verkaufsbude neben der anderen. Kilometerlang auf dem Highway U.S. Route 1. Fröhlicher Kitsch im Bestfall, viel Grelles, kreischbunt Verzichtbares, Surf-shops, Massagesalons, Tankstellen, Lebensmittelbuden. Endlos. Paradiesisch sieht sicher anders aus.

gänge, wurde 1948 der Film *Key Largo* mit Humphrey Bogart und Lauren Bacall gedreht – und der Ort anschließend kurzerhand umbenannt. Und so überrascht es auch nicht, dass hier heute die legendäre *African Queen* aus dem gleichnamigen Filmklassiker im Hafen liegt, die 1951 Bogart und Filmpartnerin Katherine Hepburn über Stromschnellen trug. Besucher können Rundfahrten auf dem liebevoll restaurierten Schiff unternehmen. Startpunkt der Touren ist die Key Largo Marina vor dem »Holiday Inn« bei Mile Marker 100.

Unterwasserpark: Anziehungspunkt für Taucher und Schnorchler

Hier starten auch Exkursionen zum vorgelagerten John Pennekamp Coral Reef State Park, der Taucher und Schnorchler aus aller Welt anzieht. Sechs Meilen vor der Küste, im Florida Keys National Marine Schutzgebiet, findet man das Wrack der *Spiegel Grove*, eines Marineschiffes, das im Juni 2002 hier versenkt wurde, um ein neues Korallenriff zu bilden. Die Einheimischen bezeichnen ihre Heimat zwar als die Tauchhauptstadt der Welt, doch die Insel ist fast ebenso berühmt als Ziel für Angelsportler.

Falsche Lichtzeichen

Der Ort Tavernier schließt sich gleich südlich an Key Largo an. Früher eine Station von Piraten, die nachts das Riff nach Beute von gestrandeten Schiffen absuchten – oder durch falsche Lichtzeichen den Schiffbruch erst herbeiführten –, ist die Insel heute wegen ihres Vogelkrankenhauses bekannt. Im Wild Bird Rehabilitation Center (93600 Overseas Hwy.) werden verletzte Pelikane, Reiher, Fischadler, Löffler oder Kormorane behandelt und

AUTORENTIPP!

CHRISTUS IN DER TIEFE

Der John Pennekamp Coral Reef State Park verspricht zusammen mit dem angrenzenden Key Largo National Marine Sanctuary einzigartige Naturerlebnisse. Die bunte Unterwasserwelt zählt zu den besten Tauchrevieren der Welt. Für Urlauber, die die Riffe ohne Tauchflasche erkunden möchten, werden Schnorchelausrüstungen, Segeltouren oder Ausflüge mit dem Glasbodenboot angeboten. In nur knapp acht Metern Wassertiefe können Tauchanfänger und Profis die drei Meter hohe und 1800 Kilogramm schwere Bronzefigur *Christ of the Deep* bewundern, ein Duplikat der Statue *Il Cristo degli abissi* des italienischen Bildhauers Guido Galletti, die 1954 vor der ligurischen Küste in 15 Meter Wassertiefe installiert wurde.

Pennekamp Park. Tgl. 8 Uhr bis Sonnenuntergang, 102601 Overseas Hwy. (Mile Marker 102.5), Key Largo, FL 33037, Tel. 305 451 6300, www.pennekamppark.com

Oben: Zu den vielen Attraktionen des Meeresparks Theater of the Sea auf Islamorado gehört auch die Wasserschildkröte.
Mitte: Mangroven auf Key Largo
Unten: Auf dem Weg ins Tauchmuseum von Islamorada

gepflegt. Zur Fütterungszeit täglich um 15.30 Uhr kommen auch Hunderte quicklebendiger Wildvögel und holen sich einige Bissen ab.

Weiter Richtung Süden liegt Islamorada, die »Sportanglerhauptstadt der Welt«. Tatsächlich kann man sich hier die besten Fische aus zwei verschiedenen Gewässern aussuchen: morgens einen Fisch aus dem Atlantik fangen und nachmittags im seichten Gewässer der Florida Bay Bone Fish, Tarpon, Snook und Rotbarsch angeln. Islamorada, deren Name von den spanischen Entdeckern stammt und »violette Insel« bedeutet, ist aber auch Partyhochburg für Bewohner des Festlandes. Es gibt ein breites Angebot an Restaurants, Hotels und Bars. Islamorada besteht aus sechs Inseln, zu denen Plantation Key, Windley Key, Upper Matecumbe Key, Lower Matecumbe Key und die vorgelagerten Inseln Lignumvitae Key und Indian Key gehören.

Taucher und Schnorchler sind vom Museum der Tauchgeschichte (History of Diving Museum) fasziniert. Musikliebhaber genießen warme, tropische Abende auf dem Rasen des TIB-Amphitheaters im Founder's Park (Mile Marker 87). Theaterfreunde schätzen die erstklassigen Produktionen des Coral Shores Performing Arts Centers (89901 Old Hwy., Tavernier). Das Theater of the Sea Aquarium bietet Möglichkeiten zum Schwimmen mit Delfinen. Den üppig-tropischen Long Key State Park (Mile Marker 67.5) durchwandern Besucher auf gut ausgebauten Wegen. Im Windley Key Fossil Reef Geological State Park (Mile Marker 84.9) kann man einen alten Steinbruch besichtigen, der von Henry Flaglers Eisenbahnarbeitern gegraben wurde. Der Indian Key State Historic Park (Mile Marker 85.5) und der Lignumvitae Key Botanical State Park bieten den Besuchern einen Einblick in Floridas einzigartige Inselgeschichte und natürlich in die vielfältige Pflanzen- und Tierwelt.

Infos und Adressen

SEHENSWÜRDIGKEITEN

Dolphin Cove. Begegnung mit Delfinen in fast natürlicher Umgebung. 101900 Overseas Hwy., Key Largo, FL 33037, Tel. 305 451 4060, www.dolphinscove.com

History of Diving Museum. 4000 Jahre Tauchgeschichte und die weltweit größte Sammlung von Taucherhelmen. 82990 Overseas Hwy. (Mile Marker 83), Islamorada, FL 33036, Tel. 305 664 9737, www.divingmuseum.org

Lignumvitae Key State Botanical Site. Mit rund 5,5 m die höchste Erhebung der Keys. Zu erreichen mit dem Tourboot von Robbie's Marina (Mile Marker 78.5), Islamorada, FL 33036, Tel. 305 664 2540, www.floridastateparks.org/lignumvitaekey

Theater of the Sea. Der Meerespark bietet Delfin- und Seelöwen-Shows; Fahrten mit dem Glasbodenboot. Ganzjährig tgl., 84721 Overseas Hwy. (Mile Marker 84.5), Islamorada, FL 33036, Tel. 305 664 2431, www.theaterofthesea.com

Dieses heimelige Restaurant ist von den Farben der Karibik inspiriert.

Poolspaß unter Palmen auf Islamorada

ESSEN UND TRINKEN

Pierre's. Das elegante Restaurant kredenzt französische Küche mit floridianischem Touch. 81600 Overseas Hwy. (Mile Marker 81.5), Islamorada, FL 33036, Tel. 305 664 3225, www.moradabay.com

The Fish House Restaurant. Verspricht das Beste in Sachen Fisch & Co. 102401 Overseas Hwy., Key Largo, FL 33037, Tel. 305 451 4665, www.fishhouse.com

ÜBERNACHTEN

Guy Harvey Outpost Resort. Hübsches Hotel in karibischem Stil mit Privatstrand. 82100 Overseas Hwy. (Mile Marker 82.1), Islamorada, FL 33036, Tel. 305 664 2031, www.guyharveyoutpostislamorada.com

Kona Kai Resort. Gemütliche Cottages in ruhiger Abgeschiedenheit. 97802 Overseas Hwy., Key Largo, FL 33037, Tel. 305 852 7200, www.konakairesort.com

Wo immer Delfine auftauchen, lösen sie Freude und Entzücken aus.

7 Middle Keys: Duck Key, Grassy Key, Marathon, Seven Mile Bridge

Mitten in der Mitte

Je weiter man auf dem Highway 1 nach Süden vordringt, desto kleiner werden die Inseln der Keys. Auf Craig Key, Fiesta Key und Long Key folgt Duck Key, auf dem es früher Salinen gab. Mit der nächsten Insel, Grassy Key, beginnt das Stadtgebiet von Marathon. Diese 10 600 Einwohner zählende Gemeinde erstreckt sich über insgesamt 13 Inseln. Hier beginnt die Seven Mile Bridge, ein Highlight der gesamten Strecke.

Die Geschichte von Duck Key beginnt mit einem Betrug: Unter spanischer Hoheit gelangte die unbewohnte Insel 1814 in den Besitz von Don Francisco Ferreira. Nachdem Florida 1821 an die Vereinigten Staaten abgetreten wurde, verkaufte Ferreira Duck Key gleich zweimal: 1823 an Solomon Snyder und 1824 mit einigen anderen Inseln an Isaac Cox. Der Ärger war unvermeidbar und dauerte bis ins Jahr 1899.

Sturm des Jahrhunderts

Anfang des 20. Jahrhunderts gab es auf Duck Key dann Meerwassersalinen zur Salzgewinnung. Doch die Besiedelung endete fürs erste mit dem »Labor Day«-Hurrikan von 1935, dem »Sturm des Jahrhunderts«, der alles hinwegfegte, auch die Bahntrasse nach Key West. In den 50er-Jahren kaufte der Rohstoff-Unternehmer Bryan Newkirk (1888–1966) die Insel und gestaltete sie für einige Millionen Dollar um: Mehrere Kilometer an Kanälen wurden gegraben und eine Marina gebaut. Im

Norden entstand eine luxuriöse Ferienanlage, das heutige »Hawk's Cay Resort«.

Nach Duck Key ist die nächste größere Insel an der Perlenkette das zur Stadt Marathon gehörende Grassy Key. Hier liegt das berühmte Dolphin Research Center. Diese gemeinnützige Einrichtung hat das Ziel, die Meeressäuger zu erforschen. Die Mitarbeiter helfen darüber hinaus Delfinen und Walen, die in den Gewässern der Florida Keys in Not geraten sind, um sie später wieder auszuwildern.

Der erste Eindruck des Dolphin Research Centers ist wie der vieler Delfinparks: Die Tiere führen Kunststücke vor, es gibt die Möglichkeit, mit Delfinen zu spielen oder mit ihnen zu schwimmen. Auf den zweiten Blick offenbart sich aber der wissenschaftliche Ansatz dieser Einrichtung: Alles geschieht hier spielerisch, ohne Zwang und mit Respekt für das Gegenüber.

Gewaltige Aufgabe

Weiter im Süden gilt Marathon, zusammen mit seinem Wahrzeichen, der Seven Mile Bridge, der längsten Segmentbrücke der Welt, als das Herz der Florida Keys und liegt etwa auf halbem Wege zwischen Key Largo im Norden und Key West. Um 1800 war Marathon die Heimat von Fischern aus New England, später, gegen Ende des 19. Jahrhunderts, siedelten hier vor allem Bauern von den Bahamas, und Anfang des 20. Jahrhunderts kamen Henry Flaglers Eisenbahnarbeiter. In Marathon wird die gewaltige Aufgabe deutlich, denen sich Ingenieure und Arbeiter gegenübersahen, als sie 1912 damit begannen, eine fast elf Kilometer lange Brücke über offenes Wasser zu bauen. Flagler schreckte das nicht: Seine Vision war es, die Florida Keys bis hin nach Key West durch eine Bahnlinie mit dem Festland zu verbinden.

AUTORENTIPP!

DOPPELDECKER-TOUREN

Die Keys aus der Vogelperspektive erkunden: Vom Marathon Airport starten Captain Brad Neat und Captain Evan Doumis zehnminütige bis einstündige Rundflüge über die faszinierende Welt aus Wasser und Inseln. Und bringen nicht nur Naturfreunde, sondern auch Fans historischer Fluggeräte ins Schwärmen. Denn geflogen wird mit einer Waco UPF-7 aus dem Jahr 1940, einem gelb-roten Doppeldecker mit offenem Cockpit für ein bis zwei Passagiere. Diese sitzen vorn, können ungehindert schauen und fotografieren, während der Pilot hinter ihnen das Flugzeug steuert und über Kopfhörer informiert.
Billig ist das Vergnügen nicht (von 118 Dollar für zehn Minuten bis zu 660 Dollar für eine Stunde) – aber unvergesslich.

Overseas Aero Tours. Overseas Hwy. (abbiegen bei Mile Marker 52.3/Gulf Side Richtung Airport), Marathon, Tel. 305 304 0015, www.overseasaerotours.com

Oben: Blick aus der Vogelperspektive auf die Seven Mile Bridge
Unten: Nichts als Wasser ringsum: Der Highway 1 führt bis Key West.

Nach der teilweisen Zerstörung durch den Hurrikan von 1935 wurde die Bahnlinie an die US-Regierung verkauft, die die Trasse, darunter auch die Seven Mile Bridge, als Straße für den Autoverkehr umbaute. Schienen wurden demontiert, weiß angestrichen und als Brückengeländer benutzt. Die heutige Seven Mile Bridge wurde 1982 in Betrieb genommen und verläuft südlich der alten Brücke, deren größter Teil noch erhalten ist und als Pier zum Angeln und Zufahrt zum Tropical Crane Point Hammock genutzt wird. Das Inselchen gilt als eine der bedeutendsten historischen und archäologischen Fundstätten in den Keys und ist zudem ein herrlicher tropischer Garten mit Naturpfaden.

Vor der Fahrt über die Seven Mile Bridge Richtung Lower Keys sollte man einen Besuch auf Pigeon Key einplanen; das Eiland ist vom Visitor Center am Ortsende Marathons aus erreichbar. Im kleinen Museum wird die Entstehungsgeschichte des imposanten Bauwerks dokumentiert. Und wer genügend Puste hat, kann die Brücke auch im Laufschritt erkunden: Jeden April schließt die Brücke für einen Nachmittag für den *Seven Mile Bridge Run*, der seit 1982 tausende Jogger anzieht.

Infos und Adressen

SEHENSWÜRDIGKEITEN

Dolphin Research Center. Forschungsstation für in Not geratene Meeressäuger. Gelegenheit zum Schwimmen mit Delfinen. Tgl. 9–16.30 Uhr, 58901 Overseas Hwy. (Mile Marker 59), Grassy Key, FL 33050, Tel. 305 289 0002, www.dolphins.org

Florida Keys Aquarium Encounters. Besucher können mit bunten Riff-Fischen, wirbellosen Tieren, Rochen und sogar Haien auf Tuchfühlung gehen. Tgl. 9–17 Uhr, 11710 Overseas Hwy., Marathon, FL 33050, Tel. 305 407 3262, www.floridakeysaquariumencounters.com

Turtle Hospital. Hier werden verwundete Seeschildkröten gesund gepflegt und wieder in die Natur entlassen. Geführte Touren tgl. 10–16 Uhr, 2396 Overseas Hwy. (Mile Marker 48,5), Marathon, FL 33050, Tel. 305 743 2552, www.turtlehospital.org

ESSEN UND TRINKEN

Barracuda Grill. Frischer Fisch und Meeresfrüchte, einfallsreich zubereitet und kunstvoll präsentiert. 4290 Overseas Hwy., Marathon, FL 33050, Tel. 305 743 3314

Lazy Days South. Fangfrischer Fisch, vegetarische Pasta, Sandwiches, Steaks und mehr. 725 11th St. Ocean (Mile Marker 47.3), Marathon, FL 33050, Tel. 305 289 0839, www.lazydayssouth.com

Gegrillter Fisch mit Barbecue-Gemüse

Dolce far niente am Palmenstrand von Islamorada

ÜBERNACHTEN

Hawks Cay Resort & Villas. Luxusresort auf Duck Key. Gemälde und Fotografien lokaler Künstler zieren die Wände. 61 Hawks Cay Blvd., Duck Key, FL 33050, Tel. 305 743 7000, www.hawkscay.com

Tranquility Bay Resort. Träumen auf dem Balkon mit Blick aufs Meer in einem stilvollen Resort. Oder eine Runde Golf? 2600 Overseas Hwy., Marathon, FL 33050, Tel. 305 289 0888, www.tranquilitybay.com

Mitte: Die seltenen Key Deers (Weißwedelhirsche) sind nur auf den Florida Keys beheimatet.
Unten: Der grüne Iguana auf Big Pine Key gehört zur Familie der Leguane.

8 Lower Keys: Big Pine, Looe Key, Sugarloaf Key, Boca Chica Key

Dem Abendrot entgegen

Weiße Boote spiegeln sich im Wasser, eine Möwe lässt sich träge auf den Wellen schaukeln. Die Lower Keys beginnen kurz hinter der berühmten Seven Mile Bridge, dort, wo die längste Brücke des Overseas Highways nach gut zehn Kilometern hoch über dem Meer wieder Inselboden unter die Füße bekommt. Inseln, geprägt von einer abwechslungsreichen Historie und mit einer noch immer ursprünglichen Natur.

Hinter der langgezogenen Seven Mile Bridge, die die Middle und Lower Keys verbindet, werden die Abstände zwischen den Inseln immer größer. Tiny Little Duck Key, das bei Mile Marker 40 am oberen Ende der Lower Keys liegt, ist berühmt für den Veterans Memorial Park. Seine Sandstrände und Picknickplätze machen es zu einem perfekten Zwischenstopp auf dem Weg nach Key West.

Fährt man zehn Meilen weiter nach Westen, Richtung Abendrot, gelangt man zum Naturschutzgebiet Ohio Key National Wildlife Refuge, das Besucher mit seiner Ursprünglichkeit verzaubert.
Seit 1961 steht der noch weiter westlich gelegene Bahia Honda Key nahezu komplett als State Park unter Schutz. Sein vier Kilometer langer, weißer Sandstrand gilt als einer der schönsten Floridas. Auf dem nach einigen Meilen folgenden Scout Key, das früher West Summerland Key hieß, trainieren Boy Scouts wie Girl Scouts in zwei riesigen Pfadfinderlagern Jahr für Jahr für ihre guten Taten – *Allzeit bereit!* Vor dem anschließenden Big Pine Key könnte man von der U.S. 1 über eine kleine

Brücke den No Name Key anfahren, auf dem 45 hübsche Häuser ohne Stromversorgung stehen. Hier lässt Solarenergie Kühlschränke und Fernseher laufen. Auf No Name Key sind die Key Deer zu Hause, eine nur auf den Florida Keys vorkommende und sehr selten gewordene Hirschgattung.

Durstige Reptilien

Auch Big Pine Key ist Heimat dieser gefährdeten Vierbeiner – und das Zuhause von 5000 Menschen, die nicht selten die wenig scheuen Zwergrehe beim Äsen in ihren Gärten antreffen. Leider gelegentlich auch auf der Straße. Deshalb sollten Autofahrer die strengen Tempolimits zugunsten der Rehe beachten. Wissenswertes über die Tiere erfahren Interessierte im National Key Deer Refuge (Visitor Center, 28950 Watson Blvd.), von dort starten auch geführte Wanderungen. Durstige Alligatoren und Leguane kann man am Frischwassertümpel Blue Hole (Key Deer Blvd., Mile Marker 30.5) in einer stillgelegten Tagebaumine beim überlebenswichtigen Trinken beobachten.

13 Kilometer vor der Küste Big Pine Keys liegt das Looe Key National Marine Sanctuary. Der Name erinnert an die *H. M. S. Looe*, einen britischen Dreimaster, der hier 1744 während eines Sturmes unterging. Heute ist dieser Unterwasser-Naturpark unter Tauchern ausgesprochen beliebt. Etwas weiter westlich wurde 1998 die *Adolphus Busch Senior*, ein ehemals 70 Meter langer Inselfrachter, versenkt. Heute tummeln sich rund um das künstliche Riff farbenprächtige Tropenfische und andere Unterwasserbewohner.

Hinter Big Pine folgen die Torch Keys (Little, Middle und Big Torch Key) und wenig später Summerland Key. Nur wenige Meilen weiter erreicht man Sugarloaf Key mit seinem Great White Heron National

AUTORENTIPP!

SELTENE KEY-BEWOHNER

Mit seinem kilometerlangen Sandstrand lädt der Bahia Honda State Park zum Baden und Schnorcheln ein. Das Wasser schimmert hellblau, türkis oder auch mal bräunlich von den Seegraswiesen, dem Unterwasser-Schlaraffenland für Manatis. Vom Calusa Beach aus kann man die alte Bahia-Honda-Brücke mit ihrem Stahlgerüst bewundern, ein Überbleibsel der Flagler-Eisenbahn. Am Südende der Insel findet man den Loggerhead Strand: Im Schutz einer Sandbank geht es hier ganz flach ins Wasser. Im Park gibt es drei Naturpfade, auf denen seltene Exemplare der heimischen Flora und Fauna entdeckt werden können, wie der schon ausgestorben geglaubte Schmetterling Miami-Bläuling oder die seltene Karettschildkröte.

Bahia Honda State Park.
Tgl. von 8 Uhr bis Sonnenuntergang, 36850 Overseas Hwy., Big Pine Key, FL 33043, Tel. 305 872 2353, www.floridastateparks.org/bahiahonda

Oben: Ein Silberreiher, leicht erkennbar an seinem schneeweißen Gefieder
Unten: Den Kampf gegen die Moskitos verlor auch der Perky Bat Tower auf Sugarloaf Key.

Wildlife Refuge (Visitor Center: 28950 Watson Blvd). Das Reservat wurde 1938 gegründet, um die vom Aussterben bedrohten Watvögel zu schützen. Sie wurden wegen ihrer Federn, die die Hüte der Damenwelt zierten, jahrzehntelang rücksichtslos bejagt. Heute kann man die schneeweißen Vögel wieder zahlreich in der Morgen- und Abenddämmerung bei der Futtersuche bewundern. Eine etwas seltsame Sehenswürdigkeit ist der denkmalgeschützte Perky Bat Tower. Erbaut 1929 von Richter Clyde Perky, sollte der Holzturm dabei helfen, die grassierende Mückenplage und die damit verbundene Malariagefahr einzudämmen. Perky nistete einen Schwarm Fledermäuse in dem Turm ein und hoffte, sie und ihre Nachfahren würden die Moskito-Population deutlich dezimieren. Leider scheiterte der Plan kläglich. Im Gegenteil – noch heute wird gemunkelt, die Moskitos hätten die Fledermäuse gefressen.

Der Overseas Highway, der südlichste Abschnitt des U.S. Highways 1, nähert sich langsam seinem Ende. In der Stadt Key West auf der gleichnamigen Insel markiert der Mile Marker 0 den südlichsten Punkt der Landmasse der USA.

Infos und Adressen

SEHENSWÜRDIGKEITEN

Fat Albert. Nicht etwa ein weißer Wal, sondern ein riesiger Ballon ist schon von weitem über Cudjoe Key (Mile Marker 23–21) zu sehen. Er wurde 1980 zur Kontrolle des Verkehrs in der Luft und auf dem Wasser hier verankert und mit einem militärischen Radarsystem ausgerüstet – davon profitieren auch die Fahnder bei ihrem Kampf gegen den Drogenschmuggel.

ESSEN UND TRINKEN

Geiger Key Marina Smokehouse. Hier trifft man morgens auf frühstückende Fischer, bevor sie zum großen Fang ausfahren. Und wenn am Samstag Touristen und Einheimische zur »Steak-on-the-grill-night« herbeiströmen, gibt's Gerangel um Tisch und Bänke – und Lokalkolorit pur. 5 Geiger Rd. (Mile Marker 10), Boca Chica Key, FL 33040, Tel. 305 296 3553, www.geigerkeymarina.com

Mit Dollarnoten bepflastert, der »No Name Pub«

Vornehm geht's hier zwar nicht zu, dafür bieten viele Kneipen jede Menge Lokalkolorit.

No Name Pub. Das Essen – Schwerpunkt Pizza – ist rustikal, aber nicht spektakulär. Das sind aber die Räume des namenlosen Lokals: Wände und Tresen sind mit rund 70 000 signierten Ein-Dollar-Noten bepflastert. Herzliche Atmosphäre. 30813 Watson Blvd. (Mile Marker 30), Big Pine Key, FL 33043, Tel. 305 872 9115, www.nonamepub.com

ÜBERNACHTEN

Deer Run Bed & Breakfast. Ein entspannter Ort, im allerbesten Sinne »grün« und mit köstlichem vegetarischen Frühstück. 1997 Long Beach Drive, Big Pine Key, FL 33043, Tel. 305 872 2015, www.deerrunfloridabb.com

Little Palm Island Resort & Spa. Zahlreiche Prominente genießen die Ruhe, Naturnähe und Exklusivität dieses noblen Resorts. 28500 Overseas Hwy., Little Torch Key, FL 33042, Tel. 305 872 2524, www.littlepalmisland.com

9 Key West

Künstler, Wracks und wilde Hühner

Am Ende des Overseas Highways, dort, wo das Land endet und auf die endlose See trifft, fasziniert Key West mit seiner lockeren, freigeistigen Atmosphäre. Die südlichste Stadt der kontinentalen USA, die näher an Kuba liegt als an Miami, ist geprägt von palmengesäumten Straßen, jahrhundertealten Herrenhäusern, lebendigen Bars und relaxten Bewohnern, die sich selbst als *Conchs* (Schneckenmuscheln) bezeichnen.

Mitte: Blick über die nächtliche Duval Street mit der St. Paul's Church in Key West
Unten: Erlaubt ist, was gefällt – schließlich sind wir ja nicht in Kansas.

Key West – das ist ein Lebensgefühl wie sonst nirgendwo in Florida. Die schmucken bunten Häuser mit ihren Veranden, Säulen und Holzschnitzereien, das Treiben in den Gassen und die ausgelassene Volksfestatmosphäre, die beim Sonnenuntergang am Mallory Square aufkommt, tragen zur entspannten Stimmung bei. Hier werden selbst die größten Hektiker in kurzer Zeit zu Müßiggängern.

Duval Street

Key West lebt von seinem Mythos: den genialen Schriftstellern, den schönen Frauen, dem Leben zwischen Hochseefischen, Hahnenkampf und Schreibtisch. Und dann das: Rummel, Fast-Food, überteuerte Souvenir-Shops, schmuddelige Bars. Auf der Duval Street ist der Sehnsuchtsort zur Touristenfalle verkommen. Auch das legendäre »Sloppy Joe's« hat nichts mehr mit den Zeiten zu tun, als Ernest Hemingway dort nach ausgedehnten Angel-Touren seinen Kummer ertränkte. Doch nur ein paar Straßenzüge weiter findet sich statt Kreuzfahrttouristen und grölender Studenten wieder pittoreskes Lokalkolorit.

Keimzelle für Kreative

Es heißt oft, dass diese drei mal sechs Kilometer messende Insel mehr talentierte Schriftsteller pro Kopf hervorgebracht hat als irgendeine andere amerikanische Stadt. Ernest Hemingway, Tennessee Williams, Elizabeth Bishop oder Robert Frost sind nur einige der Poeten, die Inspiration in der Inselstadt gefunden haben. Mehr als 100 Autoren leben heute ständig oder zeitweilig in Key West. Die Insel ist auch bekannt für ihre lebendige Szene bildender Künstler. Zahlreiche Galerien zeigen Exponate unterschiedlicher Stilrichtungen.

Warum diese kreative Explosion? Aufgrund der Lage, des Klimas und der bewegten Geschichte war Key West schon immer ein Magnet für vielerlei Kulturen und Menschen. Das führte zu einem einzigartigen Gemisch von Architektur, Fantasie, Nonkonformismus und Inspiration. Und natürlich Lebensfreude. Nachts leuchten die Sterne über einer bunten Mischung aus Jazz-Clubs, Pianobars, Travestie-Shows und Saloons. Aufführungen in den lokalen Theatern überraschen mit Broadway-Qualität, und mit dem Key-West-Symphonieorchester treten internationale Solisten auf.

Reichste Stadt der USA

Dabei war der Start hier alles andere als künstlerisch inspiriert. Im 17. Jahrhundert legten Piraten einen Unterschlupf auf Key West an. Später kamen die sogenannten Wrecker, die sich auf das Bergen von Frachtschiffen spezialisierten, die vor der Küste auf Grund gelaufen waren. Immerhin: Dank dieses »Wirtschaftszweiges« avancierte Key West im 19. Jahrhundert zur reichsten Stadt der Vereinigten Staaten.

Heute ist die Insel Ziel für Künstler, New-Age-Anhänger und Homosexuelle. Und natürlich für Tou-

AUTORENTIPP!

GRÜNE OASE

Wer ursprüngliche Natur sucht, der findet sie an ungewohnter Stelle: Versteckt am Ende der Free School Lane in der historischen Altstadt von Key West liegt der Secret Garden, ein üppiger Mini-Regenwald. Die Künstlerin und Umweltaktivistin Nancy Forrester ließ 40 Jahre lang einen Dschungel auf ihrem Grundstück wuchern, in dem viele seltene und bedrohte Pflanzen wachsen. 150 verschiedene Palmenarten, Hunderte anderer exotischer Bäume, Früchte und Gewürzpflanzen, auch Orchideen und Bromelien, darüber hinaus mehr als 300 Arten von Regenwaldfarnen sind hier zu Hause. Bevölkert wird diese wildwüchsige, urige Flora zudem von einer großen Familie bunt schillernder Papageien.

Secret Garden. Ganzjährig tgl. 10–15 Uhr, 518 Elizabeth St., Key West, FL 33040, Tel. 305 294 0015, www.nancyforrester.com

In der »Schooner Wharf Bar« in Key West gibt es jeden Abend Livemusik.

Oben: Straßenszene in einem ruhigen Teil von Key West
Unten: Hobbykünstler suchen Inspiration im Museum of Art and History.

risten, die neben dem tropischen Klima auch die besondere Atmosphäre schätzen. Mehr als vier Millionen Besucher kommen jährlich nach Key West. Gut für den Ort, aber manchmal droht der Rummel auch zu viel zu werden. Doch kleine verschwiegene Ecken, versteckte Gärten oder urige Bars, wo die Zeit seit den 30er-Jahren stehengeblieben zu sein scheint, als Ernest Hemingway hier Weltliteratur produzierte, gibt es noch immer in Key West. Und auch Straßen, auf denen Hühner und Katzen wild herumstreunen und hin und wieder von knatternden Mopeds in die Bougainvilleen gescheucht werden. Auch lauschige Hinterhöfe mit wild wuchernden Kokospalmen, Ylang-Ylang und Jacaranda sind zu finden.

Besucher begegnen Hemingways Key West, sobald sie den Mallory Square und die lärmende Partyzone der Duval Street verlassen haben. Dann findet man jene Oasen, denen Key West sein Image verdankt. Zum Beispiel Nancy Forresters Secret Garden, einen 4000 Quadratmeter großen Regenwald mit farbenprächtigen Papageien an der Elizabeth Street und Resultat eines unermüdliches Protestes gegen die Betonierung der Insel.

Rundgang Key West

A Key West Cemetery – Der Friedhof von Key West mit humorigen Grabsteininschriften. 701 Passover Lane, Tel. 305 292 8177

B Duval Street – Touristisches Zentrum von Key West mit Restaurants, Kneipen und Museen.

C Ernest Hemingway Home & Museum – Früherer Wohnsitz des weltberühmten Schriftstellers. 907 Whitehead St., Tel. 305 294 1136, www.hemingwayhome.com

D Lighthouse Museum – Historischer Leuchtturm. 938 Whitehead St., Tel. 305 294 0012, www.kwahs.org/visit/lighthouse-keepers-quarters

E Key West Butterfly & Nature Conservatory – Mehr als 70 Schmetterlingsarten in einem üppigen Tropenparadies. 1316 Duval St, Tel. 305 296 2988, www.keywestbutterfly.com

F Southernmost Point – Südlichster Punkt der kontinentalen USA am Ende der Whitehead Street.

G Fort Zachary Taylor State Historic Park – Ehemaliger Militärstützpunkt. 300 Truman Annex, Tel. 305 295 0037, www.fortzacharytaylor.com

H Little White House – Früher Präsident Harry S. Trumans Winterresidenz. 111 Front St., Tel. 305 294 9911, www.trumanlittlewhitehouse.com

I Mel Fishers Maritime Heritage Society Museum – Schätze aus gesunkenen Schiffen. 200 Greene St., Tel. 305 294 2633, www.melfisher.org

J Key West Shipwreck Treasures Museum – Informiert über die Zeit, als die Einwohner gesunkene Schiffe plünderten. 1 Whitehead St., Tel. 305 292 8990, www.keywestshipwreck.com

K Mallory Square – Hier wird abends gefeiert.

AUTORENTIPP!

RUM UND COCA-COLA
Rum aus Key West? Na klar! Besitzer Paul Menta führt Interessierte persönlich durch seine Destillerie, natürlich kann man am Ende der Tour die hochprozentigen Tropfen auch verkosten. Skurrile Geschichten über die ru(h)mreiche Vergangenheit der Florida Keys gehören dabei ebenfalls zum Programm. Die Key West First Legal Rum Distillery, so der offizielle Name, ist in einer ehemaligen Coca-Cola-Fabrik untergebracht, in der sich zuvor ein Saloon aus der Zeit vor der Prohibition befand. Bereits 1900 war dieser als »Jack's Saloon« bekannt. Zu den Spezialitäten der Destillerie gehören der »Vanilla Rum & Coke Drink« ebenso wie lokale Delikatessen, die im angrenzenden Laden verkauft werden.

Key West First Legal Rum Distillery. Mo–Fr 11 Uhr bis Sonnenuntergang, Sa, So ab 12 Uhr, 105 Simonton St., Key West, FL 33040, Tel. 305 294 1441, www.keywestlegalrum.com

Das Ende des Tages zelebriert man am besten mit einem Sundowner.

Essen und trinken wie einst Hemingway, das können Urlauber im Bahama Village, dem historischen Viertel. Hier gibt es frischen Kokoskuchen in »The Art of Baking by Henrietta«, einer kleinen Bäckerei an der Petronia Street. Und Orangen-Key-Lime-Marmelade zum Mit-nach-Hause-nehmen. Oder Shrimps und *Key Lime Pie*, die berühmte Limettentorte, im Restaurant »Blue Heaven«, wo Hemingway einst Hahnenkämpfen zusah und Katzen und Hühner bis heute zum charmant-verlotterten Inventar gehören.

Bedingungslose Kapitulation

Dass die Alteingesessenen ein ganz besonderer Geist vereint, haben sie am 23. April 1982 bewiesen. Damals erklärten die Bewohner der Florida Keys für kurze Zeit symbolisch ihre Unabhängigkeit von den USA und riefen die »Conch Republic« aus. Protestieren wollten sie damit gegen Straßenverkehrskontrollen der US-Behörden. Innerhalb von 60 Sekunden kapitulierten die Inselbewohner dann aber schon wieder bedingungslos – und forderten eine Milliarde US-Dollar finanzielle Wiederaufbauhilfe. Die offizielle Abspaltung war gescheitert, das Geld aus Washington lässt erwartungsgemäß bis heute auf sich warten, doch die Kontrollstelle verschwand. Heute feiern Einheimische und Besucher jeden Jahrestag des Aufstands mit einem ausgelassenen, bunten Programm. Zehn Tage lang ist hier dann alles erlaubt, was schrill und originell ist, inklusive der berühmt-berüchtigten Dragqueens von Key West, die auf ihren High Heels einen Spaß-Parcours meistern.

Neben dem Bummel durch verschwiegenere und weniger herausgeputzte Teile des Ortes gibt es natürlich auch komfortablere Möglichkeiten, das Flair und den Charme von Key West zu erleben und zu genießen. Bimmelbähnchen wie »Old Town

Trolley Fleet« oder der »Conch Tour Train« etwa nehmen Besucher mit auf eine informative und zugleich vergnügliche Zeitreise zu den Highlights der Stadt. Die im Stil der Jahrhundertwende ausgestatteten Wagen passieren Sehenswürdigkeiten, gespickt mit interessanten und skurrilen Anekdoten aus der Geschichte des Ortes. Und die hat es in sich: 1819 fiel Key West mit dem Florida-Territorium an die USA. 1845 begann die Armee mit dem Bau von Fort Zachary Taylor, das im Sezessionskrieg ein wichtiger Stützpunkt der Marine der Nordstaaten war und bis 1947 als Küstenbefestigung diente. 1912 wurde Key West als letzte und südlichste Insel an das Eisenbahnnetz der Florida East Coast Railway angeschlossen. Schon zuvor war das Pro-Kopf-Einkommen durch die Ausbeutung von Schiffswracks, den Handel mit Schwämmen sowie die Zigarrenproduktion das höchste ganz Floridas. Durch die Eisenbahnanbindung ans Festland wurde Key West zudem ein wichtiger Hafen für das nur 145 Kilometer entfernt liegende Kuba.

Der Börsenkrach und der Abzug der Zigarrenproduktion nach Tampa führten Key West 1930 in eine tiefe Krise. Diese wurde dadurch verstärkt, dass 1935 etliche der Eisenbahnbrücken durch einen Hurrikan zerstört wurden und der Wiederanschluss an den »Rest« des Landes erst 1938 als Verlängerung des US-Highway No. 1 abgeschlossen werden konnte. Während der Kubakrise 1962 floss wieder verstärkt Geld nach Key West – die verfallenen Gebäude konnten restauriert werden. Dies machte die Insel für den Tourismus attraktiv, nun eine beständig sprudelnde Haupteinnahmequelle.

Hemingways Miezen

Natürlich muss jeder Besucher heute ein Foto vom »Southernmost Point« mit nach Hause nehmen:

Oben: Key West kann auch ganz bequem mit der Bimmelbahn, dem Conch Train, erkundet werden.
Mitte: Jeder Mensch ist ein Künstler – und auf der Duval Street findet er auch sein Publikum.
Unten: Die bunte und lärmende Flaniermeile kennt Fans und Kritiker.

Oben: Guter Überblick – Pelikane auf einem Hafengebäude
Unten: Hier sind die USA zu Ende, und nach Kuba ist es nicht weit.

jener taillendicken Boje, die den südlichsten Punkt der Insel und damit des nordamerikanischen Kontinents markiert. Nicht versäumen darf man auch das berühmte Hemingway Home and Museum, jenes Haus, in dem Ernest von 1931 bis 1938 und nochmals im Jahr 1955 lebte – und im ersten Swimmingpool der Insel planschte. Hemingway war ein großer Katzenliebhaber und die Nachkommen seiner Miezen, zurzeit sind es über 50 Tiere, leben noch heute auf dem Gelände.

Auch das Mel Fisher Maritime Heritage Society Museum ist einen Besuch wert. Key Wests legendärer Schatzsucher Mel Fisher, der 1998 verstarb, barg den Schatz der *Nuestra Señora de Atocha*, einer spanischen Galeone, die 1622 in einem Hurrikan 70 Kilometer vor Key West gesunken war. Das gefundene Gold und Silber hatte einen Wert von über 400 Millionen Dollar. Fisher, der 16 Jahre seines Lebens damit verbracht hatte, das Wrack zu suchen, gründete nach der Bergung 1985 das Museum. Darin können Besucher Teile der Reichtümer sehen, berühren und sogar kaufen. Die Dauerausstellung umfasst Kanonen, kleinere Waffen, Silber- und Goldbarren sowie Münzen, Smaragde und andere Kostbarkeiten aus den Wracks der *Nuestra Señora de Atocha*, ihres Schwesterschiffs *Santa Margarita* sowie des englischen Sklaven- und Handelsschiffes *Henrietta Marie*.

Von Piraten, Zigarren und bunten Fischen

Mehr über die Geschichte von Key West, von Piraterie über Schiffsplünderei bis zur Zigarrenfabrikation, lernt man im East Martello Tower Museum. Das Audubon House, das dem Vogelkundler und Maler John James Audubon gehörte, zählt zu den schönsten Villen auf Key West. Auf einer Tour durch das restaurierte Gebäude und den tropischen

Hemingway House: früher Wohnhaus, heute Museum

Garten erfahren Besucher, wie wohlhabende Bürger von Key West im 19. Jahrhundert lebten. Vom Key West Shipwreck Historeum hat man außerdem einen grandiosen Ausblick auf die Altstadt und den Hafen von Key West. Gleich nebenan liegt das historische Key West Aquarium, gegründet im Jahr 1934. Es war das erste Freiluft-Aquarium in den Vereinigten Staaten. Heute ist das Herz ein rund 190 000 Liter Wasser fassendes Becken mit einer Mangrovenlandschaft, in der einheimische tropische Fische, Hochseefische, Schildkröten und auch Küstenvögel leben. Die im *touch tank* lebenden Meeresbewohner wie Seesterne, Krabben oder Seegurken darf man auch anfassen.

Wer am Schluss seines Besuches von Key West nicht nur Fische anschauen, sondern selbige auch am Haken zappeln haben will, findet als Petrijünger ebenfalls sein Glück. Erfahrene Angler zeigen Gästen bei Touren die besten und auch die weniger frequentierten Angelplätze. In den Jachthäfen werden Segeltrips, Schnorchel-Touren und Fahrten mit Glasbodenbooten angeboten. Ausflugsboote zum Tiefseeangeln legen von der City Marina nahe Garrison Bight und Roosevelt Boulevard ab. Und am Abend lässt man sich den eigenen Fang in einem der Fischrestaurants am Hafen lecker zubereiten.

AUTORENTIPP!

SUNSET AM MALLORY SQUARE

Ein Geheimtipp ist der Sonnenuntergang in Key West natürlich nicht. Und am Mallory Square schon mal gar nicht. Aber abschrecken lassen sollte man sich von manchen Warnungen, der abendliche Event erinnere »doch wohl eher an einen billigen Rummelplatz«, auf keinen Fall. Sondern wenigstens einmal eintauchen in die Atmosphäre, wenn – je nach Saison zwischen 18 und 20 Uhr – Feuerschlucker, Drahtseilartisten und Tierdompteure versuchen, die Aufmerksamkeit vom Hauptakteur abzulenken: dem feurigen Sonnenuntergang über dem Golf von Mexiko. Dann verwandelt sich der Pier in ein Straßenfest, und Einheimische, Touristen, Gestrandete und Hippies machen mit. Händchenhaltend den eher romantischen Aspekt des Naturschauspiels genießen kann man ja immer noch an anderen Urlaubsabenden. Irgendwo an einem der vielen einsameren Strände des Sunshine States.

Infos und Adressen

ESSEN UND TRINKEN

Alonzo & Berlin's Lobster House. Neben den schaukelnden Booten sitzen und einen leckeren Mango-Lobster-Salat essen. Perfekt! 700 Front St., Key West, FL 33040, Tel. 305 294 5880, www.aandblobsterhouse.com

Azur Restaurant. Großartige Frühstückskombinationen, mittags Sandwiches und Pizzen, abends kreative Fleisch- und Fischgerichte, z. B. gegrillten Schwertfisch mit karamellisierten Cipollini-Zwiebeln. 425 Grinnell St., Key West, FL 33040, Tel. 305 292 2987, www.azurkeywest.com

Austern und Meeresfrüchte: In den Restaurants von Key West kommen sie fangfrisch auf den Tisch.

Blue Heaven. Karibische Küche, Meeresfrüchte und Vegetarisches sind hier Chef Dans Spezialitäten. In historischen Räumen, die schon eine Tanzhalle, ein Bordell, eine Billardhalle, ein Eiscafé, ein Theater sowie Box- und Hahnenkämpfe beherbergten. Auf der Terrasse sollte man aufpassen, dass einem keine Mandeln, Limonen oder Kokosnüsse auf den Kopf fallen … 729 Thomas St., Key West, FL 33040, Tel. 305 296 8666, www.blueheavenkw.com

El Siboney. Trubeliges kubanisches Restaurant, mit moderaten Preisen und beliebter Küche mit viel Fisch, Fleisch, Reis, Bohnen und gebackenen Bananen. 900 Catherine St., Key West, FL 33040, Tel. 305 296 4184, www.elsiboneyrestaurant.com

Louies Backyard. Das Restaurant ist schick, man kann aber auch entspannt auf der großen Holzterrasse sitzen, ein Bier trinken und aufs Meer schauen, das direkt unter einem rauscht. 700 Waddell Ave., Key West, FL 33040, Tel. 305 294 1061, www.louiesbackyard.com

Martin's. Das Edelrestaurant mit deutschen Besitzern verwöhnt mit hervorragender Küche und beweist, dass die Partymeile Duval Street auch eine elegantere Seite hat. 917 Duval St., Key West, FL 33040, Tel. 305 295 0111, www.martinskeywest.com

Turtle Kraals. Kubanisch inspirierte und karibisch ausgerichtete Küche mit Schwerpunkt Meeresfrüchte direkt am Wasser im historischen Hafen. 231 Margaret St., Key West, FL 33040, Tel. 305 294 2640, www.turtlekraals.com

ÜBERNACHTEN

Ambrosia. Sehr schönes B & B mit zwei Pools. Die Zimmer verteilen sich auf sechs Häuser, das Frühstück wird im Innenhof serviert. 622 Fleming St., FL 33040, Tel. 305 296 9838, www.ambrosiakeywest.com

Eden House. Hier möchte man nie mehr weg: Hängematten, Hollywoodschaukeln, ein rauschendes Bächlein, in dem sich Schildkröten tummeln, schaffen ein anheimelndes Ambiente. 1015 Fleming St., Key West, FL 33040, Tel. 305 296 6868, www.edenhouse.com

Island City House. Viktorianische Häuser und ein verwunschener Garten, in dem auf einem Kutschenwagen das Frühstück aufgestellt wird. 411 William St., Key West, FL 33040, Tel. 305 294 5702, www.islandcityhouse.com

Marrero's Guest Mansion. Stuck, schnörkelige alte Möbel, gemütliche Zimmer, ruhige, aber zentrale Lage, schöner Pool. 410 Fleming St., Key West, FL 33040, Tel. 305 294 6977, www.marreros.com

Fröhliche Tischrunde mit kubanischen Einwanderern

Southernmost Hotel. Nur durch die Straße vom Strand entfernt, liegt das historische Hotel am Ende der quirligen Partymeile. 1319 Duval St., Key West, FL 33040, Tel. 305 296 6577, www.southernmostresorts.com/southernmost-hotel

The Frances Street Bottle Inn. Hübsches Eckhaus in einer ruhigen Straße, abseits der trubeligen Duval Street. Gemütliche Zimmer und entspannte Atmosphäre. 535 Frances St., Key West, FL 33040, Tel. 305 294 8530, www.bottleinn.com

The Gardens Hotel. Luxus im tropischen Grünen. Neben 17 Suiten offeriert das Hotel seit kurzem auch Cottages für längere Aufenthalte. Und einen Lagoon-Pool im Garten. 526 Angela St., Key West, FL 33040, Tel. 305 294 2661, www.gardenshotel.com

The Marquesa Hotel. Wunderschöne, schneeweiße Gebäude mit grünem Garten und Pool und feinen, hellen Möbeln im Innern. 600 Fleming St., Key West, FL 33040, Tel. 305 292 1919, www.marquesa.com

TOUREN UND AUSFLÜGE

Barefoot Billy's. Hier können Besucher die Sportart Flyboarding testen – mit dem Gefühl von Freiheit und Schwerelosigkeit über der Wasseroberfläche. Tel. 305 900 3088, www.barefootbillys.com

Blue Planet Kayak Tours. Auf geführten Kajak-Touren lernt man die einzigartige Welt der Mangroven kennen. Treffpunkt zur sanften Öko-Tour: Fort East Martello Museum & Gardens, Tel. 305 809 8110, www.blue-planet-kayak.com

Dancing Dolphin Spirits Charters. Teilnehmer begegnen Delfinen im offenen Meer und unternehmen einen Schnorchelausflug am Riff. Start an der Murray Marina (Mile Marker 5), Tel. 305 304 7562, www.captainvictoria.com

Eaton Bikes. Fahrradtouren durch die von viktorianischen Häusern gesäumten Gassen. 830 Eaton St., Key West, FL 33040, Tel. 305 294 8188, www.eatonbikes.com

Florida Keys Eco-Discovery Center. Multimedia-Präsentationen und ein Aquarium geben Einblicke in das Leben unter Wasser. 35 East Quay Rd., Key West, FL 33040, Tel. 305 809 4750, www.floridakeys.noaa.gov/eco_discovery.html

Fury Water Adventures. Anbieter von Action-Programmen, u.a. »Ultimate Adventure« mit Parasailing, Jetski und Kajakfahren sowie Schnorcheln. Tel. 888 976 0899, www.furycat.com

Southernmost Duck Tours. Stadtführungen mit dem Duckboat, das sowohl fahren als auch schwimmen kann. 201 Front St., Key West, FL 33040, Tel. 305 707 6166, www.duckskeywest.com

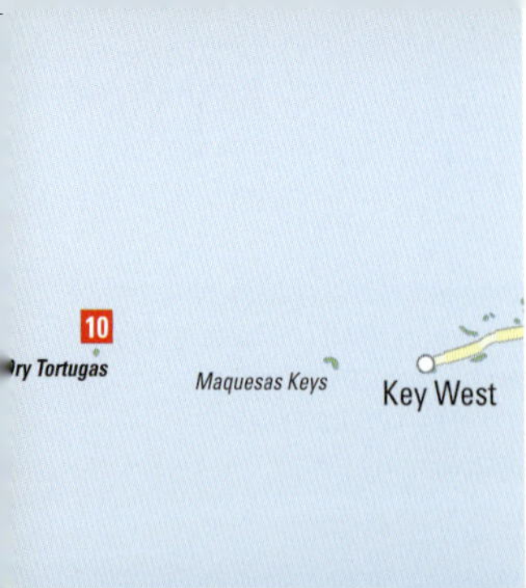

Mitte: Fort Jefferson im Nationalpark Dry Tortugas aus der Vogelperspektive
Unten: Das mächtige Fort diente während des Amerikanischen Bürgerkrieges als Gefängnis.

10 Dry Tortugas National Park

Auf Sand gebaut

Winzige Inseln, verstreut im Golf von Mexiko, 70 Meilen westlich von Key West. Die schmalen Sandbänke sind im Moment zu siebt. Doch wenn die Hurrikane über sie hinwegfegen, versinken sie zuweilen in den tosenden Fluten. Nur Fort Jefferson trotzt allen Unbilden. Die mächtige Festung thront seit über 150 Jahren majestätisch über der scheinbaren Unendlichkeit des türkisfarbenen Meeres.

Die meisten der Besucher des Dry Tortugas National Parks kommen für einen Tagesausflug von Key West. Doch die ganz großen Südseemomente bleiben hier den Campern vorbehalten: Wenn die Fähren am späten Nachmittag wieder ablegen und die Wasserflugzeuge gestartet sind, genießen sie perfekte Sonnenuntergänge und einen atemberaubenden Sternenhimmel.

Arche Noah mitten im Ozean

Ein Archipel mit Fischreichtum: Mächtige Zackenbarsche, Stachelrochen, pfeilschnelle Barrakudas und silbrig schimmernde Tarpons tummeln sich im Meer. Über den Inseln kreisen Seemöwen, Wanderfalken, Meerschwalben, Tölpel und der gabelschwänzige Fregattvogel. Die Dry Tortugas bieten über 250 Pflanzen- und Tierarten eine Heimat.

Als Erster landete der spanische Seefahrer Ponce de León im Jahr 1513 auf den abgelegenen Sand- und Koralleninseln. Und erkannte den Wert seiner Entdeckung vor allem in der Lieferung von Proviant – in Form hier lebender Riesenschildkröten.

Dutzende Tiere verfrachtete die Mannschaft in den Stauräumen der Schiffe.

Fast 350 Jahre dauerte es anschließend, bis das amerikanische Militär auf den Inseln einen Außenposten errichtete, um den Golf von Mexiko zu sichern und die eigene Küste vor Piraten zu schützen. Bis 1861 wurden 16 Millionen Ziegelsteine für Fort Jefferson vom Festland herübertransportiert. Bald bedeckte das mächtige Sechseck der Festung mit ihren 14 Meter hohen Mauern fast das gesamte Garden Key Island. Doch die Architekten hatten übersehen, dass die Festung statt auf festem Korallenstein auf Sand und Findlingen fußte. Risse im Fundament und absinkende Mauern waren die Folge, die Trutzburg im Meer praktisch wertlos.

In den letzten Jahren des Sezessionskriegs (1861–1865) wurde Dry Tortugas noch einmal als Gefangenenlager genutzt. Prominenteste Insassen waren zeitweise vier Männer, denen ein Mordanschlag auf Präsident Lincoln zur Last gelegt wurde. Als Festung hatte das Fort freilich ein für allemal ausgedient. Ohne je Zeuge von Kampfhandlungen geworden zu sein, funktionierte man den mächtigen Bau Ende des 19. Jahrhunderts in ein Kohlelager um und nutzte ihn schließlich wieder als Gefängnis. Doch dann gelang es einem Gefangenen, auf einer Planke nach Loggerhead Island hinüberzuschwimmen, das Boot des Leuchtturmwärters zu stehlen und die 120 Kilometer nach Kuba zu rudern. Das Ende des Forts auch als Hochsicherheitstrakt.

Präsident Franklin D. Roosevelt erklärte das Gebäude und seine umgebenden Gewässer 1935 zum nationalen Denkmal. 1992 wurde das Gebiet zum Dry Tortugas National Park erklärt, um sowohl das naturbezogene als auch das historische Erbe der Inseln zu schützen. Heute sind die Dry Tortugas vor allem als Tauch- und Schnorchelrevier beliebt.

Infos und Adressen

ANREISE

Die Dry Tortugas sind nur mit der Fähre, dem Ausflugsboot oder per Wasserflugzeug von Key West aus zu erreichen. Soweit es das Wetter erlaubt, verkehren die Fähren täglich, die Fahrzeit beträgt rund 2 Std.
Die Touren beinhalten meistens Ausrüstungen zum Schnorcheln oder Fischen und eine Führung durch das Fort.

Yankee Freedom II. Tgl. Fährverbindung von Key West, Tel. 305 294 7009, www.drytortugas.com

Key West Seaplane Adventures. Wasserflugzeug, Infos zu Preisen und Reservierung unter Tel. 305 293 9300, www.keywestseaplanecharters.com

CAMPING

Reservieren ist nicht möglich: Wer zuerst kommt, ergattert einen der Plätze. Es gibt nur Toiletten und keine Duschen. Alles, was man zum Aufenthalt braucht, muss mitgebracht werden, einschließlich Trinkwasser.

INFORMATION

Dry Tortugas National Park.
P. O. Box 6208, Key West, FL 33041, Tel. 305 242 7700, www.nps.gov/drto

Farbenprächtige Unterwasserwelt

EVERGLADES & BIG CYPRESS

Vorangehende Doppelseite: Ein Silberreiher in den Everglades
Mitte: König der Lüfte: ein Adler in seinem Horst
Unten: Alligatoren sind gut getarnt und bei Bedarf blitzschnell.

11 Everglades National Park

Träger Fluss als Naturerbe

Die Indianer nannten das riesige Feuchtgebiet Pa-hay-okee, »Fluss aus Gras«. Tatsächlich sind die Everglades kein Sumpf, sondern ein träge fließender Fluss, dessen Strömung man mit bloßem Auge kaum wahrnimmt. Sie erstrecken sich auf über 6000 Quadratkilometer und reichen vom Lake Okeechobee im Norden bis an die äußerste Südspitze der Florida-Halbinsel. Etwa die Hälfte der Fläche bildet heute den Nationalpark.

Wer sie einmal gesehen hat, weiß, was für ein kostbarer Schatz die Everglades sind. Hier ist man Gast in einem sensiblen Gleichgewicht außer-

MAL EHRLICH

MINI-VAMPIRE

In der Regenzeit von Mai bis Oktober ist es in den Everglades sehr feucht und heiß, weite Teile des Parks sind überflutet – ideale Bedingungen für die Brut von Abermilliarden Mücken. Ungestochen kommt kaum ein Besucher davon. Man sollte daher unbedingt langärmelige Hemden und lange Hosen tragen. Schutz bietet das im Visitor Center erhältliche Mückenabwehrmittel »Buzz Away«, mit dem man die verbleibenden, frei zugänglichen Körperstellen einreibt. Von aus Europa mitgebrachten Abwehrmitteln hingegen fühlen sich die Blutsauger geradezu angezogen. In der Trockenzeit (Dezember bis April) verschwinden die Moskitos zwar nicht ganz, sind aber in geringerer Zahl vertreten und »nur noch« in der Dämmerung aktiv.

gewöhnlicher Flora und Fauna. Und wird zum leidenschaftlichen Voyeur: beim Betrachten der verschiedenen Vogelarten oder bei der respektvollen Annäherung an schwerfällig durchs Wasser gleitende Alligatoren. Man spürt die ungezähmte Kraft der Natur bei Wanderungen durch den Sumpf oder Bootsfahrten durch das unüberschaubare Netz an Wasserwegen. Die Luft ist feucht-warm, die Umgebung satt und reich an Grün- und Brauntönen. Kein Zivilisationsgeräusch im Ohr, dafür eine schier endlose Ebene vor Augen.

Der höchste natürliche Punkt im Nationalpark liegt nur 2,4 Meter über dem Meeresspiegel. Oft ist die bis zu 60 Kilometer breite Wasserader nur einige Zentimeter tief, sodass fast die gesamte Fläche von Gras bewachsen ist. Nur in den etwas erhöhten Gebieten gedeihen auch Pflanzen wie Sumpfzypressen, Gumbo Limbos, Königspalmen und Mahagonibäume.

Die Ureinwohner

Jahrhundertelang lebte das mächtige Volk der Calusa in den Everglades. Sie bildeten theokratisch organisierte Stämme, verehrten die Sonne als oberste Gottheit, lebten in Lehmhütten und ernährten sich von Schalentieren, Fischen und Pflanzen. 1513 kamen sie erstmals mit Europäern, spanischen Schatzsuchern und Sklavenhändlern, in Berührung. Die Calusa und andere Indianerstämme Südfloridas vermochten längere Zeit zu verhindern, dass Weiße in ihrem Gebiet Fuß fassten. Als Florida 1763 von Spanien an Großbritannien überging, war der Widerstand gebrochen. Ansteckende, aus Europa importierte Krankheiten und Kriege gegen die von den Engländern aus den Südstaaten auf die Florida-Halbinsel abgedrängten Cree hatten die Calusa erheblich geschwächt. Die Cree, die Calusa und die seit 1814 ebenfalls in

Oben: Morgenstimmung im Big Cypress Swamp
Mitte: Das wendige Zwergsultanshuhn balanciert über Seerosenblätter und klettert im Geäst der Büsche.
Unten: Als Künstler sieht sich Leroy (Henehayo) Osceola in der Tradition der Seminole-Indianer.

AUTORENTIPP!

FORMEL 1 IM SUMPF

Airboat-Fahrten sind im Nationalpark der Everglades verboten, weil sie ökologisch bedenklich sind. Wer auf diese gleichwohl nicht verzichten möchte, findet entsprechende Anbieter – häufig indianischer Herkunft – in den Gebieten rund um den Nationalpark, zum Beispiel im Miccosukee Indian Village. Zur Tierbeobachtung sind diese Fahrten nicht gerade geeignet, sie haben ihren Reiz lediglich für Freunde rasanten Tempos. Mit ohrenbetäubendem Lärm (zum Schutz werden vor Fahrtbeginn die Ohren mit Wattebällchen zugestopft) jagen die Boote über die Grasflächen, sodass selbst Vögel flüchten. Die wenigen Stopps, bei denen der Motor gedrosselt oder abgestellt wird, lassen die Annäherung von Tieren nicht zu, lediglich Alligatoren können bei langsamer Fahrt durch Seitenarme erkannt werden. Naturnäher sind da geführte Kanu-Touren durch die Everglades.

Südflorida ansässigen Muscogee wurden später unter dem Begriff »Seminolen« zusammengefasst. Weiße Siedler, die in immer größerer Zahl nach Südflorida kamen, versuchten, die Seminolen vollständig aus Florida zu vertreiben und sie in Reservate westlich des Mississippi abzuschieben. Dies führte zu den Seminolen-Kriegen, in denen viele weiße Soldaten und noch mehr Indianer getötet wurden. Unabhängig von den Seminolen fristete der Stamm der Miccosukee ein noch abgeschiedeneres Dasein in den Tiefen der Everglades. Heute betreiben die Stammesmitglieder ein interessantes Freilichtmuseum und bieten Airboat- und Kanufahrten an. Neben diesen eher naturnahen Aktivitäten sichert heute vor allem ein einträglicher Geschäftszweig die Existenz des Stammes: Neben den Seminolen besitzen die Miccosukees eine der begehrten Casino-Lizenzen und betreiben das »Miccosukee Resort & Gaming« am Rande der Everglades.

Nutzloser Sumpf

Schon 1850 plante man, Entwässerungsgräben durch die Sumpflandschaft zu ziehen, um das Land nutzbar zu machen. Die Arbeiten wurden erst mit dem Ende des Bürgerkriegs 1865 fortgesetzt. Gouverneur Napoleon Bonaparte Broward (1857–1910) wollte sein Wahlversprechen einlösen und aus dem »nutzlosen Sumpf« ein fruchtbares Land schaffen. So ließ er schnurgerade Kanäle durch die Everglades schaufeln. Ein Eingriff in die Natur, den sogar Präsident Theodore Roosevelt finanziell und höchstpersönlich unterstützte. Es entstanden Viehweiden und Felder mit Zitrusfrüchten und Zuckerrohr. Broward ließ Zypressen und Kiefern fällen, um das Holz zu nutzen und zudem Reiher und Rosa Löffler jagen, um mit ihren Federn Damenhüte zu schmücken oder Ventilatorflügel herzustellen.

Rundgang Everglades National Park

Grundsätzlich bieten sich zahlreiche Wanderungen an. Das Gebiet verfügt über ein gut ausgebautes Wegenetz. Neben den klassischen Wandertouren kann man sich auch für kombinierte Treks entscheiden. Im Everglades-Nationalpark findet man zahlreiche Seen und Flüsse, die mit dem Kanu oder Kajak erkundet werden können. Überwiegend befinden sich diese im Inneren des Parks.

Professionelle Touren mit einem erfahrenen Guide bieten sich für Besucher an, die bisher noch keine Erfahrungen gesammelt haben. Die beste Reisezeit für einen Trek durch die Everglades erstreckt sich von Dezember bis März. In dieser Zeit herrscht ein angenehmes Klima und es sind nur wenige Mücken zu finden. Allerdings muss man sich in dieser Zeit auch auf eine gewisse Präsenz anderer Naturfreunde einstellen.

Für den Park gibt es mehrere Eingänge und Besucherzentren.

Ⓐ **Gulf Coast Visitor Center –** Südlich von Everglades City, Mitte April–Mitte Nov. tgl. 9–16.30 Uhr, Mitte Nov.–Mitte April tgl. 8–16.30 Uhr, 815 Oyster Bar Lane, Everglades City, FL 34139, Tel. 239 695 3311, www.nps.gov/ever/planyourvisit/gcdirections.htm

Ⓑ **Shark Valley Visitor Center –** Auf dem Highway 41 (Tamiami Trail), 48 km westlich vom Florida Turnpike. Tgl. geöffnet, die Öffnungszeiten variieren je nach Jahreszeit, 36000 Southwest 8th St., Miami, FL 33194, Tel. 305 221 8776, www.nps.gov/ever/planyourvisit/svdirections.htm

Ⓒ **Ernest F. Coe Visitor Center –** Kurz vor dem Haupteingang des Parks. Dez.–April tgl. 8–17 Uhr, Mai–Nov. 9–17 Uhr. Informationen und Ausstellungen: 40001 State Rd. 9336, Homestead, FL 33034, Tel. 305 242 7700, www.nps.gov/ever/planyourvisit/coedirections.htm

Ⓓ **Royal-Palm-Besucherzentrum –** 6 km hinter dem Ernest-Coe-Besucherzentrum, tgl. geöffnet.

Ⓔ **Flamingo Visitor Center –** 61 km nach dem Ernest-Coe-Besucherzentrum. Ausstellungen, Informationen und Wilderness Permits. Von Dez.–März tgl. und in den anderen Monaten des Jahres zeitweise besetzt. 40001 State Rd. 9336, Homestead, FL 33034, Tel. 239 695 2945, www.nps.gov/ever/planyourvisit/flamdirections.htm

Ⓕ **Flamingo Marina –** Die Marina verfügt über ein kleines Geschäft, eine Tankstelle, bietet Bootstouren an und vermietet Hausboote, Kanus, Kajaks und Fahrräder. Informationen und Reservierungen: www.evergladesnationalparkboattoursflamingo.com

Ⓖ **Chekika Besucherzentrum –** An der State Rd. 997 gelegen (Krome Avenue), ungefähr 24 km südlich der U.S. 41. Seit Dezember 2013 wegen mangelnden Etats bis auf Weiteres geschlossen.

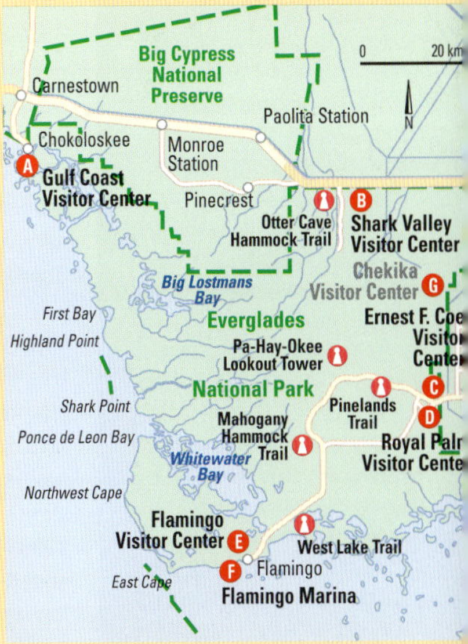

AUTORENTIPP!

GANZ AM RANDE

Am südwestlichen Rande der Everglades liegt die idyllische Kleinstadt Everglades City. Dieser verschlafene Handelsposten mutierte zu Zeiten des Landentwicklers Barron Gift Collier zu einer lebhaften Pionierstadt und ist heute als »Gateway to the 10 000 Islands« ein beliebter Ausgangspunkt, um die Inselwelt der Everglades zu erkunden. Das kleine Museum of the Everglades (105 Broadway Ave. West) gibt einen ersten Eindruck über die Geschichte der Region. Gleich nebenan lohnt der alte »Rod and Gun Club« einen Besuch. Das Hotel aus den 20er-Jahren war einst Treffpunkt der »oberen Zehntausend«, auf der Veranda am Wasser saßen schon Präsident Franklin D. Roosevelt und John Wayne. Ein paar Kilometer weiter, in Chokoloskee, eröffnete Ted Smallwood 1906 seinen Store (360 Mamie St.), der später auch als Postamt und Bank diente und 1982 geschlossen wurde.

Es begann ein langsames Sterben in den Everglades. Das ökologische System geriet aus der Balance. In den Jahren 1926 und 1928 rasten Hurrikane über Florida und ließen das Land in den Fluten versinken. Die Rettung sei, so glaubte man, den 1800 Quadratkilometer großen Okeechobee-See, das Herzstück der Everglades, einzudämmen. Dadurch geriet die Wasserversorgung der Everglades nun aber endgültig in Gefahr. Die Existenz des Sumpfgebietes war aufs Äußerste bedroht. Der Bau des Dammes »Tamiami Trail« von Miami nach Tampa war inzwischen beschlossene Sache. Diese riesige Ost-West-Barriere trennte den gesamten Süden von den natürlichen Versorgungsadern ab. Eine weitere Katastrophe folgte: 1947 überfluteten Wirbelstürme halb Florida.

Eines wurde klar: Mitschuld an dieser Überflutung trug das unkontrollierte Eindeichen und Kanalisieren. Eine bessere technische Lösung musste her. Jetzt sollten die Städte mit einem Dammprogramm versehen werden. Naturschützer wie die streitbare Marjory Stoneman Douglas (1890–1998), Autorin des Buchs *River of Grass*, waren anderer Meinung. Sie kämpften unerbittlich für ihre Erkenntnisse über den Zusammenhang von Klima, Wasserkreislauf und Landwirtschaft. Der

Kampf zahlte sich aus: Die Verantwortlichen erkannten die Notwendigkeit, ein bestimmtes Gebiet der natürlichen Überflutung zu »opfern«. US-Präsident Harry S. Truman erklärte 1947 schließlich ein 5667 Quadratkilometer großes Gebiet an der Südküste zum Nationalpark: den Everglades National Park. 1974 kamen noch 2900 Quadratkilometer große Feucht- und Waldgebiete des Big Cypress Swamp im Nordwesten dazu, und 1982 erklärte die UNESCO den Everglades-Nationalpark zum Welt-Naturerbe und Internationalen Biosphären-Reservat. Seit den 90er-Jahren nahmen Pläne zur Wiederherstellung der Strömungsverhältnisse konkrete Gestalt an. Im Juni 2008 kaufte der Staat Florida schließlich für 1,75 Milliarden Dollar Flächen südlich des Lake Okeechobee, die wieder renaturiert werden und als Wasserrückhaltegebiete dienen sollen.

Undurchdringliches Unterholz

Es gibt eine Reihe gut ausgebauter Wege im Park, auf denen man die Natur beobachten kann. Besonders berühmt für ihren Tierreichtum sind das Shark Valley und der Anhinga Trail. Im Park teilen sich Panther, Hochwild, Waschbären, Schlangen, Manatis, Spinnen, Schildkröten und Flamingos das Territorium mit über 350 Vogelarten. Charakteristische Pflanzen sind Sumpfzypressen, Farne, Lianen, Orchideen und Bromelien. Hier und da finden sich sogenannte Hammocks – Hartholz-Bauminseln mit Mahagonibäumen, Eichen und Magnolien.

Alligatoren sind im gesamten Gebiet verbreitet, doch meiden sie Salzwasser und machen auch um Menschen einen großen Bogen – es sei denn, sie fühlen sich bedroht. Krokodile hingegen leben in Küstennähe und im Salzwasser. Die größeren Tiere sind viel aggressiver als Alligatoren und unbedingt zu meiden.

Oben: In Kajaks und mit Tourführer geht es sicher durch die Weiten der Everglades.
Mitte: Keine Stars, aber Stripes – Gehäuse einer Meeresschnecke
Unten: Captain Jason Sine auf Chokoloskee Island

Infos und Adressen

SEHENSWÜRDIGKEITEN

Miccosukee Indian Village. Direkt am Tamiami Trail (U.S. 41) beginnt das Reservat der Miccosukee-Indianer, in dem heutzutage mehrere Tausend Mitglieder leben. Das Village ist ein Freilichtmuseum, in dem Besucher die Bräuche, Kultur und Küche der Seminolen kennenlernen können. Täglich gibt es neben kunsthandwerklichen Vorführungen auch »Ringkämpfe« mit Alligatoren. www.miccosukee.com

Was trinkt man eigentlich zu Alligator-Schwanz?

ESSEN UND TRINKEN

Havana Café. Kleinigkeiten wie Milchkaffee oder *Key Lime Pie*. Aber auch frischen Fisch oder Paella sowie andere maritime Spezialitäten. 191 Smallwood Drive, Chokoloskee, FL 34138, Tel. 239 695 2214, www.myhavanacafe.com

Seafood Depot. *Gator Nuggets*, *Frog Legs* und *Conch Fritters* – alle Köstlichkeiten, die man von einem Restaurant in einer Pionierstadt am Ende der Wildnis erwarten darf. 102 Collier Ave., Everglades City, FL 34114, Tel. 239 695 0075, www.evergladesseafooddepot.com

Sweet Mayberry's Café and Gifts. Entzückende Eisdiele mit einer köstlichen Auswahl an Kaffeespezialitäten, Sandwiches und selbstgemachtem Eis. 207 West Broadway, Everglades City, FL 34149, Tel. 239 695 0092

The Oyster House Restaurant. Im rustikalen Ambiente einer trophäengefüllten Jagdhütte erwartet vor allem Liebhaber von Meeresfrüchten eine gute Auswahl. Auch Alligator steht auf der Speisekarte. 901 South Copeland Ave., Everglades City, FL 34139, Tel. 239 695 2073, www.oysterhouserestaurant.com

Camellia Street Grill. Direkt am Wasser liegt das Restaurant, das gute Hausmannskost mit dem Schwerpunkt »frisch aus dem Wasser« zu vernünftigen Preisen serviert– wird auch von den Einheimischen sehr geschätzt. 208 Camellia St., Everglades City, FL 34139, Tel. 239 695 2003

ÜBERNACHTEN

Camping. Campingplätze gibt es in Long Pine Key und Flamingo (Nutzung gegen Gebühr). Sie werden an die Interessenten nach Ankunft und Verfügbarkeit vergeben. Camping im Sommer kann aufgrund der intensiven Hitze, des Regens und der Stechinsekten sehr unangenehm werden.

Wer wild campen will: Die meisten Orte in der Parkwildnis sind nur per Boot oder Kanu erreichbar. Für Camping über Nacht ist eine Erlaubnis *(wilderness permit)* erforderlich; diese kann man persönlich in den Gulf-Coast- und Flamingo-Besucherzentren erwerben. Gebühren werden von November bis April erhoben.

Everglades City Rod and Gun Club. Direkt am Barron River: rustikale Unterkünfte in historischen Gebäuden, die früher zum Privatbesitz des Unternehmers Barron Collier (1873–1939) gehörten und in denen schon Präsidenten und Showgrößen nächtigten. 200 Riverside Drive, Everglades City, FL 34139, Tel. 239 695 2101

Flamingo Lodge/Eco Tent. Einfache Plattformen mit fest installiertem Zelt und Platz für bis zu vier Personen. Reservierungen unter Tel. 239 695 0124 oder am Eingang des Flamingo Campgrounds, www.nps.gov/ever/planyourvisit/flamingo-eco-tent.htm

Glades Haven Cozy Cabins. Urige und gemütliche Holzhäuschen in verschiedenen Größen und mit mückensicheren Veranden. 875 South Copeland Ave., Everglades City, FL 34139

Ivey House. Der Gast hat die Wahl: Hier kann er entweder im »The Inn«, dem Haupthaus, wohnen, in der 1920 erbauten »The Lodge«, im kleinen, gemütlichen »The Cottage« oder mit seiner großen Familie im rustikalen »The Homestead« (mit drei Schlafzimmern). 107 Camellia St., Everglades City, FL 34139, Tel. 239 695 3299, www.iveyhouse.com

Nervenkitzel: Ringkampf mit Reptil im »Miccosukee Indian Village«

SPAZIERGÄNGE

Man erlebt die Vielfalt der Lebensräume in den Everglades auf mehreren kurzen, behindertengerechten Wegen, ausgehend von Parkplätzen entlang der Main Park Road vom Ernest F. Coe Visitor Center nach Flamingo.

Anhinga Trail – Dieser 1,3 km lange Rundweg, der nach dem gleichnamigen Vogel (Schlangenhalsvogel) benannt ist, bietet eine der besten Gelegenheiten, wilde Tiere, einschließlich Alligatoren und Vögeln, ganz aus der Nähe zu sehen.

Bobcat Boardwalk und Otter Cave – Zwei kurze, einfache Spazierwege, die in der Nähe des Shark-Valley-Besucherzentrums beginnen. Auf der 24 km langen Tram Road können Sie wandern oder diese Strecke mit dem Fahrrad zurücklegen; sie bietet sich bestens für das Beobachten von Vögeln, Alligatoren und anderer Tiere in freier Wildbahn an. Eine Fahrradvermietung befindet sich in der Nähe des Besucherzentrums.

Gumbo Limbo Trail – Ein 600 m langer Rundweg, der sich durch einen dichten, tropischen Dschungel windet. Hier trifft man auf eine der typischen Hammock-Bauminseln aus Königspalmen, Gumbo-Limbo-Bäumen, Eichen, Schlingpflanzen, Orchideen und Farnen.

Mahogany Hammock Trail – Der 600 m lange Spaziergang auf einem Holzsteg führt durch ein dschungelartiges Dickicht tropischer Hölzer.

Pa-hay-okee Overlook – Über einen 300 m langen Spazierweg erreicht man eine Aussichtsplattform, die einen Blick auf die ausgedehnte Süßwasser-Mergelprärie der Everglades bietet.

Pinelands Trail – Ein 600 m langer Rundweg durch einen subtropischen Pinienwald. Dies ist der botanisch vielfältigste Lebensraum in Südflorida.

West Lake – Durch einen Wald aus vier verschiedenen Mangrovenarten am Ufer des Brackwassersees führt ein 600 m langer Pfad.

Mitte: Ein bildschönes Wappentier und vom Aussterben bedroht: der Florida Panther.
Unten: Farne, Bäume, Orchideen – die Artenvielfalt begeistert nicht nur Botaniker.

12 Big Cypress National Preserve

Schutzschirm für Panther und Bär

Die Big Cypress National Preserve liegt zwischen dem streng geschützten Everglades National Park und landwirtschaftlich genutzten Flächen im Umland. Das Areal genießt nicht den Status eines Nationalparks, sondern gilt als Schutzgebiet, in dem gejagt werden darf und wildes Campieren erlaubt ist. In punkto Flora und Fauna steht die Preserve den Everglades aber in nichts nach.

Ein Naturschutzgebiet, an dem man tunlichst nicht vorbei fahren sollte. Auch wenn es einen weniger bekannten Namen hat als die Everglades, der große Nachbar im Süden. Aber es ist ein Areal mit außergewöhnlichem Artenreichtum und allein deshalb einen Besuch wert. Der Tamiami Trail bildet die Grenze zu den Everglades. Hier findet man eines der vielfältigsten Ökosysteme Südfloridas. Sümpfe wechseln sich ab mit Grasland, Kiefernwäldern, Mangroven und den sogenannten Hardwood Hammocks, kleinen Anhöhen mit Hartholz-Bäumen und verschiedenen Arten von Zypressen. Kein Wunder, dass sich Tiere wie der Florida Panther in dieser Landschaft ausgesprochen wohlfühlen. Die anpassungsfähige Raubkatze, eine Unterart des Pumas, galt vor zwei Jahrzehnten in Florida als fast ausgestorben, Inzucht gefährdete zudem den Fortbestand. Doch die Biologen wussten Rat: Durch den vorübergehenden Import einiger Artgenossen aus Texas sicherte man die Bestände und gab der Großkatze die Chance zu einem Neuanfang. Heute schätzen Experten, dass sich die Population in den Parks und Reservaten Floridas auf

150 Exemplare erholt hat. Über den Berg ist dieses Wappentier Floridas damit aber noch längst nicht.

Begehrte Reiherfedern

Vor der Ankunft der Europäer war das Gebiet von Miccosukee- und Seminolen-Indianern besiedelt. Von den ersten weißen Siedlern wurden Reiher, deren prachtvolle Federn bei Hutmachern in New York und Paris sehr begehrt waren, sowie Krokodile und Alligatoren gejagt, bis sie fast ausgerottet waren. Die Holzindustrie fällte zudem die Sumpfzypressen des Primärwaldes der Gegend. Auf gerodeten Flächen wurde Ackerbau betrieben.

Im Jahr 1943 stieß die Humble Oil Company (später Exxon) nach Jahrzehnten erfolgloser Bohrversuche im Big Cypress National Preserve auf Öl. Rund 20 Barrels pro Tag förderte die Quelle – für Naturschützer nicht genug, um eine dauerhafte Erschließung zu rechtfertigen. 20 Jahre später sorgte die geplante Verlegung des Flughafens Miami dafür, dass sich eine Protestallianz aus Indianern, Jägern und Umweltaktivisten formierte. Mit Erfolg: Das Bauprojekt wurde gekippt, das Schutzgebiet im Oktober 1974 mit einer Größe von 291 000 Hektar offiziell eingeweiht. Wie in den Everglades wurde auch im Big Cypress National Preserve zur Verbesserung des Wasserhaushalts mit dem Bau von Brucken fur den U.S. Highway 41 begonnen, denn sein Damm verhindert weitgehend den Abfluss des Oberflächenwassers vom Lake Okeechobee nach Suden. Derzeit werden mehrere Abschnitte des Highways auf Brucken aufgeständert. Die ersten 1,6 Kilometer wurden 2013 fertig gestellt, weitere sollen in den nächsten Jahren folgen.

Tatsächlich weist das Gebiet eine höhere Artenvielfalt auf als die Everglades. In den Mangrovenwäl-

AUTORENTIPP!

GEISTERORCHIDEEN

Westlich des Big Cypress National Preserve liegt der Fakahatchee Strand Preserve State Park. Der »Amazonas Nordamerikas« gilt als letzter verbliebener Urwald der USA, über einen Holzsteg können Besucher ihn bequem erobern. In der Stammessprache der Seminolen bedeutet Fakahatchee »schlammiges Wasser«. Ein ideales Gebiet für Bromelien und wunderschöne Orchideen: Unter den mehr als 40 Arten wächst hier auch die seltene Ghost Orchid, bekannt geworden durch Susan Orleans' Roman *Der Orchideendieb* – eine spannende Erzählung aus einem subtropischen Garten Eden, bevölkert von Panthern, Schwarzbären, Schlangen, Sumpfschildkröten und Krokodilen.

Fakahatchee Strand Preserve State Park. Von der State Rd. 41, Ausfahrt 80/SR 29, 8 Uhr bis Sonnenuntergang, geführte Swamp-Walks an drei Samstagen/Monat (Nov.–April), 137 Coastline Drive, Copeland, FL 34137, Tel. 239 695 4593, www.floridastateparks.org/fakahatcheestrand

Oben: Wenn man Glück hat, kann man im Big Cypress National Präserve auch einen Florida-Schwarzbären sehen.
Unten: 1953 öffnete das kleinste Postamt der USA in Ochopee.

dern blühen seltene Orchideen, in den trüben Tümpeln tummeln sich Alligatoren, Wassermokassinotter und Diamant-Klapperschlangen, die bis zu 2,50 Meter lang werden können. Reiher waten am Ufer, der Schlangenhalsvogel Anhinga trocknet mit gespreizten Flügeln auf einem Ast sitzend sein Gefieder. Hier und da tappt ein Florida-Schwarzbär durchs Dickicht. Und gelegentlich mischen sich Rotluchs, die Ost-Indigonatter und der Kanadakranich unter die Sumpfbewohner. Am südwestlichen Rand des Parks, in der Gemeinde Ochopee, zwängen sich Besucher ins kleinste Postamt der USA. Vor Jahren wurde ein winziger Werkzeugschuppen umgebaut, weiß angestrichen und mit einem Briefkasten und Fahnenmast versehen, an dem nun das Sternenbanner prangt – fertig war die neue Poststation. Wegen des besonderen Stempels zieht die Attraktion im Miniaturformat viele Touristen an (Öffnungszeiten beachten!).

Wer die Big Cypress National Preserve zu Fuß erobern will, sollte sich besonders in den regenreichen Sommermonaten (so er oder sie sich angesichts der Mückenplage überhaupt in die Gegend traut) auf überflutete Pfade und matschiges Terrain einstellen.

Infos und Adressen

ESSEN UND TRINKEN

Joanie's Blue Crab Cafe. Hier gibt es die besten frittierten Alligatoren-Nuggets und *Crabcakes* ganz Floridas. 39395 Tamiami Trail East, Ochopee, FL 34141, Tel. 239 695 2682, www.joaniesbluecrabcafe.com

ÜBERNACHTEN

Es gibt verschiedene Campingplätze im Big Cypress National Preserve:

Bear Island Campground – ganzjährig
Burns Lake Campground – 1. Sept.–6. Jan.
Midway Campground – ganzjährig
Mitchell's Landing Campground – ganzjährig
Monument Lake Campground – 1. Sept.–15. April
Pinecrest Campground – ganzjährig

AKTIVITÄTEN

Geführte Touren. Es werden verschiedene Touren von den Big-Cypress-Rangern und ehrenamtlichen Helfern durchgeführt. Eine Liste findet man im Besucherzentrum.

Touren mit dem Auto. Zwei »Scenic Tours« werden angeboten: Die Tour »Loop Road« (ca. 44 km) führt durch Zypressenwälder, die Tour »Turner River/-Wagonwheel/Birdon Roads Loop« (ca. 28 km) durch offene Prärie. Infomaterial ist im Besucherzentrum erhältlich.

Wandern. In der feuchten Jahreszeit muss jeder Wanderer auf besondere Umstände eingestellt sein, z. B. überflutete Abschnitte. Drei markierte Wege: Loop Road – Hwy. 41 (ca. 10 km), Hwy. 41 – Interstate 75 (ca. 45 km) und Interstate 75 – Preserve North Boundary (ca. 13 km). Informationen und Karten im Besucherzentrum erhältlich.

INFORMATION

Oasis Visitor Center and General Preserve Information. Tgl. 9–16.30 Uhr, zum Anmelden von Off-Road-Fahrzeugen tgl. 8.30–15 Uhr, 33100 Tamiami Trail East, Ochopee, FL 34141, Tel. 239 695 1201, www.nps.gov/bicy

Im Visitor Center gibt's Informationen, Karten und viele Tipps für Exkursionen und Touren.

Der Biscayne National Park: ein Unterwasserparadies für Schnorchler und Taucher

13 Biscayne National Park

Schutz für Koralle & Co

Die Geschichte des Biscayne National Parks begann am 18. Oktober 1968. Damals wurde auf Anweisung von Präsident Lyndon B. Johnson das sogenannte Biscayne National Monument eingerichtet – der Grundstein für die Anerkennung als schutzwürdiges Gebiet war gelegt. Am 28. Juni 1980 wurde das Areal dann offiziell zum Nationalpark erklärt. Ein Schutzgebiet, das zu 95 Prozent aus Wasserfläche besteht.

Ein Unterwasserparadies, das nur schwer zu erreichen ist. Der weitgehend unerschlossene Nationalpark ist nur per Boot zugänglich. Wer keines besitzt, kann sich eines außerhalb des Parks in Homestead oder Miami mieten und herantransportieren. Weder die Parkverwaltung noch private Unternehmen führen Boots- oder Tauchausflüge durch. Wer aber ein Boot hat, dem stehen alle Möglichkeiten offen: Schwimmen, Tauchen, Angeln, Beobachten von Tieren und Pflanzen und nicht zuletzt das Campen auf der Insel Elliott mit dem einzigen Zeltplatz des Nationalparks.

Auf einer Gesamtfläche von 750 Quadratkilometern befindet sich eines der spektakulärsten Tauch- und Schnorchelgebiete der Vereinigten Staaten. Hier hat das vorgelagerte Korallenriff, das sich über die gesamte Südküste Floridas erstreckt, seinen ursprünglichen Zustand bewahren können. Nach dem Great Barrier Reef in Australien und dem Riff vor der Küste von Belize ist es das drittgrößte der Welt – und das, obwohl es noch in den 1950er-Jahren von Tauchern mit Hämmern und Dynamit attackiert wurde, um Souvenirs für Touristen zu »ernten«.

Biscayne National Park

Der Biscayne National Park besteht aus einer Kette von 25 bewaldeten Inseln. Unter der Wasseroberfläche bilden Dutzende von Korallenarten gemeinsam mit vielen anderen Meerestieren und -pflanzen eine farbenprächtige Welt. Einige Inseln werden von dichten Mangrovenwäldern eingeschlossen. Während auf dem Festland vom ursprünglichen tropischen Hartholz dieser Region kaum etwas erhalten geblieben ist, wachsen auf der Insel Sands Key im Norden des Parks noch Mahagonibäume. Die seltenen Nutzhölzer waren lange Zeit bevorzugtes Material der Schiffsbauer und wurden fast vollständig abgeholzt. Im Süden des Parks liegt die Insel Old Rhodes Key mit subtropischem Baumbestand. Hier tummeln sich Waschbären, Opossums, Sumpfhasen und Baumhörnchen. Jedes Jahr kommen Lederrückenschildkröten zur Eiablage in den Park.

Tiere mit Pflanzennamen

Natürlich aber kommen die meisten Besucher zum Schnorcheln und Tauchen hierher. Die Riffe bestehen zum größten Teil aus Korallen. Für diese empfindlichen Meerestiere sind einige Voraussetzungen lebenswichtig: Sie benötigen bewegtes Salzwasser in einem Flachmeer von höchstens 60 Metern Tiefe, eine Wassertemperatur von mindestens 20 °C und festen Meeresgrund. In der Bucht von Biscayne liegen in zwölf Meter Tiefe alte Riffe, auf denen sich in den letzten Jahrzehnten neue Korallen gebildet haben. Östlich von ihnen fällt der Meeresboden um mehrere hundert Meter steil ab. Korallen sind Tiere, auch wenn sie irrtümlicherweise Pflanzennamen tragen. Seeanemonen, Seerosen und -dahlien sind nur einige der vielen Arten, die mit ihren Riffen den Lebensraum zahlloser Meeresbewohner bilden. Hier leben Schwämme, Schnecken, Quallen, Muscheln, Krebse, Tinten- und Korallenfische, Haie und Barrakudas.

Infos und Adressen

AKTIVITÄTEN

Angeln. Für das Angeln im Salzwasser ist keine Lizenz erforderlich, es gelten die Angelvorschriften Floridas. Park-Ranger geben Auskunft über Angelstellen. Langusten dürfen im Nationalpark nicht gefangen werden.

Schwimmen. Beim Schwimmen bei den scharfkantigen Korallenriffen ist wegen der Verletzungsgefahr besondere Vorsicht geboten.

Tauchen. Geeignete Stellen zum Tauchen an Korallenriffen und Schiffswracks sind durch Bojen gekennzeichnet, an denen man die Boote festbinden kann. Ergiebige Tauchgebiete sind Kanäle und Schneisen zwischen den Inseln und im Bereich westlich der Old Rhode Key.

Wandern. Auf der Insel Elliott ist ein 13 km langer Wanderweg angelegt worden, der am Zeltplatz beginnt. Insektenmittel nicht vergessen!

INFORMATION

Biscayne National Park. 9700 SW 328th St., Homestead, FL 33033, Tel. 305 230 7275, www.nps.gov/bisc

Nationalpark-Ranger im Einsatz

ALL PURPOSE

DIE GOLFKÜSTE

Vorangehende Doppelseite: Ungleiche »Kollegen« am Madeira Beach nahe Clearwater
Oben: Refugium für unzählige Tier- und Pflanzenarten
Unten: Im Winter schätzen Manatis die warmen Süßwasserquellen des Crystal Rivers.

14 Crystal River, Homosassa Springs

Bei Manatis zu Hause

Das Gebiet um Crystal River und Homosassa Springs ist geprägt von unberührter Natur, lagunenartigen Wasserwegen und zahlreichen Quellen, die mit konstanter Temperatur von 22 Grad Celsius aus dem porösen Untergrund sprudeln. Durch die Vermischung von Süß- und Salzwasser findet man hier eine reichhaltige Unterwasserwelt vor – unter anderem urzeitlich anmutende Manatis, die heimlichen Stars der Gegend.

Sie wiegen fast eine halbe Tonne, sind mit den Elefanten verwandt und eigentlich keine Schönheiten. Aber wenn sie auftauchen, fliegen ihnen die Herzen zu: Manatis. Die sympathischen Seekühe schätzen warmes Wasser und ziehen sich in den Wintermonaten aus dem Golf von Mexiko in die angenehmeren, von warmen Quellen gespeisten Flüsse, wie den Crystal River, zurück. Manatis schwimmen langsam und lassen sich am liebsten treiben. Ausgewachsene Seekühe kommen etwa alle ein bis fünf Minuten an die Wasseroberfläche, um zu atmen. Sie ernähren sich vorwiegend von Seegras, Algen und Blättern von Mangrovenbäumen. Ihr Bestand gilt weltweit als gefährdet. Dort, wo die Tiere auf Schiffsverkehr treffen, sind Kollisionen häufig. Aus diesem Grund wird in Florida an vielen Orten, wo die Dickhäuter anzutreffen sind, Rücksicht auf sie genommen. Der Unterlauf des Crystal Rivers gehört zu den 22 floridianischen Schutzzonen dieser Pflanzenfresser. Dabei gelten drei Stufen, die beschildert sind: *Idle Speed Manatee Area* – vom 1. Oktober bis 31. März darf hier nur im Schritttempo und mit gedrosseltem Motor gefahren werden. *Slow Speed Manatee*

Area – ebenfalls vom 1. Oktober bis 31. März muss man sehr langsam fahren. *Manatee Sanctuary* – hier sind Bootsfahrten, Schwimmen und Tauchen untersagt.

Freundliche Giganten

Eine günstige Zeit für die Fotojagd auf Manatis ist am Crystal River der frühe Morgen. Oft sieht man Muttertiere mit ihren Kälbern dort im kristallklaren Wasser. Entlang der Maine Street von Crystal River findet man etliche Hinweisschilder für Touren auf dem Fluss und Tauch-Shops, die Exkursionen zu den *gentle giants* anbieten. Von dreistündigen Schnorcheltouren bis zu individuellen Ausflügen mit und ohne Guide reicht das Angebot. Wer einfach nur mit den Manatis schwimmen möchte, kann dies hier ebenfalls tun.

Nördlich des Ortes liegt die Crystal River State Archaeological Site, wo man »Indian Mounds« besichtigen kann. Zwischen 200 vor und 1400 nach Christus lebten hier Indianer, die einen 70 Meter hohen Tempelhügel hinterließen. Von der Anhöhe hat man einen herrlichen Blick über Landschaft und Fluss. Im Visitor Center kann man indianische Artefakte besichtigen.

Eine halbe Stunde südlich von Crystal River erreicht man den Homosassa Springs Wildlife State Park. Rund 180000 Liter kristallklares Wasser pro Minute schießen hier aus 14 Meter Tiefe empor und in den Homosassa River, der in den Golf von Mexiko mündet. Der Park verfügt über zwei Eingänge, der Haupteingang an der U.S. 19 ist meist überlaufen, besser den ruhigen West Entrance am Fishbowl Drive nehmen. Von hier aus gelangt man auch schneller zu den Attraktionen. Erster Anlaufpunkt ist ein großes Bassin, in dem zahlreiche Manatis überwintern.

Infos und Adressen

SEHENSWÜRDIGKEITEN

Crystal River Preserve State Park. Von 8 Uhr bis Sonnenuntergang, 3266 North Sailboat Ave., Crystal River, FL 34428, Tel. 352 563 0450, www.floridastateparks.org/crystalriverpreserve

ESSEN UND TRINKEN

Neon Leon's Zydeco Steakhouse. Das Essen ist so scharf gewürzt wie gut. Livemusik an vielen Abenden – der ehemalige Besitzer Leon Wilkeson war schließlich Bassist der Rockband Lynyrd Skynyrd. 10350 West Yulee Drive, Homosassa, FL 34448, Tel. 352 621 3663, www.neonleonszydecosteakhouse.com

ÜBERNACHTEN

Homosassa River Resort. Ein idyllisches Stück Old Florida direkt am Fluss mit viel Atmosphäre. 5297 South Cherokee Way, Homosassa, FL 34448, Tel. 352 628 2474, www.riversideresorts.com

AKTIVITÄTEN

Manatee Tour and Dive. Manati-Touren, Tauchgänge, Boots- und Kanuverleih. 267 Northwest 3rd St., Crystal River, FL 34428, Tel. 352 795 1333, www.manateetouranddive.com

Urig: das »Homosassa River Resort«

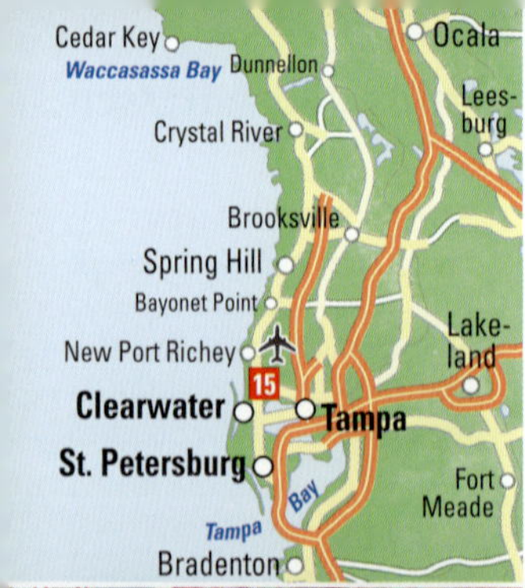

Oben: Am Anfang war der Schwamm, und der wird nach wie vor in zahlreichen Shops und Souvenirläden angeboten.
Unten: Fischerboote im malerischen Hafen von Tarpon Springs

15 Tarpon Springs, Dunedin, Clearwater

Schwammige Welthauptstadt

Der Ort mit dem höchsten Anteil an Griechen in den gesamten USA. Eine Nachbarstadt mit schottischem Namen und jährlichen *Highland Games*, bei denen die Einwohner in Schottenröcken ihre Herkunft feiern. Und eine Stadt, in der die Scientologen ihr Hauptquartier aufgeschlagen haben – und die Einwohner lieber zum Strand gehen als zu protestieren. Die Treasure Coast ist fürwahr ein facettenreicher Landstrich.

Bei Zeus, hier ist ja alles griechisch! Diesen Eindruck hat man zumindest, wenn man in den kleinen Ort Tarpon Springs kommt. Denn rund die Hälfte der 24 000 Einwohner hat griechische Wurzeln und bezeichnet sich selbst als Griechen. Im Schatten sitzen alte Männer, trinken ihren aufgebrühten Kaffee und spielen Karten. Die Häuserfassaden an der Promenade leuchten weiß und hellblau, kantige Schriftzeichen prangen über den diversen Souvenir-Shops, die neben Schwämmen auch Nachbildungen der Akropolis aus Plastik verkaufen. Im Hafen lockt die »Hellas Bakery« mit allerlei Süßspeisen – zum Beispiel dem überirdisch köstlichen Baklava. Und schließlich der Mittelpunkt allen griechischen Lebens: die orthodoxe Kirche.

Als in den 1890er-Jahren hier vor der Küste Naturschwammbänke entdeckt wurden, brachte ein Händler aus New York 500 Männer aus Griechenland in die Stadt nach Florida. Sie sollten für ihn nach Schwämmen tauchen. Es hieß, sie arbeiteten sorgloser und schneller als Einheimische. Und sie trauten sich auch in tiefe Gewässer, wo die Schwämme besser und die Gefahren größer sind. So wurde Tarpon Springs Anfang des 20. Jahrhunderts zur Welthauptstadt der Schwammfischerei. Jeder zweite Naturschwamm, den man in Europa kaufen konnte, kam aus dem kleinen Ort in Florida. Die Käufer eröffneten 1907 eine Schwammbörse, zweimal wöchentlich fand eine Auktion statt. Nachdem in den 30er- und 40er-Jahren die Schwämme von Krankheiten befallen wurden, brach die Industrie zusammen. Doch in den 80ern wurden neue Schwammkolonien entdeckt, und Tarpon Springs gelangte wieder zu Bedeutung am internationalen Markt für Naturschwämme.

Am Dodecanese Boulevard liegt das Tarpon Springs Aquarium, wo man Haibabys und Rochen besichtigen – und streicheln – kann. Außerdem findet man dort das Spongeorama, ein »Kitschtheater« mit Museum.

Ruheplatz mit Poststempel

Weiter südlich liegt das 1870 gegründete Dunedin. Zu seinem Namen kam der Ort, als zwei schottische Kaufleute eine Gemischtwarenhandlung eröffneten und bei der Regierung um die Lizenz für ein Postamt baten – in der Hoffnung auf zusätzliche Kunden. Der Antrag wurde genehmigt, die Siedlung daraufhin Dunedin (gälisch: »Ruheplatz«) genannt. Eine Welle von schottischen Siedlern folgte. Heute feiert der Ort sein geschichtliches Erbe alljährlich mit den *Highland Games*. Dunedin besitzt einen schönen Strand und zwei einzigartige Inseln: Honeymoon Island und Caladesi Island.

Bei Clearwater, weiter im Süden, erstreckt sich einer der feinsandigsten Strände Floridas. Wer will, kann mit der *Sea Screamer*, dem größten Speedboat der Welt, eine Rundfahrt entlang der Küste

AUTORENTIPP!

PERLEN AN DER SCHATZKÜSTE
Honeymoon Island und Caladesi Island sind wahre Perlen vor der Treasure Coast. Erstere ist als State Park geschützt, nahezu unbebaut und mit dem Festland über den Dunedin Causeway (Hwy. 586) verbunden. Ein wahres Naturparadies mit Stränden und Picknickplätzen (tgl. 8 Uhr bis Sonnenuntergang). Auf Caladesi Island – ebenfalls Naturschutzgebiet, unberührt und grün – lockt ein langer, feiner Sandstrand. Ein 4,5 Kilometer langer Pfad durchzieht die Insel, von hier aus sieht man braune Pelikane, Weißreiher und Alligatoren. Die Insel ist mit dem Boot oder mit der Fähre von Honeymoon Island zu erreichen.

Caladesi Island State Park.
1 Causeway Blvd., Dunedin, FL 34698, Tel. 727 469 5918, www.floridastateparks.org/caladesiisland
Honeymoon Island State Park.
1 Causeway Blvd., Dunedin, FL 34698, Tel. 727 469 5942, www.floridastateparks.org/honeymoonisland

Griechisch-orthodoxe Ikone im Schaufenster eines Buchladens

Oben: Unübersehbar ist dieser originelle Dreimaster, der mit Touristen an Bord vor Clearwater Beach kreuzt.
Unten: Tolle Lage mit Blick auf den Golf von Mexiko: Frenchy's Rockaway Grill.

von Clearwater Beach unternehmen. Im ersten Abschnitt der Fahrt geht es in beschaulichem Tempo entlang der Küste von Clearwater Beach mit seinen Villen, danach fährt das Schiff hinaus aufs offene Meer zum Delfine-Beobachten. Und zurück in den Hafen brettert die *Sea Screamer* dann mit Höchstgeschwindigkeit.

Weniger rasant, aber dafür künstlerisch wertvoller, geht es am Strand zu, vor allem am eindrucksvollen Pier 60, wo zum Sonnenuntergang zahlreiche Maler und Artisten ihr Können präsentieren. Eine weitere Sehenswürdigkeit in Clearwater ist das Clearwater Marine Aquarium, ein eher zweifelhaftes Highlight hingegen die Hauptkirche der Scientology-Sekte. Zur Einweihung des monolithischen Klotzes im Stadtzentrum ließen es sich John Travolta und Tom Cruise nicht nehmen, der feierlichen Zeremonie in erster Reihe beizuwohnen. Über 145 Millionen Dollar hat der Bau gekostet, der seither das Machtzentrum der Sekte ist. Die Reaktion der Einheimischen? Man zog es vor, einen schönen Strandtag am Golf von Mexiko zu verbringen. Und die Religionsfanatiker ihr Ding machen zu lassen…

Infos und Adressen

SEHENSWÜRDIGKEITEN

Marine Aquarium. Forschungs- und Rehabilitationszentrum für Meeresbewohner, auch verletzte Tiere werden versorgt. Zwei Wasserbassins, u.a. mit Baby-Meeresschildkröten. Mo–Sa 9–16 Uhr, So 11–16 Uhr, 249 Windward Passage, Clearwater, FL 33767, Tel. 727 447 0980, www.seewinter.com

Spongerorama. Überblick über die Entwicklung der Schwammindustrie. Mit Museum, Theaterkino und Souvenir-Shop. Tgl. 10–17 Uhr, 510 Dodecanese Blvd., Tarpon Springs, FL 34689, Tel. 727 942 3771, www.spongeorama.com

The Dunedin Museum. Eine Original-Bahnhofsstation der »Orange Belt Railroad« von 1889 und Spuren der schottischen Vergangenheit sind hier zu sehen. Di–Sa 10–16 Uhr, 349 Main St., Dunedin, FL 34697, Tel. 727 736 1176, www.dunedinmuseum.org

Unitarian Universalist Church. Ausgestellt ist die größte Sammlung des floridianischen Landschaftsmalers George Inness Jr. (1854–1926). Di 10–14 Uhr oder auf Anfrage, 230 Grand Blvd., Tarpon Springs, FL 34689, Tel. 727 934 6224, www.uutarpon.org

ESSEN UND TRINKEN

Bob Heilman's Beachcomber. Klassische amerikanische Küche mit Meeresfrüchten, Rindfleisch, leckeren Vorspeisen und täglichen Specials. 447 Mandalay Ave., Clearwater, FL 33767, Tel. 727 442 4144, www.heilmansbeachcomber.com

Köstlich, süß und kalorienreich: griechisches Baklava

ÜBERNACHTEN

Innisbrook Resort and Golf Club. Das Resort mit reichem Baumbestand bietet vier Championship-Golfplätze für Fortgeschrittene und Könner sowie eine Golfschule. 36750 U.S. Hwy. 19 North, Palm Harbor, FL 34683, Tel. 727 942 2000, www.innisbrookgolfresort.com

Ein Paradies für Schleckermäulchen: »Candy Kitchen« am Madeira Beach nahe Clearwater

Direkt am Hillsborough River liegt das Stadtzentrum von Tampa mit seinen modernen Hochhäusern.

16 Tampa

Am Anfang war der Tabakqualm

Eine Stadt platzt aus allen Nähten: Der Großraum Tampa zählt nach Jahren explosiven Wachstums inzwischen mehr als 2,7 Millionen Einwohner und ist damit eine der größten Metropolen im Süden der USA. Neben einem breiten Kulturangebot und jeder Menge Industrie und Finanzwirtschaft ist Tampa aber auch ein Ort für Besinnung und Erholung in unberührter Natur.

Die Geschichte Tampas begann mit einer Enttäuschung: Im Jahr 1520 landeten spanische Konquistadoren an jenem Meeresarm, der heute als Tampa Bay bekannt ist. Und mussten ihre Hoffnung, hier Gold zu finden, schnell begraben. Statt auf Edelmetall stießen die Entdecker nur auf primitive Siedlungen der hier heimischen Indianer. Und freundlich empfangen wurden sie auch nicht: Gleich nach Betreten der Gestade bliesen die Indianer zur Attacke, der spanische Anführer befahl daraufhin den Rückzug, die Hausherren hatten die Gegend wieder für sich. In den folgenden Jahrhunderten fristete die Gegend ein eher unscheinbares Dasein, Sümpfe und der sandige Boden waren nicht dazu angetan, Siedler anzulocken. Erst Anfang des 19. Jahrhunderts kam wieder etwas mehr Leben in den verschlafenen Landstrich. 1823 errichteten amerikanische Truppen einige Forts, darunter auch das Fort Brooke auf dem heutigen Stadtgebiet Tampas. Einige der Soldaten ließen sich nach Ablauf ihrer Dienstzeit hier nieder. Nach dem Bürgerkrieg (1861–1865) wurde das Fort geschleift, viele Einwohner starben an einer Gelbfieber-Epidemie, andere zogen fort. Und Tampa fiel wieder zurück in seinen Dornröschenschlaf.

Das änderte sich schlagartig Mitte der 1880er-Jahre, als plötzlich wertvolle Phosphate im Boden gefunden wurden und der Anschluss ans Eisenbahnnetz erfolgte. Die Zugverbindung animierte den ursprünglich aus Spanien stammenden Zigarrenfabrikanten Vicente Martinez-Ybor (1818–1896), seine Produktionsstätten ins damals 5000 Einwohner zählende Tampa zu verlegen. Seine erste Manufaktur hatte er in Havanna gegründet, schon bald darauf folgte ein Ableger in Key West. Der Zugriff auf billige Arbeitskräfte und der Eisenbahnanschluss, mit dessen Hilfe er seine qualmenden Produkte schneller an die Abnehmer im Norden der USA transportieren konnte, veranlassten ihn, sich auch in Tampa mit einer Fabrik niederzulassen. Ein Schritt, dem andere Zigarrenbarone bald folgten.

Kubas Düfte

Die Zigarrenindustrie siedelte sich in jenem Stadtteil Tampas an, der heute nach Vicente Martinez-Ybor benannt ist. Schnell kamen Gastarbeiter aus Kuba, aber auch Italien, Spanien und Deutschland, die in den Manufakturen Arbeit fanden – und mit ihrer jeweiligen Kultur die Stadt prägten. Der kubanische Einfluss erwies sich im Laufe der Zeit als am vitalsten – kubanische Restaurants, eine duftende Kaffeerösterei, Zigarrenläden und lebendige lateinamerikanische Feste bestehen bis heute fort, obwohl die Fabriken längst stillgelegt wurden. In die einstigen Zigarrenfabriken und Arbeiterhäuser sind inzwischen Bars, Restaurants und kleine Geschäfte gezogen. Und haben den Distrikt zu einer der heißesten Ausgehadressen an Floridas Golfküste gemacht. Vor allem am Wochenende strömt die Jeunesse dorée der Stadt nach Ybor City und mischt sich dort mit Besuchern aus aller Welt, um eine Riesenparty zu feiern. Dann ertönt lateinamerikanische Musik aus den Cafés und Bars, der Duft kreolischer und kubanischer Küche wabert in

AUTORENTIPP!

FLORIDA AQUARIUM

Mehr als 5000 Wasserbewohner sind im Florida Aquarium auf drei Stockwerken untergebracht, darunter Krokodile, Muränen, Schildkröten und Haie. Im Bereich »Florida Wetlands« treffen Besucher auf eine naturgetreue Wiedergabe der typischen Sumpflandschaft Floridas – im verkleinerten Maßstab. Neben einer Kalksteinhöhle kann man ausgeschlüpfte Alligatoren und einen Mangrovenwald bestaunen. Höhepunkt des Aquariums ist ein Riff in einem riesigen, fast zwei Millionen Liter fassenden Wassertank mit 30 Zentimeter dicken Außenwänden – ein Naturwunder mit farbenprächtigen Korallen und Tausenden von Fischen. Mitarbeiter des Aquariums tauchen hier täglich in die Fluten und dozieren via Sprechanlage über die Unterwasserwelt.

Florida Aquarium. Tgl. 9.30–17 Uhr, 701 Channelside Drive, Tampa, FL 33602, Tel. 813 273 4000, www.flaquarium.org

Oben: Regen auf menschenleeren Straßen in Ybor City, dem sonst so quirligen Ausgehviertel von Tampa
Unten: Werbefigur der J.C. Newman Cigar Company

der Luft, und Touristen wie Einheimische flirten entlang der Seventh Avenue um die Wette.

In den letzten Jahren boomt auch die Innenstadt von Tampa rund um den Hafen und den Hillsborough River wieder. Das Kreuzfahrtgeschäft erlebte eine neue Blüte, die Reedereien entdeckten Tampa als lohnendes Reiseziel. Schiffe landen an, und ein Trolley-Bus bringt Passagiere auf ihrem Zwischenstopp nach Ybor City und zu anderen Attraktionen. An der Kanalseite ist ein Unterhaltungs- und Restaurantkomplex mit mehreren Hotels, einer Eishockey-Arena und dem Florida Aquarium, einer muschelförmigen Glaskuppel mit mehr als 10 000 Wasserpflanzen und Tieren entstanden.

Beliebte Nacht- und Ausgehviertel von Tampa sind neben Ybor City der Channel District, SoHo und die International Plaza and Bay Street. Sein Glück versuchen kann man im Hotel und Casino »Seminole Hard Rock«.

Das prächtige »Tampa Hotel« beherbergt heute die Verwaltung der Universität Tampa, und das

Rundgang Tampa

A Henry B. Plant Museum – Seit 1974 im ehemaligen »Tampa Bay Hotel«, das einmal zu den prachtvollsten der Welt zählte. 401 West Kennedy Blvd.

B Straz Center for the Performing Arts – Mit seinen fünf Theatersälen ist das Center Schauplatz kultureller Veranstaltungen aller Art, wie Musicals, Broadway-Produktionen und Konzerten. 1010 North MacInnes Pl.

C Tampa Museum of Art – Schwerpunkt ist die Kunst des 20. Jhs. 120 West Gasparilla Pl.

D Tampa Theatre – Das 1925 erbaute Lichtspielhaus gilt als Beispiel klassischer amerikanischer Kinoarchitektur. 711 North Franklin St.

E City Hall – Bei seiner Eröffnung 1915 war Tampas Rathaus mit 50 Metern das höchste Gebäude Floridas. 315 East Kennedy Blvd.

F Tampa Bay History Center – 12 000 Jahre menschliches Leben rund um die Bucht. 801 Old Water St.

G *S.S. American Victory* – Ehemaliges Victory-Schiff des Zweiten Weltkrieges, heute Museumsschiff. 705 Channelside Drive

H José Martí Park – Hier steht eine Statue des kubanischen Freiheitskämpfers José Martí. 1303 East 8th Ave.

I Ritz Ybor – Prächtiges Foyer mit Art-déco-Motiven – früher Hotel, heute angesagter Nachtklub. 1503 East 7th Ave.

J Ybor City State Museum – Museum zur Geschichte des Latino-Viertels. 1818 East 9th Ave.

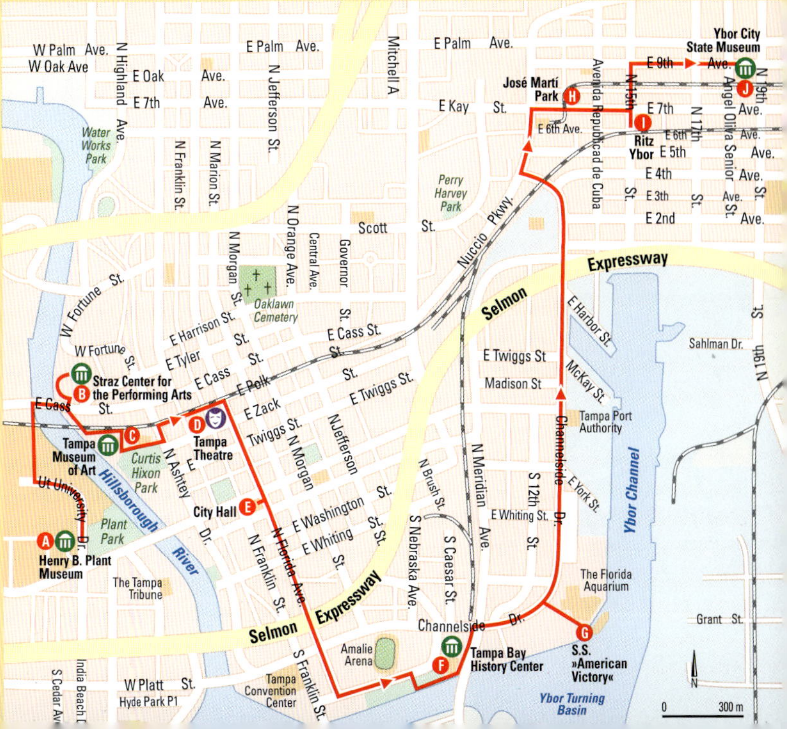

AUTORENTIPP!

RAUCHEN ERLAUBT!
Bei einer Führung durch das ehemalige Zigarrenviertel Ybor City erfährt man, wie der Unternehmer Vicente Martinez Ybor (1818–1896) darauf kam, in den Sümpfen um Tampa eine Zigarren-Manufaktur zu gründen. Schon bald folgten ihm zahlreiche Hersteller aus Kuba. Auf dem Höhepunkt der Produktion wurden hier bis zu zwei Millionen Zigarren täglich von Hand gerollt. Das Handwerk erforderte viel Geschick, dennoch war die Arbeit eintönig und die Arbeitsbedingungen schwierig. Um den Zigarrenwicklern in Ybor City die Langeweile zu vertreiben, lasen Referenten aus Zeitungen und Romanen vor. Das führte dazu, dass die Arbeiter mit der Zeit über eine durchaus solide Allgemeinbildung verfügten, obwohl sie selber meist Analphabeten waren.

Ybor City Historic Walking Tours. Tgl. Touren von der Vicente-Martinez-Ybor-Statue am Centro Ybor an der 7th Ave., Tel. 813 505 6779, www.yborwalkingtours.com

Henry B. Plant Museum »erzählt« mit seiner Einrichtung aus den 1890er-Jahren von der Zeit, als Teddy Roosevelt (1858–1919) und seine »Rough Riders«, das legendäre 1. US-Freiwilligen-Kavallerieregiment des Spanisch-Amerikanischen Krieges, sich hier eingenistet hatten. Das Tampa Theatre, errichtet 1926 im damals beliebten Mediterranean-Revival-Style und das erste kommerzielle Gebäude der Stadt mit Klimaanlage, steht in reizvollem Kontrast zum ultramodernen Gebäude der darstellenden Künste und dem Kunstmuseum. Der rund sieben Kilometer lange Bayshore Boulevard, von dem die Einheimischen gerne als »längstem ununterbrochenem Bürgersteig der Welt« sprechen, windet sich entlang schöner Bürgerhäuser. In anderen historischen Vierteln wie Hyde Park ist Shopping in edlen Boutiquen und Schlemmen in noblen Restaurants angesagt. Im Norden der Stadt locken der Lowry Park Zoo, das Museum of Science and Industry (MOSI), Adventure Island und der Vergnügungspark Busch Gardens Tampa. Letzterer hat sich rasant entwickelt: Was zunächst als einfache Brauereibesichtigung begann, gehört seit den 1960er-Jahren zu den führenden und meistbesuchten Attraktionen Floridas.

Odyssee durch die Natur

Entlang der Randbezirke Tampas bietet der Hillsborough River die Kulisse für ländliche Alternativen zum Stadtleben. Auf demselben Fluss, der sich durchs Stadtzentrum schlängelt, paddeln Kanufahrer und Kajaker nur ein paar Meilen flussaufwärts durch die Natur. Majestätische Zypressen und stolz daherstaksende Watvögel am Ufer bilden hier einen idyllischen Rahmen. Der Fluss ist Mittelpunkt des Hillsborough River State Park. Hier rauscht das Wasser über raue Kalksteinfelsen, Stromschnellen bieten Kajakern und Kanuten eine für Florida eigentlich untypische Herausforderung. Beim

Im eleganten Bogen führt die fast neun Kilometer lange Sunshine Skyway Bridge über die Tampa Bay.

Bootsverleih im Park kann man die nötige Ausrüstung mieten. Wen es nicht aufs Wasser zieht, kann sich bei einer Tour durch das wieder aufgebaute Fort Foster geschichtsbeflissen die Zeit vertreiben.

Ein Erlebnis mit Herzschlaggarantie ist eine Fahrt entlang der State Road 19 über die Sunshine Skyway Bridge. Seit ihrer Eröffnung im Jahr 1987 überspannt die Brücke auf einer Länge von exakt 5,5 Meilen die Tampa Bay und verbindet St. Petersburg mit Terra Ceia. Einen schöneren Ausblick auf Tampa gibt es von nirgendwo sonst!

Festival der Piraten

Im Veranstaltungskalender Tampas finden sich mehrere jährlich stattfindende Events mit großer Zugkraft für Einheimische und Touristen. Das wichtigste und größte ist das *Gasparilla Pirate Festival*, das seit 1904 jedes Jahr am ersten Sonntag im Februar stattfindet. Es geht zurück auf den spanischen Piraten José Gaspar, der in der Region gelebt haben soll. Ein bisschen Historienspiel, ein bisschen Karneval: Während der Veranstaltung händigt der Bürgermeister dem Freibeuter die Schlüssel zur Stadt aus – Kapitulation und gleichzeitig Startschuss zu einer großen Parade.

AUTORENTIPP!

STACHELROCHEN STREICHELN

Der familienfreundliche Lowry Park hat sich neben exotischen Tieren vor allem auf die Fauna Floridas spezialisiert. Über 2000 Tiere der Region tummeln sich in dem großzügig angelegten Zoo. Neben einem Manati-Hospital werden verwundete Tiere hier im Florida Wildlife Center wieder hochgepäppelt. Auf mehr als 230 000 Quadratmetern bietet der Lowry Park jede Menge Unterhaltung für Kinder und die Gelegenheit, Tiere in artgerecht gestalteten Gehegen zu beobachten. Besonders beliebt bei den lieben Kleinen ist das Streicheln der gefährlich aussehenden Stachelrochen (denen zuvor natürlich der giftige Piekser entfernt wurde). Und zwei Achterbahnen gibt es auch …

Lowry Park Zoo. Tgl. 9.30–17 Uhr, 1101 West Sligh Ave., Tampa, FL 33604, Tel. 813 935 8552, www.lowryparkzoo.com

Infos und Adressen

ESSEN UND TRINKEN

Bern's Steak House. Perfekt abgehangene Steaks, ein überwältigend bestückter Weinkeller und ein Dessert-Raum, in den der Gast nach dem Hauptgericht gebeten wird, um dort zwischen 50 Desserts zu wählen – das alles macht »Bern's Steak House« wirklich zur Nummer eins in Florida. Für Interessierte gibt es Führungen durch Keller und Küche. 1208 South Howard Ave., Tampa, FL 33606, Tel. 813 251 2421, www.bernssteakhouse.com

Columbia Restaurant. Sehr beliebt ist dieses Lokal in Ybor City, ältestes Restaurant in Florida und das größte spanische Restaurant der Welt. Seit 1905 wird hier in mehreren Speisesälen kubanische und spanische Küche serviert. Abends lebt die iberische Geschichte bei temperamentvollen Flamenco-Abenden auf. Das Columbia Restaurant ist stolzer Träger mehrerer Preise und Auszeichnungen, nicht zuletzt für seinen vielfältigen Weinkeller mit über 500 verschiedenen Weinen. Das Familienrestaurant wird heute in der fünften Generation betrieben.
Die Architektur lehnt sich mit Rundbögen, Säulen und Kachelbildern an andalusische Vorbilder an. Schon 1935 gab es hier einen klimatisierten Gastraum, 1937 baute man einen überdachten Innenhof mit lichtdurchlässigem Dach und einem Mosaikbrunnen. Besucher genießen die spanische Atmosphäre, während livrierte Kellner vor allem den »Columbia 1905« servieren – jenen legendären Eisbergsalat mit Oliven, Schinken, Käse und selbstgemachtem Dressing. Dazu wählt man am besten Tapas, Paella oder Fisch- und Fleischgerichte. Die Weine kommen zum Teil vom eigenen Weingut in Argentinien. 2117 East 7th Ave., Tampa, FL 33605, Tel. 813 248 4961, www.columbiarestaurant.com

Empfehlenswert: geführte »Historic Walking Tours«

Olé: Iberische Rhythmen, gepaart mit Grazie

The Refinery. Vor 20 Jahren hatte Restaurantbesitzer Greg Baker eine Vision: feinste, frischeste Zutaten aus ökologischem Anbau oder artgerechter Aufzucht, mit Finesse zubereitet und zu vernünftigen Preisen angeboten – das sollte es sein! Vor zehn Jahren wurde sein Traum wahr – mit The Refinery. Vom Feinsten. 5137 North Florida Ave., Tampa, FL 33603, Tel. 813 237 2000, www.thetamparefinery.com

ÜBERNACHTEN

Hotel Floridan. Den Charme alter Zeiten erleben Gäste dieses im Jahr 1926 erbauten Hotels. Perfektion, Pomp und Plüschigkeit auf insgesamt 19 Stockwerken. 905 North Florida Ave., Tampa, FL 33602, Tel. 813 225 1700, www.floridanpalace.com

Erholung vom anstrengenden Sightseeing am Hotel-Pool des »Tampa Marriott Waterside Hotel & Marina«

Tampa Marriott Waterside Hotel & Marina. In nächster Nahe zu den Attraktionen Tampas und zu Ybor City gelegen, wartet das Haus mit dem verlässlichen Komfort und Service eines Marriott-Hotels auf. 700 South Florida Ave., Tampa, FL 33602, Tel. 813 221 4900, www.marriott.com

The Don Vicente de Ybor Historic Inn. Diese geschichtsträchtige Herberge mit nur 16 Zimmern ist mit schönen alten Möbeln ausgestattet. Großer, eleganter Empfangsraum mit imposantem Treppenaufgang – wie aus der Zeit gefallen! 1915 Avenida Republica de Cuba, Tampa, FL 33605, Tel. 813 241 4545, www.donvicenteinn.com

EINKAUFEN

Big Top Flea Market. Alles, was das Herz des Flohmarkt-Fans begehrt, gibt es hier in unzähligen überdachten Büdchen. Sa, So 9–16.30 Uhr, 9250 East Fowler Ave., Thonotosassa, FL 33592, Tel. 813 986 4004, www.bigtopfleamarket.com

AKTIVITÄTEN

Hillsborough River State Park. Seit 1938 ist dieses Areal bei Zephyrhills als State Park geschützt. Teile des Gebiets sind Sumpfland, trockenere Bereiche eignen sich zum Wandern, Radfahren, Zelten oder Kajaken – der Fluss rauscht hier gelegentlich sogar über kleinere Stromschnellen. Ein Schwimmbecken bietet im Sommer Erfrischung. 8 Uhr bis Sonnenuntergang, 15402 North U.S. Hwy. 301, Thonotosassa, FL, 33592, Tel. 813 987 6771

J. Bayshore Boulevard. Der längste ununterbrochene Bürgersteig der Welt schlängelt sich mit dem Boulevard zwischen prächtigen Häusern hindurch und am westlichen Ufer der Hillsborough Bay entlang. Jedes Jahr Ende Januar/Anfang Februar findet hier seit 1904 das *Gasparilla Pirate Festival* statt, eines der größten Piratenfestivals der USA: mit Invasion, Schiffsparade, Straßenfest, Brunch und tollen Kostümen – ein Mordsspektakel (http://gasparillapiratefest.com).

17 Busch Gardens
Halligalli in Afrika

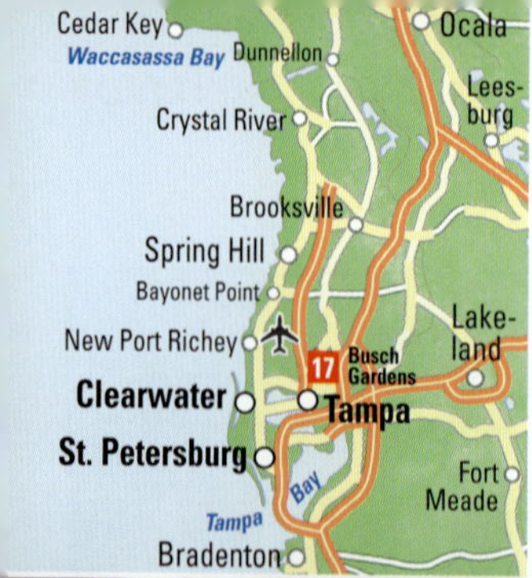

Was 1959 mit einem kleinen tropischen Garten inklusive Vogel-Show neben der konzerneigenen Tampa-Anheuser-Busch-Brauerei begann und in der nachfolgenden Dekade zu einem Tierpark ausgebaut wurde, gehört heute zu den bekanntesten zoologischen Einrichtungen Nordamerikas. Neben einem Bestand von mehr als 2700 Tieren wird seit den 70er-Jahren kontinuierlich in spektakuläre »Thrill Rides« investiert, die mit viel Aufwand in Szene gesetzt sind.

Mitte: Ein Stückchen Orange, und schon ist der Ara glücklich.
Unten: Etwas mehr Futter brauchen hingegen diese Giraffen in Busch Gardens' »Edge of Africa«.

Freibier, rustikales Essen in einem tropischen Park mit verschiedenen Vogelarten, eine Papageien-Show und einige Großtiere aus Afrika – dies war die Mixtur, die die Brauerei Anheuser-Busch mit Busch Gardens servierte. Das Rezept erwies sich als so erfolgreich, dass sich die Anlage in den 60er-Jahren bereits zu einem großen Publikumsmagneten in Florida entwickelte. 1966 wurde Busch Gardens mit der Safari Monorail erweitert, in den 70er-Jahren kamen weitere Attraktionen hinzu. Heute gehören zu dem Brauerei-Imperium noch die SeaWorlds in Orlando, San Diego, San Antonio und Aurora sowie Cypress Gardens in Winter Haven und Busch Gardens Europe in Williamsburg. Die Brauerei auf dem Gelände wurde bereits 1995 geschlossen, an ihrer Stelle steht die ratternde Holzachterbahn Gwazi.

Derzeit verfügt Busch Gardens in Tampa über neun Park- und vier Tierbereiche. Insgesamt gibt es 22 Attraktionen, darunter sechs Achter- und drei Wasserbahnen. Dass die meisten dieser Hochleistungs-Karussells von soliden Schweizer Ingenieuren designt wurden, gibt einem angesichts ihrer fast wahnwitzigen Dimensionen doch irgendwie ein gutes Gefühl ...

Der Park hat sich auch durch die Erhaltung gefährdeter Tierarten einen Namen gemacht, so feierte Busch Gardens Zuchterfolge bei den seltenen schwarzen Nashörnern, zudem lebt hier eine mehrköpfige Koala-Familie. Bei der Aufzucht von Pandabären gibt es eine Kooperation mit dem Zoo in Peking.

Die Themenbereiche

»Crown Colony Plaza« heißt der kleinste Bereich in Busch Gardens, dort gibt es die Skyride Station und die Cheetah-Hunt-Achterbahn. Letztere hat eine maximale Geschwindigkeit von 97 Kilometern pro Stunde. In »Edge of Africa« kann man, nur durch eine Glasscheibe getrennt, mit afrikanischen Tieren auf Tuchfühlung gehen. Tieren ganz nah begegnen und die Geschichte des Dschungels erforschen kann man in »Jungala«. Ein besonderes Erlebnis sind die weißen Tiger, die in der Sonne faulenzen. Der Bereich »Egypt« zeigt Beduinenzelte und ägyptisches Handwerk. »Kongo« wartet mit zwei Highlights auf: die Kumba und die Conco River Rapids. Die Kumba ist eine 44 Meter hohe Stahlachterbahn, die Congo River Rapids ahmt als Wasserattraktion tobende Stromschnellen nach. Im Bereich »Morocco« locken neben Schlangenbeschwörern im Morocco Palace Theatre wechselnde Eisrevuen und Broadway-Shows Gäste an. In der Sektion »Nairobi« gibt es neben Alligatoren und Krokodile auch ein Animal Care Center, in dem Kleintiere aufgepäppelt werden. Die 260 000 Quadratmeter große Serengeti Plain, von 500 Tieren bewohnt, kann bei einer Safari Tour besucht werden. Ein besonderer Nervenkitzel erwartet den Besucher auf »Falcon's Fury« – dort fällt er in einem abgekippten 90-Grad-Winkel 102 Meter tief.

Infos und Adressen

ESSEN UND TRINKEN

Mit dem »All-Day Dining Deal« kann man den ganzen Tag lang in fast allen der Restaurants im Park essen. So im »Zagora Café«, »Crown Colony Café«, »Garden Gate Café«, »Bengal Bistro«, »Zambia Smokehouse« (*Baby Back Ribs* ausgenommen), und »Desert Grill« (ebenfalls ohne *Baby Back Ribs*. Für Erwachsene kostet der All-you-can-eat-Deal 32,99 $, für Kinder (3–9 Jahre) 16,99 $. Ob sich das Geschäft lohnt, hängt vom individuellen Appetit und von der Toleranz für endlose Mengen an Hamburgern, Cheeseburgern und Fajita Wraps ab.

INFORMATION

Busch Gardens Tampa. Tgl. 10–18 Uhr (Shows: »Africa« 11.30 und 15.45 Uhr, »Iceploration« 13, 15 und 17 Uhr, die Kleintier-Show »Opening Night Critters« 13 und 15.45 Uhr, »Motor City Groove« 11.45, 13.45, 15 und 16.30 Uhr), 10165 North McKinley Drive, Tampa, FL 33612, Tel. 888 800 5447, www.seaworldparks.com

Falcon's Fury: Fall aus 102 Meter Höhe!

Mitte: St. Petersburg Beach aus der Vogelperspektive, im Hintergrund die Boca Ciega Bay
Unten: Dem alten Pier und seinem technischen Baustil trauert heute niemand mehr nach.

18 St. Petersburg, Redington Beach und Treasure Island

In alter Frische

Früher galt St. Petersburg als Gegenstück zu Tampa. Eine gemächliche Stadt mit dem Ruf, vornehmlich besser gestellte Rentner zu beherbergen. Als auf den Straßen die berühmten »grünen Bänke« standen: Symbole für Entspannung, Gastfreundschaft und Gehbehinderung. Doch Floridas »Sunshine City« hat ihr Image verändert und zeigt sich genauso frisch, aktiv und lebensfroh wie die ihr vorgelagerten Inseln.

Heute tragen die Gebäude der Innenstadt von St. Petersburg moderne Fassaden, die Restaurants und Cocktailbars bemühen sich um ein jugendlicheres Publikum. Der Altersdurchschnitt der rund 250000 Einwohner liegt mittlerweile bei 38 Jahren. Und damit nur noch zwei Jahre über dem der restlichen USA. Manchmal ist man bei der Verjüngungskur allerdings ein bisschen übers Ziel hinausgeschossen. Im Jahr 2006 etwa, als man das berühmte »Colonial«-Hotel abgerissen hat, ebenso das »Royal Palm«-Hotel. Inzwischen aber hat St. Petersburg entdeckt, wie viel Charme die prächtigen alten Häuser und die Kirchen aus den Anfängen des letzten Jahrhunderts besitzen – das YMCA-Gebäude von 1927 mit dem gekachelten Pool etwa oder das Coliseum, jene Tanzhalle, in der 1985 der Film *Cocoon* gedreht wurde.

Bei The Pier, dieser umgedrehten Pyramide mit dem brachialen Beton-Charme der 70er-Jahre, wird niemand auch nur eine Träne vergießen, wenn jetzt die Abrissbirne anrollt und die Monstrosität durch eine filigranere Anlegestelle ersetzt wird. Drei Entwürfe kamen ins Finale und wurden ausgestellt, damit sich Anwohner zu den Konzepten äußern konnten. Der Wettbewerb um den neuen Pier ist noch einmal ausgeschrieben worden. »The Lens« wurde zu heftig kritisiert, jetzt gibt es noch einmal sieben neue Vorschläge.

Von Russland inspiriert

St. Petersburg trägt den Namen einer der stolzesten Metropolen des alten Kontinents. Der russische Aristokrat, Journalist und Globetrotter Pjotr Alexejewitsch Dementjew war einer der beiden Stadtgründer. Er hatte sich aus dem autokratischen Russland in die freie Neue Welt geflüchtet, in Florida die Orange-Belt-Eisenbahnlinie bis ans Meer geführt und dort mit seinem Partner John Williams 1892 eine Stadt gegründet, die er nach der Kapitale seiner Heimat benannte: St. Petersburg. In der Mitte der Innenstadt befindet sich der nach dem Stadtgründer benannte Williams-Park, mit einer modernen Konzertmuschel und 4000 Sitzplätzen.

Einer der verrücktesten Helden der Stadtgeschichte ist Tony Jannus. Am Neujahrstag 1914 flog der Pilot in spektakulären 23 Minuten von St. Petersburg auf die andere Seite der Bucht nach Tampa, mit dem mutigen Bürgermeister Abe Phiel als erstem Fluggast – Flughöhe 15 Meter. Der 24-jährige Jannus begründete damit die St. Petersburg-Tampa Airboat Line, die erste Verkehrsfluglinie der Welt, die allerdings bereits nach drei Monaten eingestellt wurde, weil der Staat keine Lizenz für den Posttransport erteilte. Jannus flog daraufhin in – ausgerechnet – Russland Militärflugzeuge und stürzte 1916 über dem Schwarzen Meer ab. Eine Nachbildung von Jannus' legendärer Benoist-Maschine im ewigen Landeanflug hängt heute im kleinen, feinen Museum of History. Nur eines der

AUTORENTIPP!

FORT DE SOTO PARK

Fernab jeglicher Hektik lockt der Fort de Soto Park mit Natur pur. Zahlreiche kleine Brücken führen zum Eingangsportal, für fünf Dollar Parkgebühr (Fußgänger und Radfahrer haben freien Eintritt) öffnet sich die miteinander verbundene Inselwelt von Madelaine Key, St. Jean Key, St. Christopher Key, Bonne Fortune Key und der Hauptinsel Mullet Key. Über 300 verschiedene Vogelarten leben hier. Zwischen April und September brüten am Strand Karettschildkröten, vom Fishing Pier aus kann man den Delfinen beim Spielen und den Pelikanen beim Fischen zusehen. Insbesondere wochentags ist der Fort de Soto Park ein Geheimtipp. Wer länger bleiben möchte: Campen ist auf den ausgewiesenen Flächen direkt am Wasser möglich.

Fort De Soto Park. 3500 Pinellas Bayway South, St. Petersburg, FL 33715, Tel. 727 552 1862, www.pinellascounty.org/park/05_ft_desoto.htm

AUTORENTIPP!

TOTAL SURREAL: DALÍ MUSEUM

Salvador Dalí (1904–1989) ist der einzige Künstler, für den es bereits zu Lebzeiten zwei Museen gab, die ausschließlich seinen Werken gewidmet sind. Das erste, das Dalí Museum in St. Petersburg, wurde 1971 von seinem Gönner Albert Reynolds Morse und dessen Frau Eleanor gegründet. Die Sammlung war zuerst in der Nähe ihres Heimatortes in Cleveland, Ohio, untergebracht. 1982 zog das Museum nach St. Petersburg um. Es beherbergt 95 Ölgemälde, einschließlich sechs großformatiger Historiengemälde. Hier hängen frühe Werke wie *Fiesta in Figueras* und späte Monumentalgemälde wie die *Entdeckung Amerikas.* Seit 2011 hat die Sammlung in dem vom Architekten Yann Weymouth entworfenen Gebäude eine neue Heimat gefunden.

Salvador Dalí Museum. Tgl. 10–17.30 Uhr, Do 10–20 Uhr, So 12–17.30 Uhr, 1 Dali Blvd., St. Petersburg, FL 33701, Tel. 727 823 3767, www.thedali.org

zahlreichen Museen der Stadt: Es gibt ein Holocaust-Museum, das Museum of Fine Arts mit Cézannes, Monets, Gauguins. Vor allem aber gibt es das Dalí-Museum, das die größte zusammenhängende Sammlung von Werken Dalís außerhalb von Figueres in Spanien besitzt.

Gleich neben dem Museum of Fine Arts, im Vinoy Basin, liegt die 40 Meter lange Nachbildung des weltberühmten Segelschiffes *Bounty.* Das Original hatte einst der berüchtigte Captain Bligh befehligt, ehe sein Offizier Fletcher Christian eine Meuterei anzettelte. Die *Bounty II* fuhr 1961 von Kanada durch den Panamakanal bis nach Tahiti zu den Dreharbeiten des MGM-Films über die *Meuterei auf der Bounty* mit Marlon Brando als Anstifter.

Weltklasse-Segler

Überhaupt das Wasser: Der St. Petersburg Yacht Club beherbergt im Februar Segeljachten der Weltklasse. Anlass hierfür ist die *Southern Ocean Racing Conference:* Die 370-Meilen-Route führt über Fort Lauderdale an der Ostküste Floridas weiter bis nach Nassau auf den Bahamas. Mehrere Wochen vor dem Langstreckenrennen finden kleine Regatten und natürlich ebenso viele Partys statt.
Das westlich der Metropole vorgelagerte St. Petersburg Beach ist direkt dem Golf von Mexico zugewandt. Von hier aus starten Bootsausflüge zu den Delfinen sowie zum Schnorcheln und Tauchen.
Und das Badevergnügen kann in Kilometern gemessen werden: Der Strand ist elf Kilometer lang. Sein Markenzeichen: feinster Puderzuckersand, der zu 99 Prozent aus purem Quarz besteht und auch im Sommer nicht heiß wird. Ein ideales Revier für Wasserratten, die zwischen Segeln, Motorbootfahren, Wasserski, Windsurfing, Parasailing, Tauchen und Hochseefischen wählen dürfen.

Den Gulf Boulevard entlang – eine durchgehende Straße bis Clearwater Beach – bieten sich alle Unterkunftsarten an: große Ferienhotels, Motels, komfortable Ferienwohnungen. Hier findet man Restaurants, Cafés und Strandbars sowie Entertainment vom Jazz bis zur Show. Eine Ausnahmestellung nimmt das wuchtige Hotel »Don CeSar« ein, dieser pinkfarbene Palast, ein Neuschwanstein aus Marshmallows. Zelda und F. Scott Fitzgerald (*Der große Gatsby)* dinierten hier regelmäßig und Gangsterboss Al Capone hatte im »King-Charles-Restaurant« einen Stammtisch.

Blick aufs Wasser

Weiter nördlich zeigt sich Redington Beach als gelungene Mischung niedriger Wohnblöcke, Resorts, Hotels und Motels und dazu kleiner Läden entlang des Gulf Boulevard. An der Bay haben überwiegend Einfamilienhäuser ihren bevorzugten Platz. Mit ihren Bootsanlegestellen und dem schönen Blick aufs Wasser gehören sie zum Exklusivsten, was Pinellas County zu bieten hat. Redington Shores beherbergt einfache bis elegante Quartiere mit Swimmingpools, nur ein paar Schritte vom

Oben: Am Strand des berühmten »Loews Don CeSar Hotels« wird der Sonnenuntergang sehr romantisch genossen.
Unten: … ein paar Kilometer weiter, am selben Gulf Boulevard, geht es ungleich quirliger zu.

Oben: Gemeinsam wird der Sonnenuntergang am Madeira Beach zelebriert.
Mitte: Leben und leben lassen …
Unten: Nicht zu übersehen – das »Neon Motel« auf Treasure Island

Strand entfernt. Angler kommen zum Fischen an den berühmten Redington Long Pier.

Romantische Sonnenuntergänge am Golf von Mexiko und weiße Strände, von Sanddünen gesäumt, sind das Markenzeichen von Madeira Beach. Das Zentrum der Insel ist John's Pass Village im südlichen Zipfel an der 128th Avenue gelegen: eine Pfahlbausiedlung 40 Meter über dem Meer im Stil eines floridianischen Fischerdorfes um die Jahrhundertwende. Mit Holzhütten, hübschen Boutiquen, kleinen Geschäften und Restaurants mit den leckersten Fischspezialitäten. John's Pass Village ist auch das Zentrum für Angler und Hochseefischer. Hier kann man die hinausfahrenden Trawler beobachten und wie sie abends ihre Fänge anlanden. Ganz in der Nähe von John's Pass Village liegen Ausflugsschiffe, die zu Lunch- oder Dinnerfahrten in den Golf von Mexiko auslaufen. Alljährlich finden hier einige bunte Feste wie das *Seafood Festival* im November statt.

Treasure Island bietet einen der breitesten Sandstrände an der Suncoast. Die Stadt besitzt einige besonders gut erhaltene Zeugnisse des 50er-Jahre-Stils, in manchen Motels findet man sogar noch das Originalmobiliar aus dieser Zeit, Nierentisch inklusive. Einst hatten Piraten hier ihr Versteck; jedes Jahr wird darum das berühmte *Pirate Days Celebration* gefeiert. Mit Bootsparade, Piratenball, Schatzsuche und sogar einer Seeschlacht. Ahoi!

Infos und Adressen

Schwindelfrei und ein exzellenter Schwimmer: Brauner Pelikan bei der Gefiederpflege

SEHENSWÜRDIGKEITEN

Coliseum Ballroom. Dieses berühmte Gebäude mit seinem großen Tanzpalast wurde 1924 eröffnet. Tanz Mi von 20–23 Uhr und Sa von 21–1 Uhr, 535 4th Ave. North, St. Petersburg, FL 33701, Tel. 727 894 1812, www.stpete.org/coliseum

Museum of Fine Arts. Großartige Sammlung französischer Impressionisten. Di–Sa 10–17 Uhr, So 12–17 Uhr, 255 Beach Drive Northeast, St. Petersburg, FL 33701, Tel. 727 896 2667, www.fine-arts.org

St. Petersburg Museum of History. Geschichte der Stadt von der Vorgeschichte bis zur Gegenwart. Mo–Sa 10–17 Uhr, So 13–17 Uhr, 335 2nd Ave. Northeast, St. Petersburg, FL 33701, Tel. 727 894 1052, www.spmoh.com

Suncoast Seabird Sanctuary. Größtes Wildvogel-Hospital in den USA. 18328 Gulf Blvd., Indian Shores, FL 33785, Tel. 727 391 6211, www.seabirdsanctuary.com

ESSEN UND TRINKEN

Hurricane Seafood Restaurant. Frische, unprätentiöse Fischgerichte. 809 Gulf Way, St. Pete Beach, FL 33706, Tel. 727 360 9558, www.thehurricane.com

Paradise Grille. Wäre man noch näher am Golf von Mexiko, man würde sein *Grouper Sandwich* in der Brandung essen. 900 Gulf Way, St. Pete Beach, FL 33706, Tel. 727 367 1495, www.theparadisegrille.com

ÜBERNACHTEN

Loews Don CeSar Hotel. Hier logierten schon Al Capone und F. Scott Fitzgerald. 3400 Gulf Blvd., St. Pete Beach, FL 33706, Tel. 727 360 1881, www.loewshotels.com/doncesar

Postcard Inn on the Beach. Ein wenig Motel-Charme, ein wenig Surfer-Camp. 6300 Gulf Blvd., St. Pete Beach, FL 33706, Tel. 727 367 2711, www.postcardinn.com

Ein Hort von Komfort und Luxus: »Renaissance Vinoy Resort & Golf Club« in St. Petersburg

19 Sarasota, Bradenton und Englewood

Manege frei für große Meister

Vom puderzuckerfeinen, fast weißen Traumstrand auf Siesta Key über die verschwenderischen Naturschönheiten kristallklarer, türkisfarbener Lagunen und wildreicher Parks, die nur noch von einem überquellenden Kunst- und Kulturkaleidoskop aus Museen, Galerien, Oper, Symphonie, Ballett und Theater übertroffen werden – Sarasota ist eines der attraktivsten Ziele im Sunshine State Florida.

Wer heute als Besucher nach Sarasota kommt, kann sich angesichts des urbanen Treibens kaum vorstellen, dass die Geschichte der Stadt nur knapp 100 Jahre zurückreicht. Zwar begann die Besiedlung bereits um 1850, ihren Aufschwung allerdings verdankt sie ihrem wohl berühmtesten Sohn – Zirkuskönig John Ringling (1866–1936), Sohn deutscher Einwanderer. Zusammen mit seinen sechs Brüdern übernahm er 1907 den Konkurrenten Barnum & Bailey und machte Ringling Brothers, Barnum & Bailey zum größten und berühmtesten Unternehmen seiner Art in der Welt.

Zirkuschef und Kunstsammler

Das aufstrebende Sarasota profitierte auf zweierlei Weise: einerseits vom Ruhm und der magischen Anziehungskraft des weltgrößten Zirkus, andererseits vom Zuzug Tausender Zirkusleute. Hinzu kam der Florida-Landboom von 1920, im Zuge dessen alles, was Geld und Namen hatte, ins sonnenwarme Florida zog. Ringling bereiste die Welt, um neue Künstler für seine Manege anzuwerben und gleichzeitig seinem Hobby zu frönen: den euro-

Mitte: Das prächtige Herrenhaus »Ca' d'Zan« gehört heute zum John and Mable Ringling Museum.
Unten: Seward Johnsons Bronzestatue *Unconditional Surrender* im Bayfront Park von Sarasota

päischen Meistern. Rubens, Tizian, Veronese, Hals und Velazquez – der Zirkuschef hatte bald eine umfangreiche Sammlung ersteigert, die er 1931 in dem von ihm selbst entworfenen John and Mable Ringling Museum of Art der Öffentlichkeit vorstellte. Bis heute kann es die Sammlung in dem zartrosa Gebäudeensemble mit den großen Museen in New York oder Washington aufnehmen. Ringling war ein durchaus kundiger Connaisseur – mit dem nötigen Kleingeld für eine derartige Sammlung.

Es galt damals als große Ehre, eine Einladung von John Ringling und seiner Frau Mable in ihre prachtvolle Villa »Ca' d'Zan« (venezianisch: »Johns Haus«) zu erhalten. Wer heute durch die Tür des prächtigen Anwesens mit seinen 41 Zimmern und 15 Bädern geht, kann sich lebhaft vorstellen, wie lachende Paare in den »Roaring Twenties« zum Charleston die Hüften schwingen. Wie die Musik aus den Pfeifen der elektrischen Orgel durch das Haus klingt, wie sich die Automobile der Reichen und Schönen vor der Tür aneinanderreihen.

1948, nach Ringlings Tod, wurde auf dem Areal ein Zirkusmuseum eingerichtet. Obwohl Ringling selbst nie Zirkusutensilien sammelte, wird hier die Welt der Arena mit einer bunten Palette an authentischen Schaustücken lebendig. Einmalig ist das *Howard Bros. Circus Model*, eine 345 Quadratmeter große Miniatur mit acht Zirkuszelten, 152 Zirkuswagen, 1300 Artisten und Arbeitern, über 80 Tieren und einem Zirkuszug mit 59 Waggons. Der Einfluss der Ringlings ging jedoch weit über den Zirkus und die schönen Künste hinaus, denn der Manegenchef war einer der ersten Unternehmer und Visionäre, die das heutige Sarasota als Wirtschafts- und Wohngebiet erschlossen.

Um sich als Besucher einen ersten Überblick zu verschaffen, unternimmt man am besten eine

AUTORENTIPP!

ANNA MARIA ISLAND

Lange galt es als Geheimtipp unter Florida-Kennern. Und so hat sich Anna Maria Island bis heute den Charme vergangener Zeiten bewahrt. Die Insel ist bequem über zwei Brücken erreichbar. Das kleine Bradenton Beach ist die älteste Strandgemeinde, Holmes Beach ist jünger, mit neuen Wohnvierteln, kleinen Hotels und Restaurants direkt am Strand. Anna Maria hält an seinem versteckten Flair fest, sichtbar an alten Strandhäuschen und rustikalen Fischlokalen in einem ursprünglichen Dorfkern. Hier gibt es keine Hotelburgen, das ist per Gesetz geregelt: Kein Gebäude darf höher sein als elf Meter. Auf Anna Maria Island finden Urlauber in kleinen Hotels, Appartementanlagen und privaten Ferienwohnungen Unterkunft. Manche liegen direkt am Strand, andere nur zwei, drei Straßen entfernt. Ansonsten ist die Atmosphäre auf der Insel vor allem eines: heimelig.

Oben: Eines der zahlreichen Zirkusmodelle, das man im Ringling-Museum bewundern kann
Unten: Unterwegs auf dem Intercoastal Waterway bei Casey Key

Tour mit dem Downtown Trolley durch den Kulturbezirk Sarasotas und zu vielen Sehenswürdigkeiten. Da man überall einsteigen und aussteigen kann, lädt zunächst die Main Street mit ihren Galerien, Restaurants und dem an jedem Samstagmorgen stattfindenden Farmers Market zum Spaziergang. Entlang Palm Avenue und Pineapple Avenue locken Antiquitäten- und Trödelläden. Im Towles Court empfängt karibisches Flair den Besucher, und man kann den Künstlern nicht nur bei der Arbeit zusehen, sondern auch gleich Originale kaufen. Entdeckungen kulinarischer Art kann man in der Central Avenue machen, floridianische Leckereien probieren und dabei das bunte Treiben der Künstler-Nachbarschaft genießen.

Pause von der Stadt? Wer Strandnähe sucht, wird sich auf den vorgelagerten Inseln mit ihren unterschiedlichen Charakteren wohlfühlen: das exklusive Longboat Key mit Country Clubs und Golfplätzen; das mondäne Lido Key mit dem eleganten St. Armands Circle und dessen vielen Shops, Boutiquen, Kneipen, Cafés, Bars, Diskotheken und ausgezeichneten Restaurants. Dann das quirlige Siesta Key, berühmt für seinen weißen Puderzucker-

Rundgang in Sarasota

A The John and Mable Ringling Museum of Art – In den von Ringling selbst entworfenen Gebäuden wird hier seit 1931 die Sammlung des kunstsinnigen Zirkuschefs präsentiert. Auf dem Areal befinden sich auch das Zirkusmuseum und Ringlings prachtvolles Privathaus »Ca' d'Zan«. 5401 Bay Shore Rd., tgl. von 10–17 Uhr und donnerstags bis 20 Uhr geöffnet. www.ringling.org

B Asolo Repertory Theatre – In einem umwerfend plüschigen Zuschauerraum erfreut diese Institution seit über 40 Jahren mit anspruchsvollen Theaterproduktionen. Das Interieur stammt aus einem Barocktheater im italienischen Asolo (Provinz Venetien) und wurde hier originalgetreu wieder aufgebaut. 5555 North Tamiami Trail, http://asolorep.org

C Sarasota Classic Car Museum – 100 restaurierte Oldtimer sind hier geparkt und warten auf ihre Bewunderer. Unter den hochglanzpolierten Veteranen befinden sich drei Autos, die von der Ringling-Familie gefahren wurden, aber auch ein Mercedes Benz von John Lennon und ein Mini Cooper von Paul McCartney. 5500 North Tamiami Trail

D Sarasota Jungle Gardens – Seit 1936 begeistern auf vier Hektar tropische Vegetation, Vögel und Reptilien die Besucher. Beim »Meet the Keeper« erhält man einen Blick hinter die Kulissen des Tierparks; dann darf mit dem kundigen Personal gefachsimpelt werden. 3701 Bay Shore Rd.

E Van Wezel Performing Arts Hall – Hier finden Veranstaltungen weltbekannter Künstler, Theater-, Opern- und Ballettaufführungen statt. 777 North Tamiami Trail, www.vanwezel.org

F Marie Selby Botanical Gardens – Rund 20 000 Pflanzen aus aller (tropischen) Welt erfreuen die Sinne. 811 South Palm Ave, www.selby.org

G St. Armands Circle – Mehr als 145 Geschäfte, Boutiquen und Restaurants, die in einem Kreis gebaut sind. Kunstgalerien, Juwelierläden und Kleidergeschäfte kann man hier neben Cafés, Restaurants und Buchhandlungen entdecken. Siesta Key

H Mote Marine Laboratory & Aquarium – Alles über die Geheimnisse der sieben Meere – dazu ein faszinierendes Haifischbecken und ein Rehabilitationszentrum für verletzte Meerestiere. 1600 Ken Thompson Parkway, www.mote.org

AUTORENTIPP!

MOTE MARINE LABORATORY
Das Mote Marine Laboratory & Aquarium hat sich seit seiner Gründung als privates Forschungsinstitut im Jahr 1955 im Laufe der Jahre zu einem weltweit anerkannten Forschungszentrum für maritime Lebensformen entwickelt. Hier werden bedeutende Forschungen an Haien, Seekühen und Meeresschildkröten durchgeführt. Die Einrichtung hat sich parallel dazu zu einem echten Publikumsmagneten entwickelt. Mehr als 200 Arten von Fischen und wirbellosen Tieren sind hier zu sehen. Besonders öffentlichkeitswirksam ist das angeschlossene Rehabilitationszentrum, in dem vor allem verletzte Meeressäuger – Schiffschrauben sind die größten Feinde von Manatis und Delfinen – gepflegt und wieder aufgepäppelt werden.

Mote Marine Laboratory. Tgl. 10–17 Uhr, Eintritt 19,75 $, Kinder 14,75 $, 1600 Ken Thompson Parkway, Sarasota, FL 34236, Tel. 941 388 4441, www.mote.org

sand; das faszinierende Casey Key, mit einer der schönsten Panoramastraßen Floridas; und schließlich das südlich folgende Manasota Key.

Lohnenswert ist ein Abstecher ins Mote Marine Aquarium, wo man Haie, Manatis und die tropische Unterwasserwelt Floridas aus nächster Nähe bestaunen kann. Ein Besuch beim »Pelican Man«, einer Rettungs- und Aufzuchtstation für verletzte Seevögel, ist ein Erlebnis, insbesondere für Kids aller Altersstufen. Die Besichtigung des Sarasota Jungle Gardens mit Reptilien- und Vogel-Shows oder ein Besuch des Freilichtmuseums Historic Spanish Point runden einen tollen Urlaubstag ab. Wer Oper und Ballett liebt, wird in Sarasota bestens bedient. Direkt an der Bucht liegt die Van Wezel Performing Arts Hall, eine Veranstaltungshalle mit hochkarätigen Kultur-Events.

Tennis-Werkstatt

Weiter nördlich bietet Bradenton beste Voraussetzungen für Wasserfreunde und Bootsliebhaber. Der Stolz von Bradenton ist das Village of the Arts in der Stadtmitte, wo Künstler leben, arbeiten und ihre Werke verkaufen. Ein Magnet internationaler Größe ist die IMG Academy (ehemals Nick Bollettieri Academy), wo unter anderem Tennisstars wie Andre Agassi, Boris Becker, Tommy Haas und Maria Sharapova trainierten.

Richtung Süden liegt das Städtchen Venice. Die Architektur dort mutet mediterran an. 1911 an die Eisenbahn angeschlossen, entstand hier schnell die erste Edelherberge: Das »Hotel Venice« hatte über 100 Zimmer mit eigenen Bädern – ein ungeheurer Luxus für damalige Zeiten. Alle Bauten im Ort mussten fortan im Stil der italienischen Renaissance errichtet werden – mit gebrannten Ton-Dachziegeln als Markenzeichen. Das Städt-

Palmenallee im historischen Stadtzentrum von Venice

chen wurde großzügig geplant: breite Alleen und viele Parks mit Bäumen. Venice trägt den Ehrentitel »Haifischzahnhauptstadt der Welt«. Vor allem am Südstrand, dem Casperson Beach, findet man viele dieser Fossilien.

Fisch direkt vom Kutter

Eine Autostunde südlich von Sarasota liegt die Kleinstadt Englewood, die 1896 als Fischerdorf gegründet wurde. Noch heute ist die Fischerei hier ein wichtiger Bestandteil der lokalen Wirtschaft. Auf dem Markt in Placida werden Tagesfänge direkt vom Kutter verkauft. Der Dorfkern um die historische West Dearborn Street lädt zum Bummeln und Flanieren ein. Die Hauptattraktion von Englewood sind die auf den vorgelagerten Inseln gelegenen, 65 Kilometer langen, herrlichen Sandstrände. Die längste Insel ist der Manasota Key, über zwei Brücken bequem zu erreichen. Gleich nebenan liegt das karibisch anmutende Palm Island, auf das es nur mit der Fähre, dem Wassertaxi oder Mietboot geht. Boca Grande schließlich ist die Schickimicki-Insel Südwestfloridas. Nicht selten trifft man hier auf Promis aus Film, Musik oder Politik, die in Shorts und T-Shirt in einem Straßencafé chillen.

AUTORENTIPP!

BOTANISCHER GARTEN MARIE SELBY

Für Freunde der tropischen und subtropischen Flora ist ein Besuch in dem Marie Selby Botanical Gardens ein Pflichttermin. Hier findet man eine Sammlung von mehr als 6000 Orchideen und 3600 Bromelien in allen Farben und Formen. Rund 150 wissenschaftliche Expeditionen zu den Regenwäldern der Welt haben zu einer Kollektion von mehr als 20 000 lebenden Pflanzen beigetragen. Im Dezember zeigt sich der Botanische Garten in Festbeleuchtung. »Lights in Bloom« heißt das tropische Weihnachtsereignis. Ab dem 11. Dezember erstrahlen die Gärten elf Abende lang im Schein Tausender glitzernder Lichter. Darunter Lichtskulpturen von Schmetterlingen, tropischen Vögeln und natürlich von Orchideen.

Marie Selby Botanical Gardens. Tgl. 10–17 Uhr, am 25. Dez. geschl., 811 South Palm Ave., Sarasota, FL 34236, Tel. 941 366 5731, www.selby.org

Infos und Adressen

ESSEN UND TRINKEN

Bijou Café. Kulinarisch ambitioniert mit französisch inspirierter Küche. Probieren Sie als Entrée das *Shrimp Piri Piri*, Mousse von der Entenleber oder Ziegenkäse mit Basilikumkruste! 1287 1st St., Downtown Sarasota, FL 34236, Tel. 941 366 8111, www.bijoucafe.net

Café Epicure. Italienische Trattoria, sehr modern, kleine aber feine Portionen, selbst hergestelltes Eis und Gebäck. 298 North Palm Ave., Sarasota, FL 34236, Tel. 941 366 5648, www.cafeepicuresrq.com

Crab & Fin. Auf der Terrasse sitzen, dem Pianisten lauschen und die vorbeiflanierenden Leute beobachten – Spezialität sind hier die verschiedenen Arten von Austern. 420 St. Armand's Circle, FL 34236, Tel. 941 388 3964, www.crabfinrestaurant.com

Euphemia Haye Restaurant & Haye Loft. Preisgekröntes Restaurant, berühmt für seine göttlichen Nachspeisen. Für den kleinen Appetit gibt es das »Haye Loft«, das aus der Lounge und dem *Dessert Room* besteht. 5540 Gulf of Mexico Drive, Longboat Key, FL 34228, Tel. 941 383 3633, www.euphemiahaye.com

Fins at Sharky's. Die Aussicht ist überwältigend, das Essen lässt von Sushi bis Steak keine Wünsche offen – und bei Livemusik mit Tanz kommt die rechte Urlaubsstimmung auf. 1600 Harbor Drive South, Venice, FL 34285, Tel. 941 488 1456, www.finsatsharkys.com

Lobster Pot. Gemütliches Lokal im New-England-Stil, spezialisiert auf Fisch und Seafood. Besondere Spezialität ist der Maine Lobster. 5157 Ocean Blvd., Sarasota, FL 34242, Tel. 941 349 2323, www.sarasotalobsterpot.com

Ophelia's On The Bay. Romantisches Restaurant mit fantastischem Blick auf die Little Sarasota Bay. Amerikanische Küche, fantasievoll kombiniert mit anderen Weltküchen. Fangfrischer Fisch und regionale Zutaten. 9105 Midnight Pass Rd., Sarasota, FL 34242, Tel. 941 349 2212, www.opheliasonthebay.net

Pelican Alley. Rustikal, gutes Essen – besonders Seafood, mit Blick auf den Intracoastal Waterway und die Albee Road Bridge. 1009 West Albee Rd., Nokomis, FL 34275, Tel. 941 485 1893, www.pelicanalley.com

Auch wer nicht »reif für die Insel« ist, wird sich im »Turtle Beach Resort« wohlfühlen.

Schattige Bäume am Strand laden zur Rast ein.

Roessler's Restaurant. Romantisch dinieren, umgeben von einem schönen Garten mit einem See. Hervorragende Küche, exzellente Weine. Deutschstämmige Eigentümer. 2033 Vamo Way, Sarasota, FL 34238, Tel. 941 966 5688

The Crow's Nest. Hübsche Lage direkt am Intracoastal und dem Roberts Bay Baypass. Auf den Tisch des Hauses kommen leckere Fischspezialitäten, Bouillabaisse, Lobster, aber auch interessante Fleischgerichte. 1968 Tarpon Center Drive, Venice, FL 34285, Tel. 941 484 9551, www.crowsnest-venice.com

ÜBERNACHTEN

Inn at the Beach Resort. Freundlich-legeres, typisches Florida-Hotel am Meer, sehr beliebt. 725 West Venice Ave., Venice, FL 34285, Tel. 941 484 8471, www.innatthebeach.com

The Cypress Inn. Nur einen Spaziergang von Sarasota Downtown entfernt, mit Blick über die Bay, erwartet den Gast in diesem B&B stilvolle Behaglichkeit unter schattigen Eichen, Palmen und Mangobäumen. 621 S Gulfstream Ave., Sarasota, FL 34236, Tel. 941 955 4683, www.cypressbb.com

The Ritz-Carlton Sarasota. Edel und luxuriös – wie von einem Hotel dieser Nobelkategorie nicht anders zu erwarten. Gäste des Hauses kommen in den Genuss der Annehmlichkeiten des nahe gelegenen exklusiven Beach Club von Lido Key. Und Sportfreunde erwartet eine Herausforderung auf dem hauseigenen Golfplatz. 1111 Ritz Carlton Drive, Sarasota, FL 34236, Tel. 941 309 2000, www.ritzcarlton.com/en/Properties/Sarasota

Turtle Beach Resort. Entzückende Cottages mit dem Charme der »guten alten Zeit«, sehr privat, mit allem Komfort und dem richtigen Insel-Feeling. In der Nachbarschaft nisten Schildkröten, die dem Resort seinen Namen gaben. 9049 Midnight Pass Rd., Siesta Key, FL 34242, Tel. 941 349 4554, www.turtlebeachresort.com

AKTIVITÄTEN

Dakin Dairy Farm. Landleben wird Groß und Klein in diesem Familienbetrieb vorgelebt. Bei einer Führung durch eine Molkerei erfahren die Besucher, wo die Milch herkommt. Kinder können frische Landluft schnuppern, kleine Kälbchen und Ferkel streicheln und im Heu spielen. Fertig gepackte Picknickkörbe mit Gutem vom Land warten auf Hungrige. 30771 Betts Rd., Myakka City, FL 34251, Tel. 941 322 2802, www.dakindairyfarms.com

Gediegene Eleganz in John Ringlings »Ca' d'Zan«

Mitte: Muschelsammler am Strand von Gasparilla Island
Unten: Shops an der Sullivan Street im historischen Viertel von Punta Gorda

20 Gasparilla Island, Cabbage Key, Punta Gorda

Eimerweise Muschelwetter

Laut Legende ist Gasparilla Island nach dem spanischen Seeräuber José Gaspar (1756–1821) benannt, der die Insel im 18. Jahrhundert als Versteck nutzte. Doch auch die Nachbarinseln sind reich an Geschichte und Geschichten. Und an herrlichen Stränden und dem warmen Wasser des Golfs von Mexiko. Auf dem Festland ist der kleine Ort Punta Gorda ein idealer Ausgangspunkt für Ausflüge in die benachbarte Inselwelt.

Bei gutem Muschelwetter sind die fünf Strände von Gasparilla Island mit Schalen übersät. Dann decken sich Profis und Amateure mit den Fundstücken ein, und ihre Beute bemisst sich hier nach Eimern. Am südlichen Rand der Insel liegt der Gasparilla Island State Park. Watvögel wie der Fischreiher gehören zu den Bewohnern, ebenso Manatis, Fischadler und die Karettschildkröte. Die Fischbestände vor Gasparilla Island gelten als die reichsten in Florida, vorherrschende Arten sind Rotbarsch, Sea Trout, Snook, Cobia und Tarpon. Die Ranger des Parks veranstalten jeden Mittwoch um 9 Uhr einen Spaziergang und klären über die Geschichte sowie die Fauna und Flora im Park auf.

Sehenswert ist der 1890 an der Südspitze der Insel erbaute Boca-Grande-Leuchtturm, das älteste Gebäude der Insel. Die U.S. Coast Guard betrieb ihn bis 1966, nach umfangreichen Renovierungsarbeiten ist er seit 1983 für die Öffentlichkeit zugänglich. Hier auf Gasparilla Island finden Besucher Antiquitäten- und Souvenirläden, das »Loose Caboose Restaurant« und eine hübsche Eisdiele.

Auf Robinsons Spuren wandeln

Boca Grande, die charmante Hafenstadt aus der Jahrhundertwende, wurde von der steinreichen Industriellenfamilie Du Pont im späten 19. Jahrhundert gegründet. Die verschlafene Stadt zeichnet sich durch kleine Geschäfte, gemütliche Restaurants, idyllische Unterkünfte und bildschöne Strände aus. Weiter südlich bietet die Insel Cayo Costa mit ihrem gleichnamigen State Park Robinson-Feeling. Sie ist nur mit Booten oder Fähren zu erreichen. Urlauber sollten die vielfältige Natur auf den fünf Wanderwegen der Insel erkunden und hierbei die Sanddünen, Pinien- und Eichenwälder und die Mangrovensümpfe auskundschaften. Cabbage Key gleich nebenan – ebenfalls nur per Boot erreichbar – ist ein verstecktes Paradies auf einer rund 40 Hektar großen Insel. Zentrum ist das »Cabbage Key Inn«, das 1938 von der Bühnen- und Krimiautorin Mary Roberts Rinehart (1876–1958) gegründet wurde. Das Besondere: Die Wände und Querbalken des Restaurants sind mit mehr als 70 000 Ein-Dollar-Scheinen beklebt. Diese Tradition stammt von 1941, als ein Fischer seinen letzten Dollar mit seinen Initialen versehen an die Wand klebte, um später damit sein Bier zu bezahlen. Bei einem Blick hinter den Tresen entdeckt man signierte Geldscheine von Julia Roberts, Kevin Costner und den Kennedys.

Auf dem Festland ist der quirlige Ort Punta Gorda Ausgangspunkt für Ausflüge in die Inselwelt. Die historischen Gebäude im Key-West-Stil erstrahlen nach mehreren Hurrikans im letzten Jahrzehnt und anschließender liebevoller Renovierung wieder im alten Glanz, die Villen am Charlotte Harbor erinnern an die Blütezeit der Gründerjahre. Und auch das Fishermen's Village, beliebtes Shopping-Ziel mit hübschen Läden und Boutiquen in einer alten Krabbenfabrik am Wasser, wirkt wie frisch getüncht.

Infos und Adressen

ESSEN UND TRINKEN

The Loose Caboose. Beliebtes Fischrestaurant im historischen Zugdepot. 433 4th St. West, Boca Grande, FL 33291, Tel. 941 964 0440, www.loosecaboose.biz

ÜBERNACHTEN

The Gasparilla Inn & Club. Seit 1913 verwöhnt dieses exklusive Hotel seine Gäste. Mit 18-Loch-Championship-Golfkurs. 500 Palm Ave., Boca Grande, FL 33921, Tel. 941 964 4500, www.the-gasparilla-inn.com

EINKAUFEN

Swiss Connection. Dieser Coffee-Shop offeriert exklusive Schweizer Schokolade. 403 Sullivan St., Punta Gorda, FL 33950, Tel. 941 637 8484, www.swissconnectionsusa.com

AKTIVITÄTEN

Island Bike'n Beach. Hier werden Fahrräder und Golf Carts vermietet, mit denen man die Insel erkunden kann. Auf dem Schotterbett der stillgelegten Eisenbahn wurde ein Radweg (11 km) angelegt, den sich Radler und Golf-Cart-Lenker friedlich teilen. 333 Park Ave., Boca Grande, FL 33921, Tel. 941 964 0711

Leuchtturm an Boca Grandes Südspitze

21 Pine Island, Sanibel Island, Captiva Island

Aus Liebe zur Natur

Mit dem Kajak zwischen Mangroveninseln paddeln, auf dem Jetski über Wellen tanzen oder in einem Boot auf Anglerglück hoffen: Die Gewässer um Pine Island sowie die Schwesterninseln Sanibel Island und Captiva Island bieten Wassersportlern vielfältige und ideale Bedingungen. Und die Eilande gehören zu den exklusivsten und romantischsten Feriendestinationen, die Florida zu bieten hat.

Als weltbestes Tarpon-Angelgebiet ist das Meer hier bekannt – und in der Tat bestechen die geschützten Buchten mit ihren unzähligen kleinen Inseln durch ihren Fischreichtum. Petrijüngern schlägt das Herz in Matlacha höher, diesem hübschen Ort, den man auf dem Weg von Cape Coral nach Pine Island passiert. Wasserfahrzeuge aller Art dümpeln hier an den Stegen – da liegen edle Segeljachten neben bulligen Motorbooten und wendige Kanus neben Pontonkähnen – und warten auf die nächste Exkursion. Hier kann man das passende Gefährt mieten, um die zahlreichen Buchten und Meeresarme zu erkunden. Wer es bequemer mag, der zieht den ganz großen Fang von der *fishingest bridge in the USA* (beste Brücke zum Angeln und Fischen in den USA), die die County Road 78 über das Wasser leitet, an Land. Ganz ohne Wellenschaukeln.

Über die Jahre hat sich Matlacha zu einer Künstlerkolonie mit bunten Galerien, Boutiquen und Fischrestaurants entwickelt. Und sich alter Traditionen erinnert. Die ersten Häuser wurden schließlich schon in den 20er-Jahren gebaut, die Brücke

Mitte: Sanibels Leuchtturm ist das Wahrzeichen der Insel.
Unten: Zartes Kalkgebilde

nach Pine Island 1927 fertiggestellt. Im Jahr 1962 rock'n'rollte Elvis Presley hier hüftschwingend im Film *Ein Sommer in Florida* (Originaltitel: *Follow that Dream*).

An Pine Island am Ende der Country Road 78 sind bis heute die Ströme des Massentourismus vorbei gezogen, zur Freude von Naturliebhabern und Ruhesuchenden. Die Bewohner von Pine Island sind ein besonderer Menschenschlag. Echte Insulaner – und stolz darauf. Allzu forsche *developer*, die hier irgendwann das große Geld witterten und das Eiland mit Appartementkomplexen vollpflastern wollten, bissen sich schnell die Zähne aus. Eigentlich sind alle ganz froh, dass Pine Island mehr Ananas- und Mangoplantagen als Sandstrände hat, so konnte man sich hier hässliche Strip-Malls ersparen. Nur einmal im Jahr, im Sommer, wird es etwas hektischer – wenn auf dem Höhepunkt der Tarpon-Saison Dutzende Sportfischer dem Silver King nachstellen. Dann kann es sogar hier, im Paradies der Ruhe, durchaus rummelig zugehen.

Filigrane Kunstwerke der Natur

Weiter im Süden erreicht man die Insel-Zwillinge Sanibel Island und Captiva Island über drei spektakuläre Brücken, den Sanibel Causeway, von Fort Myers aus. Die Strände Sanibels sind bekannt für ihren Reichtum an Muscheln. Da die Geografie der Insel einen Haken an ihrem südlichen Ende formt, schöpft sie einzigartige und seltene Muscheln, die vom Golf von Mexiko angeschwemmt werden. Besonders nach stürmischen Nächten liegen rote, braune, violette, große und kleine Jakobsmuscheln am Strand. Und dazwischen wahre Kostbarkeiten: gelbe Spinnenschnecken, braun-weiß gesprenkelte Olivenschnecken, weiße Engelsflügel, glänzende Haiaugen, getigerte Kronenschnecken und die seltene Junonia. Die Insulaner benutzen zwei hüb-

AUTORENTIPP!

ERINNERUNGEN AN DIE CALUSA

Mehr über das Leben der Calusa-Indianer, die Ureinwohner Floridas, können Urlauber bei Touren durch das in Pineland gelegene Randell Research Center erfahren. Über 1500 Jahre lang bewohnten die Indianer das 80 Hektar große Areal und hinterließen an der Stelle ihres ehemaligen Dorfes mehrere Begräbnishügel aus Sand sowie zahlreiche rituelle Muschelhügel, von denen einige auch in den benachbarten Wäldern und Zitrushainen zu finden sind. Die Hauptattraktion des Forschungszentrums ist der einen Kilometer lange Lehrpfad »Calusa Heritage Trail«. Auf dem größten Muschelhügel der Region befindet sich ein Aussichtsturm mit herrlichem Blick auf Pine Island.

Randell Research Center. Tgl. von Sonnenaufgang bis -untergang, Spende erbeten, 13810 Waterfront Drive, Pineland, FL 33945, Tel. 239 283 2062, www.flmnh.ufl.edu/rrc

Muschelsammlerin am Bowman Beach auf Sanibel Island

Oben: Mangrovebwälder im J. N. Ding Darling National Wildlife Refuge auf Sanibel Island
Mitte: Die Yellow Ratsnake ernährt sich von Vögeln und Nagern. Sie lebt ebenso im Ding-Darling-Reservat…
Unten: … wie der Waschbär.

sche Begriffe, wenn sie das Verhalten der Strandbesucher beschreiben: »Sanibel Stoop« und »Captiva Crouch«. *Stoop* heißt »gebückte Haltung«, *crouch* »Hockstellung«. Wer einige Prachtexemplare mit nach Hause nehmen will, ohne selbst in aller Herrgottsfrüh an den Strand zu gehen, findet sie in Anne Joffes Lädchen »She Sells Sea Shells« (1157 Periwinkle Way). Hier gibt es alles, was in vielfältigen Formen an den Strand gespült wurde – und was man daraus basteln kann. Und den wissenschaftlichen Hintergrund finden Interessierte im Bailey-Matthews Shell Museum, dem einzigen Museum der Welt, das sich seit seiner Eröffnung 1995 ausschließlich Muscheln widmet.

Licht aus für Krötenbabys

Auch auf Sanibel sind die Einheimischen ein klein wenig rebellischer als die Bewohner auf dem Festland. Als 1963 nach dem Bau der ersten Brücke immer mehr Touristen in ihren Autos anrollten und Spekulanten auftauchten mit Plänen von gigantischen Ferienanlagen in der Tasche, da organisierten sie den Widerstand und erstritten, dass Sanibel Island eigene Stadtrechte zugesprochen wurden.

Und so regiert und verwaltet sich die Insel seit 1974 selbst – unabhängig vom Bezirk Lee County. Strengste Vorschriften wurden erlassen: Billboards und allzu grelle Neonreklamen sind nicht erlaubt, kein Haus darf höher sein als die Palmen, und auf Fast-Food-Ketten sollte auch verzichtet werden. Und mit Rücksicht auf Wildtiere liegt das Tempolimit bei 30 Meilen pro Stunde. Einer der engagiertesten Mitstreiter dieser Bürgerwehr war Francis Bailey (1921–2013), auch »Patriarch von Sanibel« genannt, dessen Familie seit 1899 den ersten Kolonialwarenladen der Insel betreibt. Heute ist »Bailey's General Store« (2477 Periwinkle Way/Ecke Tarpon Bay Rd.) zugleich Sehenswürdigkeit, Treffpunkt der Einheimischen und bestsortierter Laden der Insel.

Höhepunkt der Naturliebe ist auf Sanibel das J.N. Ding Darling National Wildlife Refuge, benannt nach dem Cartoonisten Jay Norwood »Ding« Darling (1876–1962). Er erhielt 1924 und 1943 den Pulitzer-Preis für politische Karikaturen, doch seine wahre Leidenschaft gehörte dem Naturschutz. Fast 300 verschiedene Tierarten leben heute in dem Reservat (1 Wildlife Drive), durch das ein sieben Kilometer langer Rundweg mit zahlreichen Halte- und Aussichtspunkten führt. Bowmans Beach am Südende von Sanibel ist bekannt für die Wanderungen der Caretta caretta, der Loggerhead-Schildkröte, die hier zur Brutzeit ihre Eier im Sand vergräbt. Ihr zuliebe verzichten die Insulaner nachts auf Straßenbeleuchtung und andere künstliche Lichtquellen, die die frischgeschlüpften Krötchen auf ihrem Weg ins Meer verwirren könnten.

Muscheln in meiner Hand

Über den Blind Pass geht es auf die Insel Captiva Island. Sie ist die kleinere Schwester von Sanibel, ebenfalls mit wunderschönen Stränden gesegnet. Schnurgerade zieht sich die Sanibel Captiva Road

AUTORENTIPP!

MUSCHELN IM MUSEUM

Wer später am Strand die vollkommene Junonia-Muschel finden will, sollte zunächst das Bailey-Matthews Shell Museum besuchen, das über Weichtiere und die von ihnen hinterlassenen Exoskelette aufklärt. Zu den frühen Förderern der Einrichtung gehörte der TV-Star Raymond Burr (*Perry Mason*), selbst leidenschaftlicher Sammler. Viele Besucher sind froh, schon im Museum zu erfahren, was sie später am Spülsaum des Meeres erwartet. Das Haus besitzt die größte Muschelsammlung Nordamerikas und hat vor einiger Zeit sein Angebot um ein webbasiertes System erweitert, das Malakologen (Experten für Mollusken, also Weichtiere) nun überall auf der Welt den Zugriff auf die Sammlung ermöglicht.

The Bailey-Matthews Shell Museum. Tgl. 10–17 Uhr, Eintritt 11 $, Kinder 5 $, 3075 Sanibel Captiva Rd., Sanibel, FL 33957, Tel. 239 395 2233, www.shellmuseum.org

mehr als zwei Kilometer an mondänen Grundstückszugängen entlang, an denen die Namen versteckt liegender Villen mit fantasievollen Schildern markiert sind. Die Privatanwesen werden hier noch schicker, die Hecken höher und man sieht nicht wirklich viel vom Reichtum, der sich hinter den Kulissen verbirgt. Anders vom Wasser aus: Per Boot hat man beste Sicht auf die villenartigen und luxuriösen Strandhäuser. Captivas Hauptattraktion ist, dass es keine gibt – stattdessen Muße und Natur. Anne Morrow Lindbergh, die Ehefrau und Kopilotin des bekannten Flugpioniers, verfasste hier 1955 ihre persönliche Sinnsuche *A Gift from the Sea* (*Muscheln in meiner Hand*), der zum Bestseller wurde.

Noch einsamer geht es nur auf dem Inselchen North Captiva zu, das in den 20er-Jahren durch einen Wirbelsturm gebildet wurde, der das damals fast 20 Kilometer lange Captiva Island in zwei ungleich große Teile zerschmetterte und den Redfish Pass schuf. Heute dürfen Motorboote aus Rücksicht auf Meeressäugetiere nur mit Schrittgeschwindigkeit durch die bei Delfinen und Manatis beliebte Meerenge fahren.

Oben: »Bridgewater Inn« in der Künstlerkolonie Matlacha zwischen Pine Island und dem Festland.
Unten: Einsame Strände gibt es genug, Parkplätze hingegen kaum.

Infos und Adressen

»Da sind Sie aber ganz schön auf dem Holzweg« … und der führt direkt zum Strand.

SEHENSWÜRDIGKEITEN

Leoma Lovegrove Gallery. Mit einer Mischung aus Kunst und Popkultur gibt Galeristin Leoma Lovegrove den Ton im Künstlerviertel an. 4637 Pine Island Rd., Matlacha, FL 33993, Tel. 239 283 6453, www.leomalovegrove.com

ESSEN UND TRINKEN

R.C. Otters. Köstliche, auch exotische Gerichte. Wie wär's mit marinierten Kroko-Schwänzen? 11506 Andy Rosse Lane, Captiva, FL 33924, Tel. 239 395 1142, wwww.captivaislandinn.com

The Bubble Room. Ein kunterbuntes Kitschparadies, bekannt für seine Desserts und Kuchen. 15001 Captiva Drive, Captiva, FL 33924, Tel. 239 472 5558, www.bubbleroomrestaurant.com

The Mad Hatter. Gehobene neue, amerikanische Küche direkt am Strand. 6467 Sanibel Captiva Rd., Sanibel, FL 33957, Tel. 239 472 0033, www.madhatterrestaurant.com

Thistle Lodge Restaurant. Neben floridianischen Fischgerichten gibt es Steaks und asiatisch angehauchte Speisen. 2255 West Gulf Drive, Sanibel, FL 33957, Tel. 239 472 9200, www.thistlelodge.com

ÜBERNACHTEN

Bridgewater Inn. Eine Art überdimensionales Hausboot, auf Stelzen gebaut, mit Bootsanlegestellen. 4331 Pine Island Rd., Matlacha, FL 33993, Tel. 239 283 2423, www.bridgewaterinn.com

Casa Ybel Resort. Exklusive Ferienanlage, die das historische Flair des alten Floridas verströmt. 2255 West Gulf Drive, Sanibel, FL 33957, Tel. 239 472 3145, www.casaybelresort.com

Tarpon Lodge. Zurückversetzt ins Jahr 1926, kann man hier »Old-Florida-Charme« erleben. 13771 Waterfront Drive, Pineland, FL 33922, Tel. 239 283 3999, www.tarponlodge.com

Jukebox in »The Bubble Room« auf Captiva Island

Mitte: Reges Strandleben: Fort Myers Beach ist kein Ort, an dem man alleine ist.
Unten: Oldtimer im restaurierten Stadtzentrum von Fort Myers

22 Fort Myers, Fort Myers Beach, Cape Coral

Rummel, Ruhe und ein Genie

Fort Myers liegt an der Mündung des nur 100 Kilometer langen Caloosahatchee Rivers in den Golf von Mexiko. Die Stadt wuchs um das 1841 errichtete Fort Harvie herum, das später nach Colonel Abraham C. Myers benannt wurde, dem Chief Quartermaster von Florida. Heute ist die Stadt mit ihrer Strandgemeinde Fort Myers Beach und Cape Coral im Nordwesten ein Zentrum des Tourismus in Südwestflorida.

Wieso Fort Myers den Spitznamen »City of Palms« bekam, erschließt sich bei einer Fahrt auf dem McGregor Boulevard schnell. Auf einer Strecke von mehreren Kilometern wird die Straße auf beiden Seiten von 2000 imposanten Königspalmen gesäumt. Die Allee wurde im Auftrag des genialen Erfinders Thomas Alva Edison angelegt, der Fort Myers in den 20er-Jahren zu seinem Winterquartier machte. Sein ehemaliges Wohnhaus und Labor sowie die benachbarte Villa des Automobilmagnaten Henry Ford liegen in Flussnähe an dieser Palmenallee und sind die größte Touristenattraktion der Stadt.

In Fort Myers ist man heute stolz auf die historische Innenstadt, die sich in den letzten Jahren von einem zerzausten Entlein zu einem ansehnlichen Schwan gemausert hat. Liebevoll restaurierte Häuser bilden ein vielbesuchtes städtisches Zentrum mit hübschen Boutiquen, Restaurants und Nightclubs. Am besten besichtigt man die Sehenswürdigkeiten mit dem Trolley-Bus, der am Jachthafen startet. Dort ist auch der Ausgangspunkt für die spannenden »Everglades Jungle Cruises«, die den Caloosahatchee River flussaufwärts führen.

Quirliges Beach-Life

Entlang des McGregor Boulevards fährt man südwärts nach Estero Island, besser bekannt als Fort Myers Beach. Der Ort ist für seine entspannte Atmosphäre und seine weißen Strände bekannt. Das Strandleben ist lebhaft, zuweilen rummelig, es gibt zahlreiche Hotelbars, Restaurants und Shops, von denen sich die meisten um den Times Square am nördlichen Ende des Strandes gruppieren und in denen sich Sonnenanbeter, Erholungs- und Vergnügungssuchende tummeln. Wer das quirlige Beach-Life sucht, ist direkt am Pier richtig. Hier kann man mit *WaveRunners* am Strand entlangdüsen oder beim Parasailing das bunte Treiben von oben betrachten. Kontemplative Einsamkeit ist hier nicht im Angebot. Und wenn im Frühjahr pünktlich zum *Spring Break* College-Studenten aus ganz Amerika in den Ort einfallen, geht es hier noch ein bisschen rummeliger zu als ohnehin schon.

Wälder, Sümpfe und Strände

Mehr Ruhe findet man in den benachbarten Naturreservaten, etwa dem Mantanza Pass Wilderness Preserve. Von einem Holzsteg aus gelangt man zu den Eichenwäldchen und Mangroven an der Küste. Der Park ist von Sonnenaufgang bis Sonnenuntergang zugänglich. Gleiches gilt für den Bowditch Point Regional Park im Norden von Fort Myers Beach. Etwas außerhalb liegt der Lovers Key State Park, ein vier Inseln umfassendes Gebiet mit Mangroven und herrlichen Strandabschnitten. Am Eingang werden Fahrräder, Kanus und Kajaks verliehen, mit denen sich der Park erkunden lässt. Weiter östlich, etwa eine halbe Meile vor der Interstate 75, lohnt das Calusa Nature Center. Bretterstege führen in eine subtropische Umgebung mit Zypressensumpf und Kiefernwald und zu einem nachgebauten Dorf der Seminole-Indianer.

AUTORENTIPP!

EDISON & FORD WINTER ESTATES

Das Edison & Ford Winter Estates gehört zu den beliebtesten Sehenswürdigkeiten der Stadt. 1885 erwarb Thomas Alva Edison (1847–1931) das Grundstück am Ufer des Caloosahatchee Rivers und ließ ein Haus mit Labor und botanischem Garten errichten. Ein Jahr später zog sein Freund, der Automagnat Henry Ford (1863–1947), gleich nebenan in sein eigenes Anwesen. Heute zeigt das Museum u.a. das Originalmodell *Tin Lizzy*, das der Autobauer dem Erfinder einst schenkte. Das Labor, in dem Edison viele seiner Experimente durchführte, sieht heute noch genauso aus wie damals. Und im botanischen Tropengarten gibt es über 1000 verschiedene Pflanzen. Unübersehbar: ein riesiger Banyanbaum, ein Geschenk des Industriellen Harvey Firestone.

Edison & Ford Winter Estates. Tgl. 9–17.30 Uhr, 2350 McGregor Blvd., Fort Myers, FL 33901, Tel. 239 334 7419, www.edisonfordwinterestates.org

Oben: Ein Rundflug über Fort Myers Beach offenbart die Schönheit dieses Küstenstrichs.
Unten: Auf einem Wanderweg im Caloosahatchee Regional Park nahe Fort Myers

Wunderland der Wasserstraßen

Nordwestlich von Fort Myers liegt Cape Coral, eine junge Stadt, gerade nach europäischen Maßstäben. Im Jahr 1957 wurde die Gulf American Land Corporation gegründet, die das Brach- und Weideland nördlich des Caloosahatchee River in ein »Wasserstraßen-Wunderland« umwandelte. Insgesamt bietet Cape Coral 640 Kilometer an Wasserstraßen und Kanälen, teils mit Zugang zum Golf von Mexiko. Und unendlich viele Baugrundstücke. Ein Paradies für Bootsfahrer und Häuslebauer.

Der älteste Teil Cape Corals, der Jachtklub im südöstlichen Zipfel, entstand in den 60er-Jahren. Weitere Gebiete folgten, so die Gold Coast im Osten und die Pelican Area im Süden. Heute zählt die Stadt knapp 170000 Einwohner. Übrigens: Mit einem Bevölkerungsanteil von 20 Prozent bilden Bewohner deutscher Abstammung die größte Bevölkerungsgruppe in Cape Coral. Wen wundert es da, dass der German American Social Club seit 1985 jedes Jahr ein bestens besuchtes Oktoberfest mit bayerischer Blasmusik ausrichtet? »O'zapft is«, auch in den Subtropen.

Infos und Adressen

SEHENSWÜRDIGKEITEN

Cape Coral Historical Museum. Hier wird die Geschichte des Ortes dokumentiert. 544 Cultural Park Blvd., Cape Coral, FL 33990, Tel. 239 772 7037, www.capecoralhistoricalmuseum.org

Florida Repertory Theatre. Das 1908 erbaute Theater ist die Heimat eines von Floridas besten Regionalensembles. 2268 Bay St., Fort Myers, FL 33901, Tel. 239 332 4488, www.floridarep.org

Sunsplash Family Waterpark. Paradies für Wasserratten mitten in Cape Coral. 400 Santa Barbara Blvd., Cape Coral, FL 33991, Tel. 239 574 0558, www.sunsplashwaterpark.com

ESSEN UND TRINKEN

Rum Runners Restaurant. Direkt am Wasser offeriert das Lokal Pasta, Fisch und Steaks. 5848 Cape Harbour Drive, Cape Coral, FL 33914, Tel. 239 542 0200, www.rumrunnersrestaurant.com

Veranda Restaurant. Edel und elegant mit schöner Terrasse und einer Küche im südlichen Stil. 2122 2nd St., Fort Myers, FL 33901, Tel. 239 332 2065, www.verandarestaurant.com

ÜBERNACHTEN

DiamondHead Beach Resort & Spa. »Das Beste am Strand« wird hier dem Gast versprochen, das Nächste am Strand ist es auf jeden Fall. 2000 Estero Blvd., Fort Myers Beach, FL 33931, Tel. 239 765 7654, www.diamondheadfl.com

Hotel Indigo. Gepflegtes Boutiquehotel inmitten des River Districts. 1520 Broadway 104, Fort Myers, FL 33901, Tel. 239 337 3446, www.hotelindigo.com

The Westin Cape Coral Resort at Marina Village. Resort mit herrlichem Außenpool und Spa nahe dem Jachthafen. 5951 Silver King Blvd., Cape Coral, FL 33914, Tel. 239 541 5000, www.westincapecoral.com

Die attraktive Meerjungfrau an der Fassade eines Hauses in Fort Myers Beach wirbt für einen Spirituosenladen im Erdgeschoss.

Mitte: Im Lake Shore Park liegt natürlich das eigene Boot am Steg vor der Haustür.
Unten: Die Fifth Avenue im historischen Stadtviertel von Naples geizt nicht mit ihren Reizen.

23 Naples, Bonita Springs
Winterquartier für Schneevögel

Eine Gegend nur für Reiche? Jein. Naples ist nicht nur bei betuchten Amerikanern ein bevorzugtes Refugium. Winterflüchter, sogenannte »Snowbirds«, kommen inzwischen aus vielen Ländern hierher auf der Suche nach Sonne und Wohlfühlklima. Menschen, die es wie Zugvögel zu winterlich-rauen Zeiten in sonnig-warme Gefilde zieht. Und von denen nicht jeder gleich Millionen auf dem Konto hat. Aber viele eben doch.

Naples ist gut für die Nerven. Hier sind Meer und Flair ruhiger, erholsamer, weniger hektisch als etwa in Miami auf der Ostseite Floridas. Und Wolkenkratzer-Skylines gibt es auch nicht. Dafür entspanntes, naturnahes Dasein in einer Gegend, die nicht ohne Grund *Paradise Coast* heißt. Mit schneeweißen Sandstränden, schicken Resorts, Edelrestaurants und unzähligen Einkaufsmöglichkeiten muss

MAL EHRLICH

RED TIDE!

Urlaub! Schönste Zeit des Jahres! Und dann das: tote Fische am Strand, Schleimhautreizungen, Jucken, Husten und Halsschmerzen. Und das alles, weil die Rotalge wieder zugeschlagen hat. Richtiger gesagt: sich im Golf von Mexiko vermehrt. »Red Tide« nennen die Einheimischen das Phänomen, das die Fremdenverkehrsämter dezent verschweigen. Weil's naturlich dem Tourismus schadet. Immerhin: Die Florida Fish and Wildlife Conservation Commission informiert unter myfwc.com/research/redtide/statewide, ob gerade irgendwo die Algenpest droht.

sich Naples nicht hinter Großstädten wie Miami oder Tampa verstecken. Die Stadt hat sich vom einstigen Fischerdorf zum mondänen Ferienort entwickelt, dem die höchste Millionärsdichte der USA zugerechnet wird. Dies erkennt man nicht nur an den prachtvollen Häusern, sondern auch an rund 90 Golfplätzen.

Dabei ist Naples im Vergleich zu anderen Orten in Florida ein echter Spätzünder. 1886 kaufte eine Investorengruppe aus Kentucky Land in der Gegend, um für wohlhabende Geschäftsleute aus dem Norden Winterdomizile zu errichten. Der erste kleine Aufschwung stellte sich ein – und dabei blieb's. Erst mal. 1922 dann erwarb der Millionär Barron Gift Collier (1873–1939), nach dem das County benannt ist, ebenfalls Land, ließ auf eigene Kosten die Fernstraße Tamiami Trail (Tampa-Miami Trail) durch die Everglades bauen und machte die Stadt so erreichbar. 1926 wurde Naples an die Eisenbahn angeschlossen. Langsam begann die Stadt sich zu entwickeln, blieb aber trotzdem bis in die 50er-Jahre ein Fischerdorf und verschlafenes Winterdomizil. 1960 wurde fast die Hälfte aller Gebäude in Naples und Umgebung durch den Hurrikan *Donna* vernichtet. Die Zahlungen der Versicherungen und der Neuaufbau führten endlich zum erhofften Aufschwung.

Holzstege zum Strand

Die mit feinem, weißem Sand bedeckten Strände von Naples haben viel zur Bekanntheit der Stadt beigetragen. Für all diejenigen, die nicht in einem Hotel oder in einer der üppigen Villen direkt am Strand wohnen, finden sich entlang der Küste malerische Holzstege, die über die Dünen zu öffentlichen Stränden führen. Im Stadtzentrum laden zahlreiche Wege zum Flanieren ein, vorbei an interessanter Architektur, trendigen Cafés und

AUTORENTIPP!

NAPLES ZOO AT CARIBBEAN GARDENS

Hier sind Alligatoren, Affen, Florida-Panther, Schlangen, Schildkröten, Tiger, Leoparden und Kängurus die Stars. Täglich werden mehrere Shows mit Reptilien und Fütterungen der Raubtiere angeboten. Der Garten wurde 1919 von dem Botaniker Henry Nehrling gegründet und lag nach seinem Tod 1929 mehr als 20 Jahre lang brach. 1952 ließ der Unternehmer Julius Fleischmann Wege anlegen, Teiche und Seen graben und sorgte für Neuanpflanzungen. 1954 wurde der Zoo als Caribbean Gardens eröffnet. 1969 übernahmen Col. Lawrence and Nancy Jane Tetzlaff das Areal, bekannt durch Dokumentarfilme im Amazonasgebiet. Dank seiner Aufzucht- und Erhaltungsprogramme genießt der Zoo auch international Anerkennung.

Naples Zoo at Caribbean Gardens. Tgl. 9–17 Uhr, 1590 Goodlette-Frank Rd., Naples, FL 34102, Tel. 239 262 5409, www.napleszoo.com

Naples Pier wird vom Abendlicht dramatisch in Szene gesetzt.

Oben: Die Abendsonne taucht Naples berühmte 5th Avenue in warme Farben.
Unten: Snowbirds genießen das elegante Flair der Stadt ebenso wie junge Menschen.
Rechte Seite: Sonnenuntergang am Naples Fishing Pier

hübschen Boutiquen. Überall im Stadtkern gibt es historische Gebäude mit lauschigen Innenhöfen, Skulpturen und plätschernden Brunnen. Immer in der Nähe liegt der Strand, sei es für eine belebende Joggingrunde oder einen romantischen Abendspaziergang. Neben den schönen Stränden garantieren Ausflugsangebote mit dem Boot, zum Beispiel zur Delfinbeobachtung, Spaß für alle Altersstufen. Geführte Touren zu Land oder zu Wasser sind weitere Möglichkeiten, die Umgebung zu entdecken. Wenn es etwas mehr Action sein soll, bietet sich ein Abstecher zum Sun-N-Fun Lagoon Water Park mit seinen riesigen Wasserrutschen im North Collier Regional Park an. Nicht ins, sondern aufs Wasser geht es bei den *airboat rides* in den nahe gelegenen Everglades.

Third Street South ist das angesagte Einkaufs- und Restaurantviertel, fast schon eine Stadt in der Stadt mit mehr als 100 verschiedenen Läden, Galerien, Cafés und zudem noch in Laufweite vom Strand. Die Gallery Row, eine Reihe ambitionierter Kunstgalerien, ist ebenfalls ein Bestandteil dieses Viertels, das sogar über einen eigenen Concierge verfügt, der bei allen Fragen gern weiterhilft.

Rundgang Naples

A **Naples Zoo at Caribbean Gardens** – Löwen, Kängurus, Affen und Bären in tropisch angelegter Landschaft. 1590 Goodlette-Frank Rd.

B **Conservancy of Southwest Florida** – 1964 gegründet, hat sich die Gesellschaft dem Umweltschutz verschrieben. Hübsches Museum, Bootsfahrten auf dem Gordon River. 1450 Smith Preserve Way

C **Lowdermilk Beach** – Outdoor-Spaß mit Picknicktischen, Pavillons und herrlichem, weißem Sand. 1301 Gulf Shore Blvd. North

D **5th Avenue South** – Die elegante Flaniermeile lockt mit zahlreichen Bars, Cafés, Restaurants und viel »Sehen und Gesehenwerden«.

E **Third Street South** – Eleganter Shoppingbezirk mit Galerien, Restaurants, Cafés, Boutiquen und Bars.

F **Naples Fishing Pier** – »Petri Heil« an allen Tagen der Woche und fantastische Sonnenuntergänge in der ersten Reihe. 12th Ave., Gulf Shore Blvd.

G **Naples Historical Society's Historic Palm Cottage** – Das älteste Haus Naples', gebaut 1895, ist heute ein Museum. 137 12th Ave. South

H **Collier County Museum** – Das Museum liefert ein lebendiges Bild von der Geschichte Südwest-Floridas. 3331 Tamiami Trail East

I **Naples Botanical Garden** – Blütenzauber in sechs verschiedenen Landschaften: Children's Garden, Brazilian Garden, Caribbean Garden, The Preserve, Florida Garden und Asian Garden. 4820 Bayshore Drive

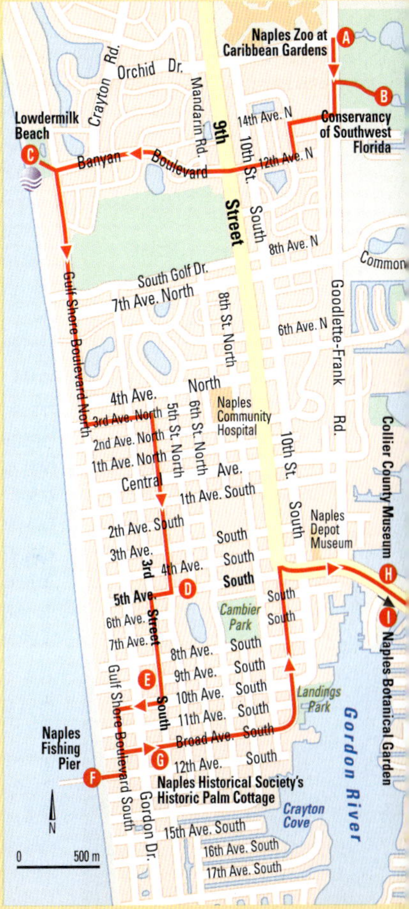

AUTORENTIPP!

EINPUTTEN WIE »THE SHARK«
Im Großraum Naples zählt man fast 90 private Golfplätze und eine immer größer werdende Anzahl öffentlicher Plätze. Viele Resorts haben eigene Courses oder kooperieren mit nicht-öffentlichen Golfclubs. Will man als begeisterter Golfer eine Startzeit auf den Premium-Plätzen bekommen, quartiert man sich am besten in einem Hotel mit angeschlossenem Golfplatz ein: etwa im »Ritz-Carlton Golf Resort«. Sein »Tiburon Golf Club« besteht aus dem Gold Course und dem Black Course. Gestaltet wurden beide Plätze von »The Shark« Greg Norman. Vorbild bei der Konstruktion waren die britischen Linkskurse. Wer auf dem Black Course bestehen will, muss strategisch spielen. Das Gelände ist naturbelassen, Wasserhindernisse und enge Fairways sorgen für einzigartige Erlebnisse.

Tiburon Golf Club. 2620 Tiburon Drive, Naples, FL 34109, Tel. 239 594 2040, www.tiburongcnaples.com

Wenige Straßen entfernt hat die 5th Avenue South eine Wiederauferstehung erfahren. Nun fußgängerfreundlich und Tag und Nacht belebt, finden sich in Downtown Naples' offizieller Hauptstraße Galerien, Mode- und Designerläden, das Sugden Theater, Hotels, Restaurants und Bars. Nur ein paar Schritte entfernt liegt das historische Viertel Tin City. Gelegen an der Strandpromenade am Hafen, sind in dem bunten Ort mit den typischen Blechdächern vor allem Souvenirs mit den Schwerpunkten Natur und Seefahrt zu finden, neben Fischrestaurants direkt am Wasser, wo es eher zwanglos zugeht. Gegenüber liegt Naples' neuestes Shopping- und Unterhaltungszentrum, das Bayfront Plaza – mit Blick auf den Gordon River. Weiter im Norden ist das Baker Museum of Art Heimat von 15 Galerien mit festen und wechselnden Ausstellungen. Während der Wintersaison erfreut das benachbarte Philharmonic Center for the Arts Gäste und Einheimische mit dem Besten, was Musik, Theater und Tanz zu bieten haben. Zahlreiche Museen präsentieren die Geschichte der Calusa-Indianer und der ersten Pioniere des Südwestens.

Hitparade der Strände

Die kleine Gemeinde Bonita Springs, die sich im letzten Jahrzehnt rasant entwickelt hat, schließt sich im Norden von Naples an. Sie bietet smaragdgrünes Meer und jede Menge Erholungsmöglichkeiten am Wasser. Kanus, Jetski oder Katamarane sind überall auszuleihen, anschließend kann man sich in einem der vielen Restaurants mit Meeresfrüchtespezialitäten verwöhnen lassen. Der hiesige Barefoot Beach schaffte es auf der jüngsten Bestenliste von »Dr. Beach«, dem Geologen Stephen Leatherman, der jedes Jahr die besten Strände der USA kürt, zuletzt sogar auf den zweiten Platz – knapp hinter dem hawaiianischen Sieger.

Infos und Adressen

ESSEN UND TRINKEN

Campiello. Sehen und gesehen werden – hier ist das Ambiente fast wichtiger als die italienisch inspirierten Speisen. Dass diese allerdings vorzüglich sind – umso besser! 1177 3rd St. South, Naples, FL 34102, Tel. 239 435 1166, www.campiello.damico.com

Sea Salt. Elegante Cuisine, anspruchsvolle Speisekarte. Und den Blick auf das bunte Treiben auf der Third Street South gibt's gratis dazu. 1186 3rd St. South, Naples, FL 34102, Tel. 239 434 7258, www.seasaltnaples.com

USS Nemo. Eines der besten Fischrestaurants in Naples – und das will in dieser Stadt, die kulinarisch in den letzten Jahren mächtig zugelegt hat, einiges heißen. 3745 Tamiami Trail North, Naples, FL 34103, Tel. 239 261 6366, www.ussnemo.com

ÜBERNACHTEN

Bellasera. Schöne Anlage im italienischen Stil im Zentrum von Naples, rund 1 km vom Strand entfernt. 221 9th St. South, Naples, FL 34102, Tel. 239 649 7333, www.bellaseranaples.com

Steinernes Teufelchen an einem Brunnen im Stadtzentrum von Naples.

La Playa Beach Resort. Direkt am Strand von Naples, besticht durch seine elegante Atmosphäre mit maritimem Touch. 9891 Gulf Shore Drive, Naples, FL 34108, Tel. 239 597 3123, www.laplayaresort.com

The Inn on Fifth and Club Level Suites. Schönes Boutique-Hotel direkt an Naples berühmter 5th Avenue – das Leben pulsiert direkt vor der Tür. 699 5th Ave. South, Naples, FL 34102, Tel. 239 403 8777, www.innonfifth.com

The Ritz-Carlton. Strandhotel der Spitzenklasse. Mehr Luxus und edles Ambiente geht kaum. 280 Vanderbilt Beach Rd., Naples, FL 34108, Tel. 239 598 3300, www.ritzcarlton.com

Auch in Naples geht's schlichter: Telefonkabine vor »Checker's Fast Food Restaurant«

24 Marco Island

Kein Platz für Tanker

Marco Island ist gerade einmal 60 Quadratkilometer groß und doch die größte der Ten Thousand Islands im südwestlichen Florida. Der Golfküste vorgelagert und durch zwei Brücken mit dem Festland verbunden, bietet die Insel einen Mix aus karibischem und venezianischem Flair. Viele Amerikaner, aber auch immer mehr Europäer, haben Marco Island zu ihrem Winterdomizil auserkoren.

Mitte: Marco Island ist für seine schneeweißen Sandstrände bekannt.
Unten: Warten auf den Wind und den nächsten Segeltörn

Bekannt ist Marco Island für seinen weitbuchtigen Strand und elegante Resorts. Und für seine Hochseeangel-Charterboot-Flotte, die ihren Ruf während der wilden Zeit der Pionierbesiedlung begründete. Das hat seine guten (Fisch-)Gründe: Die Insel liegt im Zentrum eines der besten Fanggebiete der Welt. Dort, wo der Golf von Mexiko auf den Atlantik trifft, findet man unzählige Fischarten. Von dem Angebot an Meerestieren profitierten schon Bewohner früherer Zeiten. Jüngste Nachforschungen zeigen, dass Marco Island bereits vor 3000 Jahren von den Calusa-Indianern besiedelt wurde. Zahlreiche Funde geben Einblick in das Leben der Jäger und Fischer, die Insel gehört noch heute zu den bedeutendsten Ausgrabungsstätten Nordamerikas. Im 16. Jahrhundert nannte sie der spanische Eroberer Ponce de León La Isla de San Marco, als er sie auf der Suche nach dem Jungbrunnen entdeckte. Den er übrigens auch hier nicht fand.

1870 kamen die ersten Siedler von Tennessee. Muscheln wurden jetzt kommerziell verarbeitet und Ananas angebaut. Dann schien sich alles zu ändern: Der Millionär Barron Gift Collier (1873–

1939) aus Memphis, lange Zeit größter Großgrundbesitzer in Florida, erwarb 1922 den Hauptteil der Insel, um hier einen neuen Ölhafen anzulegen. Wirtschaftlich vorausschauend, denn Experten rechneten in der Gegend mit großen Erdölvorkommen. Doch es blieb bei den Plänen, der Hafen wurde nicht gebaut.

Perlweiße Strände

Statt Öltankern und Kaimauern also perlweiße Strände, an denen sich die Villen der Schönen und Reichen sowie erstklassige Baderesorts reihen. Die Auswahl an Unterkünften ist groß, von luxuriösen Strandhotels bis hin zu kleinen, familiären Inns und Motels. Ein wenig versteckt, aber einen Besuch wert, ist das Viertel Olde Marco. Hier kommt tatsächlich Karibikflair auf, die Häuschen unter den Palmen sind knallbunt bemalt. Kleine Souvenir-Shops und charmante Cafés laden zum Verweilen ein.

Am östlichen Ende der Insel, im Örtchen Goodland, scheint die Zeit stehen geblieben zu sein. Der Ort, der sich rühmt, dass hier Hunde und Katzen ihr Mittagsschläfchen auf der Straße halten können, wird an den Wochenenden quicklebendig. Dann gibt es Livemusik allerorten, und Besucher stürmen die lässigen, manchmal auch etwas verrückten Fischlokale.

An Aktivitäten mangelt es auf dem Rest der Insel auch wochentags nicht. Zahlreiche Kunstgalerien, Museen und Shopping-Möglichkeiten sorgen für Abwechslung. Das wahre Highlight aber ist der Wassersport – egal ob Stand Up Paddling, Kajak, Parasailing oder Jetski. Eine reizvolle Bootstour führt mitten in die Ten Thousand Islands. Fernab jeglicher Zivilisation erlebt man hier die Abgeschiedenheit dieser Inselgruppe mit ihren unzähligen Mangroveninselchen.

Infos und Adressen

ESSEN UND TRINKEN

Marek's Collier House Restaurant. Mehrfach ausgezeichnete Küche in historischem Ambiente. 1121 Bald Eagle Drive, Marco Island, FL 34145, Tel. 239 642 9948, www.mareksmarcoisland.com

Old Marco Lodge Crab House. Gäste werden mit fangfrischen Meeresfrüchten und einem herrlichen Blick auf Marco River und Goodland Bay verwöhnt. 401 Papaya St., Marco Island, FL 34145, Tel. 239 642 7227, www.oldmarcolodge.com

ÜBERNACHTEN

Marco Island Marriott Resort. Direkt am Strand, mit hauseigenem Golfplatz, Restaurants und Shops. 400 South Collier Blvd., Marco Island, FL 34145, Tel. 239 394 2511, www.marcoislandmarriott.com

AKTIVITÄTEN

Everglades Area Tours. Foto-Touren, 10 000-Islands-Exkursionen, Camping-Trips und Angelfahrten für Kinder. Goodland Boating Park, 740 Palm Point Drive, Goodland, FL 34140, Tel. 239 695 3633, www.evergladesareatours.com

Hochseeangeln in den besten Fanggebieten der Welt

DIESEL
DIESEL
CALL AGAIN

DIE ATLANTIK-KÜSTE

Vorangehende Doppelseite: Historische Segelschiffe in St. Augustine
Mitte: Blick auf den St. Johns River, die Main Street Bridge und Downtown Jacksonville
Unten: Jacksonville Landing: ein riesiger Restaurant-Shopping-Komplex direkt am Wasser

25 Jacksonville und Ponte Vedra Beach

Metropole am Wasser

Urlauber, die urbanen Lifestyle schätzen und denen die Energie einer Großstadt lieber ist als die Stille eines Fischerdorfes, sollten Jacksonville ansteuern. Die flächenmäßig zweitgrößte Stadt der USA serviert ihren Besuchern einen Mix aus internationaler Kunst, tollen Einkaufsmöglichkeiten und lukullischen Highlights. Und die Nähe zu herrlichen Atlantikstränden gibt's als Sahnehäubchen obendrauf.

Bereits vor 6000 Jahren wurde die Gegend hier von den Timucua-Indianern besiedelt. Die erste ständige Siedlung der Neuzeit entstand 1791 unter der schönen – und noch wenig urbanen – Gemarkung Cow Ford. Nachdem Florida 1821 US-Bundesgebiet geworden war, nahm die Stadt ihren Namen nach dem damaligen Gouverneur und späteren Präsidenten Andrew Jackson an.

Von geschäftig bis glamourös

Mit dem Riverwalk am St. Johns River verfügt Jacksonville über eine mehrere Kilometer lange Promenade, auf der es sich herrlich flanieren lässt. Tagsüber trifft man hier Angestellte, die am Fluss ihre Mittagspause verbringen. Abends zeigen sich Restaurants, Bars und Bistros von ihrer glamourösen Seite, und man genießt neben gutem Essen oder einem Drink auch den Blick auf die glitzernde Skyline. Die Uferpromenade Jacksonville Landing am Nordufer bietet pulsierende Einkaufs- und Unterhaltungsatmosphäre. Nicht weit davon entfernt befinden sich das Museum of Contemporary Art Jacksonville (MOCA), ein Theater, der Kids

Kampus Park und das EverBank Field, Heimat des NFL-Football-Teams *Jacksonville Jaguars*.

Stummfilm-Ära

Weitere drei Museen auf der anderen Seite des Flusses sind die Wassertaxifahrt allemal wert: Das größte ist das Museum of Science and History (MOSH), das mit interaktiven Ausstellungen beeindruckt. Nebenan beschäftigt sich das Jacksonville Historical Center mit der militärischen Vergangenheit der Stadt, und das Jacksonville Maritime Museum zeigt Modelle von Schiffen aus dem Zweiten Weltkrieg, die in Jacksonville gebaut wurden. Bemerkenswert ist übrigens die cineastische Geschichte der Stadt: Was Hollywood heute für den modernen Film ist, das war »Jax«, so Jacksonvilles Spitzname, in der Stummfilm-Ära. Rund 120 *silent movies* wurden hier gedreht. Die aufblühende Kinoindustrie war auch der Grund, warum mancher Künstler in Jacksonville seine Zelte aufschlug, darunter der 20-jährige Oliver Hardy (*Dick und Doof*), der sich zu dem Zeitpunkt noch als Sänger verdingte.

In einem der hübschesten Viertel der Stadt, dem Riverside Avondale National Register District, befindet sich das Cummer Museum of Art & Gardens. Neben einer Sammlung von Meisterwerken bekannter Künstler rühmt sich das Museum, über eine der besten Kunsterlebnis-Welten für Kinder zu verfügen. Im Umkreis des Museums liegen wunderschöne alte Häuser, und entlang der St. Johns Avenue ist Shoppen angesagt. Im historischen San Marco District gibt es weitere lohnende Einkaufsmöglichkeiten und eine Schokoladenfabrik. Und im Viertel Arlington kann man im Tree Hill Nature Center auf bequemen Pfaden wandern.

Der Stadt vorgelagert befindet sich eine Reihe unterschiedlicher Strandabschnitte, wo Restaurants,

AUTORENTIPP!

MODERNE KUNST IN JACKSONVILLE

Ganz in der Nähe des Landings befindet sich das Museum of Contemporary Art Jacksonville (MOCA). Als eines der größten seiner Art in Florida zeigt es Kunstwerke internationaler, nationaler und regionaler Künstler. 2003 am Hemming Plaza eröffnet, gehören Kunstwerke von Hans Hofman, Joan Mitchell oder James Rosenquist zur Dauerausstellung. Das »ArtExplorium Loft« widmet sich dem kreativen Nachwuchs, der hier spielerisch in die Kunstgeschichte eingeführt wird. Außerdem beherbergt das Jacksonville Museum of Modern Art eine Kunstschule, einen Museumsladen und das Café »Nola«, in dem man nach dem Museumsbesuch entspannen und seine Eindrücke mit anderen Kunstinteressierten teilen kann.

Museum of Contemporary Art Jacksonville (MOCA). Di–Sa 11–17 Uhr, So 12–17 Uhr, 333 North Laura St., Jacksonville, FL 32202, Tel. 904 366 6911, www.mocajacksonville.org

Oben: Stimmungsvolles Wandbild im »The Palms Retro Hotel« in Atlantic Beach
Unten: Schwungvoll: Golfstar Tiger Woods beim TPC-Turnier im »Sawgrass« Country Club in Ponte Vedra Beach

Parks, Geschäfte und preiswerte Familienhotels für reges Strandleben sorgen. Jacksonville Beach geht über in Neptune Beach, wo die Stimmung jugendlich und entspannt ist. Im Pablo Historical Park, einer Ansammlung alter Gebäude, kann man die hiesige Geschichte erforschen. Adventure Landing spricht mit Wasserparkangeboten, Baseball-Schlagkäfigen, Gokart-Bahnen und Minigolf hauptsächlich Familien mit Kindern an. Atlantic Beach im Norden ist ruhiger, mit dem eleganten »One Ocean Resort & Spa« und einem Stadtzentrum mit hübschen Geschäften und Restaurants.

Ein Loch für Profis

Die Sandstrände von Ponte Vedra Beach schließen sich im Süden an. Seit 1982 findet jedes Jahr im Mai auf der Golfanlage »Tournament Players Club at Sawgrass« das weltweit finanziell höchstdotierte Golfturnier statt, die *Players Championship*. Das rundum von Wasser umgebene Grün des 17. Lochs auf dieser Golfanlage gilt als eines der schwierigsten im Golfsport überhaupt. Heute ist Ponte Vedra Beach einer der exklusivsten und wohlhabendsten Ruhesitze in den USA.

Infos und Adressen

Bimmelbahn im Jacksonville Zoo

SEHENSWÜRDIGKEITEN

Jacksonville Zoo and Gardens. Präsentiert neben Krokodilen, Löwen und Nashörnern viele heimische Tierarten. 370 Zoo Parkway, Jacksonville, FL 32218, Tel. 904 757 4463, www.jaxzoo.org

The Cummer Museum of Art & Gardens. Sammlung von Meisterwerken europäischer und amerikanischer Kunst. 829 Riverside Ave., Jacksonville, FL 32204, Tel. 904 356 6857, www.cummer.org

ESSEN UND TRINKEN

Matthew's Restaurant. Das mehrfach preisgekrönte Restaurant kredenzt ambitionierte internationale Küche. 2107 Hendricks Ave., Jacksonville, FL 32207, Tel. 904 396 9922, www.matthewsrestaurant.com

Ocean 60. Elegante Cuisine mit Schwerpunkt auf Fisch und Meeresfrüchten. 60 Ocean Blvd., Atlantic Beach, FL 32233, Tel. 904 247 0060, www.ocean60.com

ÜBERNACHTEN

Crowne Plaza Jacksonville-Riverfront. Im historischen Viertel San Marco, nur wenige Schritte von den Attraktionen entfernt. 1201 Riverplace Blvd., Jacksonville FL 32207, Tel. 904 398 8800, www.cpjacksonville.com

One Ocean Resort & Spa. Schickes Design-Hotel am Prachtstrand von Atlantic Beach. 1 Ocean Blvd., Atlantic Beach, FL 32233, Tel. 904 249 7402, www.oneoceanresort.com

Ponte Vedra Inn & Club. Opulente Edelherberge mit dem Charme eines alten Grandhotels. 200 Ponte Vedra Blvd., Ponte Vedra Beach, FL 32082, Tel. 904 285 1111, www.pontevedra.com/inn_and_club

Riverdale Inn. Stilvoll den Fünf-Uhr-Tee einnehmen und das Ambiente dieses eleganten B&B genießen. 1521 Riverside Ave., Jacksonville, FL 32204, Tel. 904 354 5080, www.riverdaleinn.com

Hommage an die Welt des Films: die Zimmer im »The Palms Retro Hotel« in Atlantic Beach

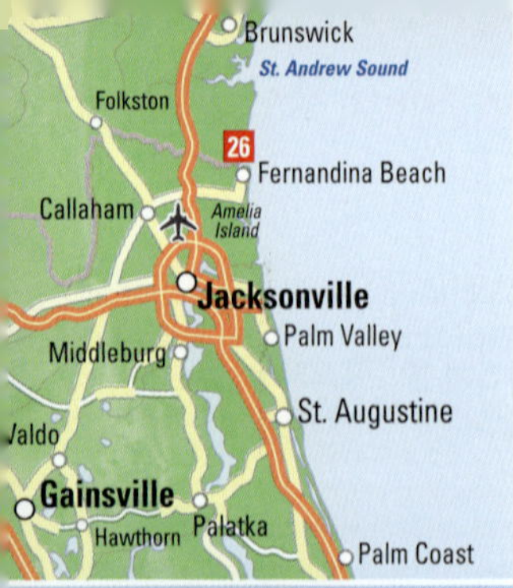

Das alte Schulhaus von Fernandina Beach: Wer früher auf dem Schulweg trödelte, musste beim Läuten der Turmglocke einen Gang zulegen.

26 Amelia Island und Fort George Island

Fast wie im Kitschroman

Amelia Island ist Kleinod und Erholungsparadies in einem. Hier geht es weitaus beschaulicher zu als in den großen Tourismuszentren. Und auch ein bisschen schöner: Das ehemalige Piratennest Fernandina Beach etwa glänzt mit stattlichen viktorianischen Villen. Und ist außerdem Floridas wichtigste Quelle für Garnelen, von denen jährlich 900 000 Kilogramm aus den umliegenden Gewässern gefischt werden.

Dank sanfter Meeresbrise, atemberaubender Sonnenuntergänge und goldener Strände hat man auf Amelia Island das ständige Gefühl, mitten in einer Liebesgeschichte zu weilen. Hier fährt man in Pferdekutschen durch die Stadt, stöbert in den charmanten kleinen Boutiquen nach Souvenirs und geht einfach nur Hand in Hand am Strand entlang spazieren. Ein wenig wie in einem Kitschroman… Dabei hat die südlichste der Sea Islands, die entlang der Ostküste von South Carolina nach Florida verlaufen, eine durchaus raue Vergangenheit. Die Insel ist auch bekannt als »Isle of 8 Flags« (»Insel der acht Flaggen«). Seit dem Jahr 1562 stand sie unter der Herrschaft von: Frankreich, Spanien, Großbritannien, Spanien (erneut), Patriots of Amelia Island, Green Cross of Florida, Mexiko, Konföderierte Staaten von Amerika, Vereinigte Staaten.

Unter Fremdherrschaft

Ein wildes Pflaster also, ständig in der Hand anderer Herren. Einzelheiten über die verschiedenen Insel-Eroberer erfährt man im hübschen Amelia Island

Museum of History von Fernandina Beach. Heute geht es im Ort ruhig und beschaulich zu. Der historische Kern besteht aus sorgfältig erhaltenen Häusern aus dem 19. Jahrhundert. Sie beherbergen hübsche Shops, edle Galerien, Eisdielen, Restaurants oder nostalgische Bed & Breakfasts. Pferdekutschen zuckeln durch die Straßen. Hier gibt es die älteste dauerhaft betriebene Bar, den »Palace Saloon«. Sehenswert ist auch der 1798 von den Spaniern angelegte Friedhof Bosque Bello Cemetery.

Die Insel ist berühmt für ihre Garnelen und ihre Flotte von Garnelenfischern. Kein Wunder also, dass man die Meeresdelikatesse überall serviert bekommt – frischer geht es wirklich nicht. Jedes Jahr am ersten Mai-Wochenende feiern die Insulaner das *Shrimp Festival*, das Tausende von Besuchern anzieht.

Einputten mit Meeresbrise

Golfer dürfen sich auf sportliche Genüsse freuen. Denn zum größten Resort auf der Insel, »Amelia Island Plantation«, gehören außer einem 2,6 Meilen langen Strandabschnitt gleich vier Plätze, die golferische Abwechslung garantieren. Spektakulär ist der Ocean Links Course, der seinem berühmten Namensvetter auf Kiawah Island in South Carolina kaum nachsteht. Fünf Bahnen sind direkte *oceanfront holes* und winden sich durch die Dünen. Die Wellen des Atlantiks sind zum Greifen nahe, und die frische Meeresbrise weht um die Nase.

Provokante Gründung

Weiter südlich, auf dem Fort George Island, lockt der geschichtsträchtige State Park, Teil des Timucuan Ecological and Historical Preserve, zu dem auch das Fort Caroline National Memorial gehört. Vor 5000 Jahren lebten hier Calusa-Indianer, die

AUTORENTIPP!

FORT CLINCH STATE PARK

Seit 1847 trotzt an der Nordostküste von Amelia Island das mächtige Fort Clinch den Stürmen. Im Sezessionskrieg wurde die noch nicht ganz fertiggestellte Festung von der Südstaatenarmee erobert, doch bald nach den Kampfhandlungen wieder aufgegeben. Ihren Eroberern brachte sie keinen Vorteil. Einen Einblick in das militärische Leben Mitte des 19. Jahrhunderts bietet sie allemal. Von den Schanzen kann man bei guter Sicht das benachbarte Cumberland Island ausmachen. Das Fort mit Blick auf den Cumberland Sound liegt inmitten des Fort Clinch State Park, einem Naturpark, der die gesamte Nordspitze der Insel einnimmt. Auch ein schöner Strand, Angelplatz und Naturpfade finden sich auf dem Gelände.

Fort Clinch State Park. Tgl. 8 Uhr bis Sonnenuntergang, 2601 Atlantic Ave., Fernandina Beach, FL 32034, Tel. 904 277 7274, www.floridastateparks.org/fortclinch

Oben: Vom Kolonialstil früherer Zeiten zeugt der Ribault Inn Club auf Fort George Island.
Unten: Weiße Tupfer im Blau des Wassers: Segelboote auf dem Amelia River

aus Muschelschalen riesige Hügel anhäuften. Später kamen die Spanier, die alles andere als erfreut waren, als 1564 Fort Caroline errichtet wurde, die erste französische Kolonie in den heutigen USA. Mit ihr begann unverzüglich die 200 Jahre andauernde Rivalität zwischen Spaniern und Franzosen in der »Neuen Welt«. Abgesehen davon, dass die französische Gründung per se eine Provokation in den Augen der Spanier darstellte, waren die neuen Siedler zumeist Hugenotten, also französische Protestanten. Ein weiterer Dorn im Auge der spanischen Katholiken. Und so dauerte es auch kein Jahr, und die kampfeslustigen Spanier waren wieder unter sich. Hier jedenfalls.

Fort George Island erlebte in den 30er-Jahren einen Boom, als sich die Jeunesse dorée im schicken »Ribault Inn Club« zu stilvollen Partys traf. Das 1928 errichtete, weiße Landhaus besitzt prächtige Torbögen und drei Dutzend Fenstertüren aus erlesenem Zypressenholz. Der geschmackvoll restaurierte Club bietet heute den Rahmen für Privatveranstaltungen. Von hier aus startet auch der sieben Kilometer lange Saturiwa Loop Trail durch die herrliche Marschlandschaft.

Infos und Adressen

SEHENSWÜRDIGKEITEN

Kingsley Plantation. Erfahren, wie einst Sklaven gelebt und gearbeitet haben. Auch das Haus des einstigen Plantagenbesitzers kann besichtigt werden. Tgl. 9–17 Uhr, 11676 Palmetto Ave., Jacksonville, FL 32226, Tel. 904 251 3537, www.nps.gov/timu/historyculture/kp.htm

Kingsley Plantation gibt Einblicke in die Sklavenzeit.

ESSEN UND TRINKEN

Café Karibo. Nettes Restaurant mit einem lauschigen Außenbereich unter schattenspendenden Bäumen. Variantenreiche, zum Teil asiatisch angehauchte Gerichte und leckere Thunfischsteaks. 27 North 3rd St., Fernandina Beach, FL 32034, Tel. 904 277 5269, www.cafekaribo.com

PLAE. Überzeugende Küche mit leichten Südstaaten-Anklängen. Freitags und samstags Livemusik. 80 Amelia Village Circle, Fernandina Beach, FL 32034, Tel. 904 277 2132, www.plaefl.net

ÜBERNACHTEN

Elizabeth Pointe Lodge. Stilechte Übernachtung im klassischen B&B mit dem Charme des 19. Jhs. 98 South Fletcher Ave., Amelia Island, FL 32034, Tel. 904 277 4851, www.elizabethpointelodge.com

Florida House Inn B&B. Eines der ältesten Hotels Floridas, in dem schon General Ulysses S. Grant und der kubanische Nationalheld José Martí übernachteten. 22 South 3rd St., Fernandina Beach, FL 32034, Tel. 904 491 3322, www.floridahouseinn.com

Omni Amelia Island Plantation. Vier Golfplätze, neun exquisite Restaurants, ein riesiger Spa- und Wellness-Bereich und mehr als ein Dutzend Shops machen das Hotel zum Elysium für Erholungssuchende. 9 Beach Lagoon Rd., Fernandina Beach, FL 32034, Tel. 904 261 6161, www.omnihotels.com/AmeliaIsland

Ein Pfirsichverkäufer auf Amelia Island bietet die frisch geernteten Früchte zum Verkauf an.

27 St. Augustine

Ewige Jugend und ruhmreiches Alter

Eine gesetzte Dame mit Stil: St. Augustine behauptet von sich, die älteste Stadt der USA zu sein. Tatsächlich gründeten die Spanier hier bereits 1565, also weniger als 60 Jahre nach der Entdeckung Amerikas, die erste Siedlung. Da stand Europa noch der Dreißigjährige Krieg bevor. An mangelndem Geschichtsbewusstsein leidet die Stadt also nicht. Und vermarktet ihre Historie durchaus selbstbewusst.

Auch so ein Historikerstreit: Am 28. August 1565, dem Gedenktag des heiligen Augustinus von Hippo (354–430), setzte der spanische Konquistador Don Pedro Menendez de Aviles seinen Fuß an die Stelle, wo heute St. Augustine liegt. Er gründete eine Siedlung und schuf damit – so jedenfalls nach Lesart der Geschichtswissenschaftler – die älteste permanent besiedelte Stadt auf dem nordamerikanischen Kontinent, benannt nach Augustinus, dem Philosophen und Kirchenlehrer der Spätantike.

Wirklich? Vor ihm war schließlich schon der spanische Konquistador Juan Ponce de León auf der Suche nach Gold, Silber und dem legendären Jungbrunnen 1513 hier gewesen. Er hatte das Land für die spanische Krone in Besitz genommen – und verschwand anschließend wieder. Im Ponce de Leon's Fountain of Youth Park sprudelt noch immer die Quelle, von der sich Ponce de León ewige Jugend versprach – und von der die meisten Besucher auch heute noch gern einen Schluck nehmen …

Mitte: Blick auf das historische Zentrum von St. Augustine
Unten: Wo bleibt der Respekt vor Eroberern! Der Taube scheint es auf dem Hut der Statue von Juan Ponce de Léon zu behagen.

Ganz der Nähe wurde die erste spanische, katholische Messe auf amerikanischem Boden gefeiert und an dieser Stelle später die Mission »Nombre de Dios« gegründet. Sie beherbergt die Statue *Our Lady of La Leche*, eine Replik des Originals aus dem 16. Jahrhundert, vor der werdende und frischgebackene Mütter um den Beistand der Madonna beten.

Kampf der Invasoren

Der ersten Landnahme folgten zahlreiche Expeditionen anderer Länder Europas, die die Gegend besetzen wollten. Sie scheiterten allesamt. 1565 gelang es den Franzosen immerhin, ein Fort und Häuser an der Mündung des St. Johns River zu errichten. Doch Pedro Menendez de Aviles jagte sie unter dem Freudengeschrei der spanischen Siedler bald wieder aus dem Land. Dieser Waffengang war nur der Auftakt: Die Invasoren bekämpften sich ständig untereinander, selbst der berüchtigte englische Entdecker und Weltumsegler Sir Francis Drake mischte mit und brannte St. Augustine 1586 nieder. Weil die Übergriffe nicht nachließen, bauten die Spanier das Castillo de San Marcos, eine uneinnehmbare Festung. Jahrzehnte relativer Ruhe brachen an. Im Jahr 1763 übergab Spanien Florida an Großbritannien und erhielt dafür Havanna. Nur wenige Jahre später übernahm wieder Spanien die Hoheit über St. Augustine, bis schließlich der spanische König Florida an die Vereinigten Staaten verkaufte.

Eleganz mit Federboa

Großen Anteil am Aufschwung der Stadt Ende des 19. Jahrhunderts hatte der Ölmillionär Henry M. Flagler. Mit seinen Bauaktivitäten wandelte sich der eher ruhige Ort in ein Kleinod, das wohlhabende Nordstaatler zu ihrem Winterdomizil erko-

AUTORENTIPP!

CASTILLO DE SAN MARCOS

Zinnen, Zugbrücke, meterdicke Mauern – hierzulande ein untypischer Anblick. Das 1672 errichtete Castillo de San Marcos lässt sich von der Altstadt aus mit dem nostalgischen Bähnchen, der Kutsche oder auch zu Fuß erreichen. Mit dem von Wassergräben und Wällen umgebenen Fort wollten die Spanier ihren Teil der neuen Welt verteidigen. Ranger des National Park Service erläutern die Geschichte der aus Muschelkalk erbauten Festung. Die Spanier hatten zwar den Grundstein gelegt, doch es waren letztlich die Briten, die den Koloss zu Ende bauten. Von den Mauern des Forts hat man einen tollen Blick auf die Altstadt und die Matanzas Bay. Im Inneren erzählt eine Ausstellung die Geschichte des Castillo.

Castillo de San Marcos. Tgl. 8.45–17.15 Uhr, South Castillo Drive 1, St. Augustine, FL 32084, Tel. 904 823 9288, www.nps.gov

Oben: Wo früher Hotelgäste den Luxus des »Alcazar« genossen, bestaunen heute Besucher des Lightner Museums Kunstwerke.
Unten: Die St. George Street ist eine beliebte Bühne für Straßenmusiker aus aller Welt.

ren. Flagler, gebürtiger New Yorker, ließ mehrere Hotels in St. Augustine errichten: Sein Meisterstück, das imposante »Ponce de Leon Hotel« mit 540 Zimmern, ist heute Teil des Flagler College, wo man im marmorverkleideten Foyer noch die Aura des »Gilded Age« spüren kann. Goldene Jahre damals, als man sich in Smoking und Federboa zum Nachmittagskonzert auf der Loggia oder im Flagler-Salon mit seinen schönen Gemälden traf. Doch mit der wirtschaftlichen Depression (1929-1941) kam der Abstieg.

Heute beherbergt das elegante »Alcazar«, einst beliebte Urlaubsresidenz der Reichen und Schönen, die prächtige Sammlung des Lightner Museums. Zu den sehenswerten Ausstellungsstücken gehören Schätze aus der Zeit um 1900 – inklusive Tiffany und anderer Glaskunstwerke. Eine Antiquitäten-Mall ist im alten Schwimmbad des Hotels untergebracht – ein Pool in einem Gebäude kam damals einem Wunderwerk nahe. Flaglers opulente architektonische Visionen spiegeln die Vorliebe seiner Zeit für exotische Bögen, byzantinische Turmspitzen, kunstvolle Goldkuppeln und mediterrane Glockentürme wider.

Rundgang in der Old City und Umgebung

A Castillo de San Marcos – 23 Jahre dauerten die Arbeiten an dem Fort, das die Spanier zum Schutz der Stadt ab 1695 errichteten. Heute ist es ein Nationales Monument.

B Oldest Wooden School House – Ein altes Schulgebäude aus dem 18. Jahrhundert. Im Obergeschoss wohnte der Lehrer – die Schüler zwängten sich im Erdgeschoss ins enge Klassenzimmer. 14 St. George St.

C Spanish Quarter Living History Museum – Der Museumskomplex besteht aus sechs rekonstruierten Häusern und Werkstätten und gibt Einblicke in die Lebensweise spanischer Siedler. Mitarbeiter in historischen Kostümen führen alte Handwerke vor. 33 St. George St.

D Cathedral Basilica of St. Augustine – Bis ins Jahr 1594 reichen die Kirchenbücher. Im Inneren des Gotteshauses stützen gewaltige Holzbalken die hohe Decke, der Fußboden besteht aus bunten kubanischen Fliesen. 38 Cathedral Pl.

E Spanish Military Hospital – Spartanisch ist die Einrichtung der Räume des Lazaretts aus dem 18. Jahrhundert. Antikes Operationsbesteck, schmale Holzbetten und ein kleiner Heilkräutergarten lassen ahnen, unter welchen Umständen Patienten gepflegt und medizinisch versorgt wurden. 3 Aviles St.

F Oldest Store Museum – Ein rekonstruierter Laden beeindruckt mit mehr als 100 000 Gegenständen: In alten Vitrinen und Holzregalen wird gezeigt, was Kunden im 19. Jahrhundert kauften: neben Tabak, Werkzeugen, Waffen und Haushaltsgeräten auch Fahrräder und Puppen. 4 Artillery Lane

G Oldest House Museum Complex – Außer einem der ältesten Häuser der USA, der Casa Gonzáles-Alvarez, beherbergt der Bau zwei Museen und eine Galerie. Im Haus gab es keine Küche – aus Angst vor einem Hausbrand bereiteten die Bewohner die Speisen in einem separaten Gebäude im Garten zu. 271 Charlotte St.

Im Spanish Quarter Living History Museum

H Lightner Museum – Ausgestellt werden hier Antiquitäten, die dem Verleger Otto C. Lightner Mitte des 20. Jahrhunderts gefielen.

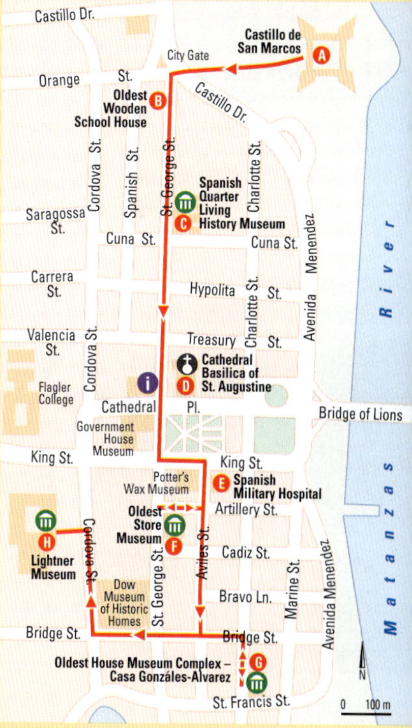

AUTORENTIPP!

SÜSSES NASCHWERK

Wem nach langen Spaziergängen in historischem Ambiente plötzlich nach einer süßen Stärkung ist, der ist in der örtlichen Schokoladenfabrik richtig. 1966 gründeten die Chocolatiers Henry und Esther Whetstone ihren ersten Laden in St. Augustine – und versorgen seither Einheimische und Besucher mit süßem Naschwerk. Die Whetstones setzen dabei ausschließlich auf Schokolade mit hohem Kakaogehalt in erstklassiger Qualität – damit ihre süßen Produkte den Genießern sprichwörtlich auf der Zunge zergehen. Seit einigen Jahren bieten die Schokoprofis Touren durch ihre Manufaktur an. Neben einem informativen Einblick in die Herstellung von Schokolade gibt es natürlich auch Kostproben.

Whetstone Chocolate Factory Tour.
Mo–Fr 10–17.30 Uhr, Sa 9.30–17.30 Uhr, So 12–15 Uhr, 139 King St., St. Augustine, FL 32084, Tel. 904 217 0275, www.whetstonechocolates.com

St. Augustine atmet Historie. »Originale« sind hier keine Seltenheit!

Sehenswert in ihrer architektonischen Schlichtheit ist hingegen die Catholic Basilica Cathedral gleich gegenüber der Downtown Plaza, dem kleinen Stadtpark vor der Bridge of Lions. Direkt am Downtown Plaza befindet sich auch Potter's Wax Museum, das mit 50 Jahren älteste Wachsmuseum der USA. Rund 170 bekannte Figuren aus Geschichte, Show und Horror sind zu bewundern.

Pittoresk ist auch die Villa Zorayda gleich neben der City Hall, erbaut 1883 als Wintersitz des Bostoner Millionärs Franklin Smith. Nach einem Besuch der Alhambra in Granada war er so beeindruckt, dass er dieses Gebäude als exakte Kopie eines Palastflügels auf seinem Grundstück im Maßstab 1 : 10 errichten ließ. In den frühen 20er-Jahren diente es kurz als Spielcasino, bevor das Glücksspiel in Florida verboten wurde. Seit 1936 nun ist es ein Museum für orientalische Kunst, das Kunstschätze aus aller Welt zeigt und das Leben der maurischen Herrscher und die Zeit der spanischen Besetzung dokumentiert.

Kampf gegen die Mücken

Im benachbarten Old St. Augustine Village sind sechs Häuser aus der Zeit von 1790 bis 1910 zu besichtigen. Besonders faszinierend: das Anwesen, in dem einst Napoleon Achille Murat gewohnt hat und das heute seinen Namen trägt. Murat war ein Neffe Napoleons und zeitweilig Prinz von Neapel. 1821 siedelte er in die Vereinigten Staaten über. Doch das Leben in Florida war hart: Besonders die Mücken setzten dem jungen Adeligen zu. Mit seinen Büchern soll er sich oft an die Bucht begeben haben, um dort bis zum Hals im Wasser sitzend ungestört Lektüre zu betreiben. Später zog er nach Tallahassee, wo er eine große Farm erwarb und am 30. Juli 1826 Catharina Dudley heiratete, eine Großnichte George Washingtons.

Wie anno dazumal: Das historische St. Augustine im Abendlicht

Das Oldest House (1720) in der Charlotte Street beherbergt viele alte Möbel und lädt mit seinem wunderschönen Garten zum Verweilen ein. Trotz Feuersbrünsten und Orkanen ist es, wie viele andere Gebäude im Restaurationsviertel, gut erhalten. »Alt« wird in St. Augustine heute in höchstem Maße verehrt, wo man, meist inmitten der Old Gates der Old City, Gebäude wie The Oldest Wooden School House (1763), The Oldest Store (1840) und The Old Jail (1891) besichtigen kann. Enge, unebene Straßen in diesem 144 Häuserblocks umfassenden Areal führen den Besucher zu architektonischen Schätzen aus der Kolonialzeit mit angegliederten Pubs, Eiscafés und Antiquitätenläden.

Alligatoren und ein Leuchtturm

Über den Intracoastal Waterway erreicht man den St. Augustine Beach mit dem Alligator Farm Zoological Park, dem ältesten Park des Staates (ca. 1893). Dann steigt man über 219 Stufen hinauf zur Spitze des 140 Jahre alten, schwarz-weiß gestreiften Leuchtturms mit dem kleinen angeschlossenen Museum. Der benachbarte Strand ist Teil des State Anastasia Parks, wo sich Sonnenanbeter, Angler und Surfer treffen.

AUTORENTIPP!

SAN SEBASTIAN WINERY

Dass der erste Wein der Neuen Welt in Florida hergestellt wurde, wissen nur wenige. Als französische Hugenotten um 1564 versuchten, die aus Europa mitgebrachten Weinreben hier zu etablieren, mussten sie erleben, wie ihre gesamte Ernte einer bakteriellen Krankheit zum Opfer fiel. Glücklicherweise fanden sie in Mengen die einheimische Muscadine-Weinrebe vor, aus deren Trauben der erste Wein Amerikas gekeltert wurde. Heute benutzen Floridas Winzer eine Züchtung aus klassischen europäischen Rebsorten mit der Muscadine-Traube, die sogenannte Florida hybrid bunch grape. In St. Augustine bittet die San Sebastian Winery täglich zu Weinproben.

San Sebastian Winery. Weinproben mit Musik tgl. 19–23 Uhr, 157 King St., St. Augustine, FL 32084, Tel. 904 826 1594, www.sansebastianwinery.com

Infos und Adressen

SEHENSWÜRDIGKEITEN

Flagler College. Das ehemalige »Hotel Ponce de Léon« wurde 1971 zum Flagler College umgewandelt und beherbergt heute rund 2000 Studenten. Das Gebäude ist im Stil der spanischen Renaissance errichtet. 74 King St., St. Augustine, FL 32084, Tel. 904 829 6481, www.flagler.edu

Fort Matanzas National Monument. Spanisches Fort von 1740, nur 20 Minuten südlich von St. Augustine an der Einfahrt zum Intracoastal Waterway gelegen. Das Fort selbst kann nur mittels einer Fähre erreicht werden, diese fährt aber jede halbe Stunde und ist kostenfrei. Tgl. 9–17.30 Uhr, Eintritt frei, 8635 A1A South, St. Augustine, FL 32080, Tel. 904 471 0116, www.nps.gov/foma

Junger Alligator

Fountain of Youth Archaeological Park. Ein bisschen Kitsch, ein wenig Konquistadoren-Melange. Wen das nicht schreckt, der hat hier viel zu sehen. Tgl. 9–18 Uhr, 11 Magnolia Ave., St. Augustine, FL 32084, Tel. 904 829 3168, www.fountainofyouthflorida.com

Lightner Museum. Im ehemaligen Hotel »Alcazar« befindet sich heute das Museum, das eine eigentümliche Mischung aus Antiquitäten, Glaskunst und Musikinstrumenten zeigt. Tgl. 9–17 Uhr, 75 King St., St. Augustine, FL 32084, Tel. 904 824 2874, www.lightnermuseum.org

Old St. Augustine Village. Neun historische Gebäude, Innenhöfe und Gärten bilden das Ensemble dieser Anlage aus den Jahren 1790 bis 1910. Hier wurde 1863 die Proklamation verlesen, mit der die Sklaverei in Florida endete. Das älteste Gebäude ist das Prince Murat House, in dem einst der Neffe Napoleons lebte. Ganzjährig Sa–Fr 10–16.30 Uhr, So 11–16.30 Uhr, 115 Cordova St., St. Augustine, FL 32084, Tel. 904 826 0113, www.old-staug-village.com

Ripley's Believe It or Not! Absurditäten, Gruseliges und Skurriles. Das bewährte Ripley-Programm fasziniert Groß und Klein. Man kann es glauben – oder auch nicht. Tgl. 9–20 Uhr, Weihnachten 12–17 Uhr, 19 San Marco Ave., St. Augustine, FL 32084, Tel. 904 824 1606, www.ripleys.com/staugustine

St. Augustine Alligator Farm Zoological Park. 23 Arten von Alligatoren, exotische Vögel und Naturpfade erwarten die Besucher. Tgl. 9–17 Uhr, im Sommer 9–18 Uhr, 999 Anastasia Blvd., St. Augustine, FL 32080, Tel. 904 824 3337, www.alligatorfarm.com

St. Augustine Lighthouse & Museum. Vom 50 m hohen Aussichtsdeck reicht ein weiter Blick über Strand und Ort. Tgl. 9–18 Uhr, Eintritt Museum frei, 81 Lighthouse Ave., St. Augustine, FL 32080, Tel. 904 829 0745, www.staugustinelighthouse.com

World Golf Hall of Fame. Sie ist das »Walhalla« des Golfsports. Wer hier aufgenommen wird, zählt zur allerersten Liga. Dauerausstellungen zeigen nicht nur die besten GolferInnen der Welt, sondern auch die Geschichte des Golfsportes. Mo–Sa 10–18 Uhr, So 12–18 Uhr, One World Golf Pl. St. Augustine, FL 32092, Tel. 904 940 4033, www.worldgolfhalloffame.org

Zorayda Castle. Nach langer Renovierungszeit präsentiert sich der Palast in neuer alter Frische. In maurischem Stil errichtet, hat er die Alhambra in

Des Rätsels Lösung: Das Lokal liegt auf einem Pier über dem Wasser der Matanzas Bay.

Granada als Vorbild. Tgl. 9–17 Uhr, Audio Tour, 83 King St. St. Augustine, FL 32084, Tel. 904 829 9887, www.villazorayda.com

ESSEN UND TRINKEN

95 Cordova. Gehobene Küche mit qualitätsvollen Zutaten dürfen Gäste im spanisch-arabischen Ambiente des Restaurants erwarten. 95 Cordova St., St. Augustine, FL 32084, Tel. 904 810 6810, www.casamonica.com/dining

Bistro de Leon. Chefkoch Jean-Stephane Poinard aus Lyon verwöhnt seine Gäste mit kreativer französischer Cuisine. 12 Cathedral Pl., St. Augustine, FL 32084, Tel. 904 810 2100, www.bistrodeleon.com

Collage Restaurant. Im Herzen des historischen Viertels gelegen, offerieren die Gastronomen Mike Hyatt und Cindy Stangby eine ambitionierte Küche unter blühenden Bougainvillea-Pflanzen. 60 Hypolita St., St. Augustine, FL 32084, Tel. 904 829 0055, www.collagestaug.com

ÜBERNACHTEN

Casa de Solana. Das Haus wurde nach seinem ersten Besitzer, Don Manuel Lorenzo Solana, benannt, der zu einer der ersten spanischen Familien der Stadt gehörte. Die zehn Zimmer sind mit historischen Möbeln im Kolonialstil eingerichtet. 21 Aviles St., St. Augustine, FL 32084, Tel. 904 824 3555, www.casadesolana.com

Casa Monica Hotel. Rustikale Eleganz in geschichtsträchtigen Mauern seit 1888. 95 Cordova St., St. Augustine, FL 32084, Tel. 904 827 1888, www.monica.com

Casablanca Inn Bed & Breakfast on the Bay. Gediegene Eleganz und freundliche Atmosphäre kombiniert mit einem herrlichen Blick auf das historische Castillo de San Marcos und die Bridge of Lions. 24 Avenida Menedez, St. Augustine, FL 32084, Tel. 904 829 0928, www.casablancainn.com

Geringelter Riese: Der Leuchtturm von St. Augustine stammt aus dem Jahr 1874 und ist 50 Meter hoch.

Außer Rand und Band: Während der *Spring-Break*-Tage im Frühling wird manche Anstandsregel über Bord geworfen.

28 Daytona Beach und New Smyrna Beach

Sportwagen und Schildkröten

Mehr als acht Millionen Besucher aus aller Welt strömen jedes Jahr nach Daytona Beach und in die angrenzenden Urlaubsorte an der Atlantikküste, die sich von Ormond-by-the-Sea bis zum idyllischen Fischerort Ponce Inlet erstrecken. Angezogen werden sie von einer Melange aus Pferdestärken, ausgelassener Party, Gokart-Bahnen, Minigolfplätzen, Souvenir-Shops und natürlich den Strandfreuden des Atlantiks.

Besucher, die es beschaulich mögen, sollten Daytona Beach im März und April meiden. Dann ist hier die Zeit des *Spring Break* – der Frühjahrsferien –, wenn tausende Studenten in die Stadt einfallen und ausgelassene Partys am Strand feiern. Dann wird hemmungslos getanzt, getrunken und jeden Tag eine »Miss Wet T-Shirt« gewählt. Und der gute Geschmack eine Weile über Bord geworfen...

MAL EHRLICH

SONNENBAD IM AUSPUFFQUALM

Für ein paar Dollar kann man in Daytona Beach sein Auto mit an den Sandstrand nehmen. Mit einer Höchstgeschwindigkeit von 16 km/h darf man dann mit dem Fahrzeug bis an die Brandung heranfahren. Wen es stört, auf seinem Badehandtuch liegend die Auspuffgase um die Nase geweht zu bekommen, dem sei soviel Trost: Ein paar Kilometer weiter ist wieder himmlische Ruhe angesagt. Denn Schule gemacht hat das Privileg fur Fußlahme selbst im Land der *drive-thrus* nirgendwo sonst.

Geschwindigkeit ist Trumpf

So verschieden die Ansprüche – Platz genug gibt es für alle: Bei Ebbe erreichen die Sandflächen in Daytona stellenweise eine Breite von 150 Metern. Es ist der einzige Strand in ganz Florida, auf dem Autofahren erlaubt ist. Das hat hier Tradition: Um die Jahrhundertwende wurde das nahe gelegene Ormond Beach als »Geburtsort der Geschwindigkeit« bekannt. Autoliebhaber lieferten sich 1903 auf dem harten Sandstrand die ersten Wettrennen. Später entstand mit Daytona International Speedway eine der heute bekanntesten Rennstrecken der Welt. Seit 1959 fiebern jedes Jahr tausende Besucher begeistert mit, wenn Sportwagen-, Motorrad- oder Gokart-Rennen auf dem vier Kilometer langen Parcours stattfinden. Mega-Events sind das NASCAR-Rennen *Daytona 500* und das *Coke Zero 400*, das unter Einbeziehung der Steilwandkurven und einer Schikane als 24-Stunden-Rennen ausgetragen wird. Weitere Highlights sind die *Daytona Bike Week* und das *Biketoberfest*. Jedes Jahr im März und Oktober strömen dann hunderttausende Motorradliebhaber in die Stadt. Ein speziell für dieses Spektakel ernannter Koordinator der Handelskammer sorgt dafür, dass Ordnung und Sicherheit gewährleistet bleiben. Eigentlich unnötig, denn viele der anwesenden Motorradenthusiasten sind ohnehin längst dem wilden Teenie-Alter entwachsen und stolze Familienväter beziehungsweise -mütter, die ihr Geld als Anwälte oder Mediziner verdienen. Einmal im Jahr lassen sie den Anzug samt Krawatte im Schrank, zwängen sich in T-Shirts und Lederkluft und relaxen mit Gleichgesinnten unter der Sonne Floridas.

Zu einem Urlaub in Daytona gehören Angeln oder Hochseefischen, Surfen, Parasailing, Schnorcheln oder Tauchgänge. Davon abgesehen findet man in Daytona auch viel Beschauliches: Von Mai bis Oktober stehen einige Strandabschnitte der

AUTORENTIPP!

EIN SPEEDWAY-HÖLLENRITT

Fast 600 PS und satter V8-Sound – das erwartet Teilnehmer der »Richard Petty Driving Experience«, natürlich auch am Daytona International Speedway. Beifahrer oder selber fahren? Beides ist möglich. Acht Runden werden bei der kleinsten Variante der angebotenen Programme absolviert. Dabei darf man in Rennmontur auf dem Beifahrersitz Platz nehmen und hoffen, dass man bei dem folgenden Höllenritt nicht die Nerven verliert. Stufenweise geht es weiter von der »King's Experience« bis zur »Advanced Racing Experience«, bei denen man nach umfänglicher Einweisung auch selbst einen Boliden steuern darf. Das aber – nebenbei gesagt – schmälert die Urlaubskasse um einige tausend Dollar.

Richard Petty Driving Experience.
1801 West Internat. Speedway Blvd.,
Daytona Beach, FL 32114,
Tel. 386 947 0507,
www.drivepetty.com/race-tracks/daytona-international-speedway

Oben: An heißen Tagen bildet sich am Eiswagen schon mal eine Schlange.
Mitte: Junge Frau beim Sonnenbaden am Strand
Unten: Mit typischer Terrasse – Holzhaus im Coronado Historic District in New Smyrna Beach

Region unter besonderem Schutz. Dann schwimmen unzählige Seeschildkröten nachts vom Meer ans Ufer und legen ihre Eier in »Nester«, die sie in den warmen Sand der Dünen gegraben haben. Zwei Monate später schlüpfen die Schildkrötenbabys und suchen den Weg zurück in den Ozean. In dieser Zeit gelten Sonderregelungen, die das Befahren der Strände einschränken, um die Tiere zu schützen und sie vor Lärm abzuschotten.

Hilfe vom Mittelmeer

Weiter im Süden lockt New Smyrna Beach mit einer Mischung aus Strandidylle und Historie. Im Jahr 1768 wurde der Ort vom schottischen Physiker Dr. Andrew Turnball (1718–1792) gegründet, dem damaligen Konsul des Ottomanischen Reiches. Aufgrund der Tatsache, dass sich bereits in den 60er-Jahren des 16. Jahrhunderts spanische Missionare in der Gegend niederließen, wird New Smyrna Beach auch oft als zweitälteste Stadt der USA bezeichnet. Gründer Turnball holte 1500 griechische Siedler aus Smyrna (dem heutigen Izmir in der Türkei) und von den griechischen Inseln, um mit ihrer Hilfe Hanf und Zuckerrohr anzubauen und Rum zu produzieren.

Pittoreske Südstaatenarchitektur

Die zentrale Straße des Ortes ist die vom U.S. Highway 1 abzweigende Canal Street mit vielen hübschen Läden, hier findet samstags der Farmers Market statt, und an jedem zweiten Samstag im Monat von 18 bis 21 Uhr eine »Car Show« mit blank geputzten alten Straßenkreuzern. In der Nähe des Flusses gibt es herrliche alte Holzhäuser in der typischen Südstaatenarchitektur. Die bekannteste Straße ist die historische Flagler Avenue, gesäumt von pastellfarbenen Holzhäusern und etlichen Läden, Cafés und Galerien.

Infos und Adressen

SEHENSWÜRDIGKEITEN

Daytona Beach Museum of Arts and Sciences. Sehenswerte naturhistorische und künstlerische Dauerausstellungen. Di–Sa 9–17 Uhr, So 11–17 Uhr, 352 South Nova Rd., Daytona Beach, FL 32114, Tel. 386 255 0285, www.moas.org

Ponce de Léon Inlet Lighthouse and Museum. Der Ausblick von der Leuchtturmspitze ist spektakulär. 26. Mai–1. Sept. 10–21 Uhr, 2. Sept.–5. Mai 10–18 Uhr, 4931 South Peninsula Drive, Ponce Inlet, FL 32127, Tel. 386 761 1821, http://ponceinlet.org

Benzin im Blut: Born to be wild …

Weitblick bietet der Ponce de Léon Inlet-Leuchtturm.

The Casements. Das frühere Winterdomizil von Milliardär John D. Rockefeller dient heute als Kulturzentrum. Mo–Fr 10–15.30 Uhr, Sa 10–11.30 Uhr, Eintritt frei, 25 Riverside Drive, Ormond Beach, FL 32176, Tel. 386 676 3216, www.thecasements.net

ESSEN UND TRINKEN

Aunt Catfish's on the River. Direkt am Wasser werden Catfish, Meeresfrüchte und Huhn im Old-Florida-Stil serviert. 4009 Halifax Drive, Port Orange, FL 32127, Tel. 386 767 4768, www.auntcatfishontheriver.com

Martini's Chophouse Restaurant. Seine französischen Wurzeln kann Küchenchef Clay nicht verleugnen. 1815 South Ridgewood Ave., Daytona Beach, FL 32119, Tel. 386 763 1090, www.martinischophouse.com

ÜBERNACHTEN

The Riverview Hotel. Bonbonrosa und weiß leuchtet das Gebäude im Key-West-Stil. 103 Flagler Ave., New Smyrna Beach, FL 32169, Tel. 386 428 5858, www.riverviewhotel.com

The Shores Resort & Spa. Elegantes Strandhotel mit Restaurant, Pool und Spa. 2637 South Atlantic Ave., Daytona Beach Shores, FL 32118, Tel. 386 767 7350, www.shoresresort.com

Mitte: Moonwalk? Astronauten-Figur auf einem Dach des Kennedy Space Centers bei Titusville.
Unten: Natur pur im Cape Canaveral National Seashore Park

29 Titusville, Cape Canaveral, Kennedy Space Center

Zwischen Himmel und Schilfgras

Ein Landstrich zwischen Hightech und Ur-Natur: Während vom Kennedy Space Center aus der Mensch seit Jahrzehnten nach den Sternen greift, tummeln sich in den darum liegenden Sumpfgebieten Alligatoren, Zugvögel und Manatis in relativer Ungestörtheit. Für Besucher ergibt sich nach einem Trip nach Cape Canaveral die Möglichkeit, in herrlicher Natur wieder von den kosmischen Höhenflügen runterzukommen.

Titusville ist ein Ortsname, der in einschlägigen Reiseführern nicht oder allenfalls am Rande erwähnt wird. Zu Unrecht, ist die kleine Stadt östlich von Orlando doch von zahlreichen Naturparks und Schutzgebieten umgeben: Canaveral National Seashore über die Brücke im Osten, Turnbull Hammock Conservation Area und Breveard County

MAL EHRLICH

HIP HIP HOORAY

Eigentlich soll es hier um einen Menschheitstraum gehen. Doch dann erinnern endlose Reihen von *Stars and Stripes* im Kennedy Space Center daran, was der Wettlauf im All über Jahrzehnte war: ein Kräftemessen im Kalten Krieg. Wem als europäischem Besucher soviel Hurra-Patriotismus zu viel wird, der sei daran erinnert, dass die Besatzung der Internationalen Raumstation ISS aus aller Herren Länder stammt. Die Eroberung des Weltalls ist in Zukunft wohl nur global zu stemmen. Gut so.

Game Refuge im Norden. Und im Westen und Südwesten die Seminole Ranch Conservation Area, das St. Johns National Wildlife Refuge und die Canaveral Marshes Conservation Area. Mehr Natur geht nicht.

So organisieren zahlreiche Anbieter hier denn auch Ausflüge zu den Schildkrötenbrutplätzen am Strand, zu den Vögelschwärmen im Marschland oder den Tummelplätzen der Manatis. Und so sitzt der Naturfreund morgens früh im Kanu und paddelt zu den Seekühen. Oder bestaunt bei einer »Bird Watching Tour« die Vögel, die sich im Herbst auf ihrem langen Weg vom immer kälter werdenden Norden Amerikas in wärmere Gefilde zu Tausenden in den saftigen Sumpflandschaften niederlassen. Zwischenstation am reich gedeckten Tisch für den langen Weiterflug Richtung Mittel- und Südamerika.

Wer es lieber urban mag: Titusville wurde 1867 gegründet, als der Konföderierten-Oberst Henry Theodore Titus erstmals die Ufer des Indian River betrat. In den 80er- und 90er-Jahren des 19. Jahrhunderts wurden die erste Bank und die Bahnverbindung zwischen Titusville und dem Norden gebaut. Die Fischindustrie florierte, als die Wirtschaftsdepression der 30er-Jahre den Ort traf. Doch mit dem Weltraumzeitalter begann nach dem Zweiten Weltkrieg ein lang andauernder Boom; die Errichtung des Kennedy-Raumfahrtzentrums brachte *hoch* ausgebildete Fachkräfte und wirtschaftliche Prosperität.

Raketen-Parade

Zunächst als Patrick Air Force Base im Jahr 1940 gegründet, entschloss man sich Anfang der 60er-Jahre, ein Raumfahrtzentrum auf der vorgelagerten Insel zu gründen – der Grundstein für die Erfor-

AUTORENTIPP!

NATUR DANK NASA

Das zweitgrößte Naturschutzgebiet Floridas verdankt seine Existenz der NASA. Merritt Island war nie besonders dicht besiedelt, weil die feuchten Marschgebiete und die vielen Moskitos selbst hartgesottene Siedler abschreckten. Anfang der 60er-Jahre begann die NASA, Land für das zukünftige Space Center aufzukaufen. Als 1963 diese Phase abgeschlossen war, trat die Behörde jene Flächen an den U.S. Fish and Wildlife Service ab, die uninteressant für das Weltraumprogramm waren. Dadurch wurde Merritt Island das Schicksal der Trockenlegung und Bebauung erspart, das so viele andere Küstengebiete Floridas ereilte. Insgesamt 330 Vogelarten werden hier gezählt sowie 21 vom Aussterben bedrohte Tierarten.

Merritt Island National Wildlife Refuge. Besucherzentrum tgl. 8–16.30 Uhr, U.S. Hwy. 1, Titusville, FL 32782, Tel. 321 861 0667, www.fws.gov/MerrittIsland

AUTORENTIPP!

FRIEDHOF IM SUMPF

Unweit von Titusville befindet sich einer der größten archäologischen Moorfundplätze weltweit. In dem nur zur Hälfte untersuchten, sumpfähnlichen Windover bog wurden 1982 die Überreste von mindestens 168 Moorleichen aus dem 6. Jahrtausend v. Chr. ausgegraben. Ein Baggerfahrer bemerkte mehrere Schädel in der Schaufel seiner Maschine. Der herbeigerufene Gerichtsmediziner stellte fest, dass es sich um Überreste historischer Bestattungen handelte. Um die Ausgrabungen im Torf zu ermöglichen, wurde mit einem Ring von 160 Brunnen um den Sumpf der Grundwasserspiegel abgesenkt. Teile der für die Frühgeschichte Amerikas wichtigen Funde werden im Brevard Museum of History & Natural Science in Cocoa gezeigt.

Brevard Museum of History & Natural Science. Mi–Sa 10–17 Uhr, 2201 Michigan Ave., Cocoa, FL 32926, Tel. 321 632 1830, www.brevardmuseum.com

schung des Weltalls war gelegt. Die NASA, Ende der 50er-Jahre gegründet, übernahm das Raumfahrtzentrum. Nach der Ermordung von Präsident John F. Kennedy wurde Cape Canaveral 1964 in Cape Kennedy umbenannt, jedoch akzeptierte die lokale Bevölkerung diesen Namen nie. So hieß das Zentrum ab 1973 wieder Cape Canaveral. Heute unterteilen sich die Startkomplexe in das Kennedy Space Center und den militärischen Bereich Cape Canaveral Air Force Station. Von letzterem starten unbemannte Raketen wie *Atlas* oder *Delta* und bringen Satelliten ins All. Vom Kennedy Space Center begannen die bemannten Missionen ihre Flüge, zuerst die *Apollo*- und später die *Shuttle*-Missionen von den beiden Startrampen LC 39A und LC 39B.

Für Touristen ist der KSC Visitor Complex das Ziel. Hier gibt es zahlreiche Informationen zu den Missionen, im Rocket Garden in Cape Canaveral sind alle Generationen von Raketen ausgestellt, angefangen vom Nachfolger der *V2* bis zu den Landekapseln, die in den 60er-Jahren benutzt wurden. In ausführlichen Vorträgen und Filmvorführungen erfahren Besucher mehr über die *Apollo*-Missionen oder den Bau der *Saturn V*-Rakete und welchen Anteil der deutsche Wissenschaftler Wernher von Braun auf die Erforschung des Orbits hatte. Während einer Bustour werden drei verschiedene Stationen angefahren. Die Zeit, die man dort jeweils verbringen möchte, kann man sich selbst einteilen. Im 15-Minuten-Takt halten Busse, die die Besucher zum nächsten Punkt transportieren. Für die ganze Tour sollte man durchaus drei Stunden einkalkulieren. Die erste Station ist die LC-39 Observations Gantry, ein Beobachtungspunkt für die beiden Startrampen, von denen aus die *Apollo*-Mondmission und das *Space Shuttle* starteten. Nach Einstellung des *Shuttle*-Programms laufen hier jetzt die Countdowns für unbemannte Raketen,

Tolle Aussicht – der Exploration Tower am Hafen von Cape Canaveral

Oben: Wie gepflanzt – der Rocket Garden im Kennedy Space Center
Unten: Im Rocket Garden wird jeder ein bisschen zum Astronauten.

die auf ihre Umlaufbahnen in den Orbit geschossen werden. Auch fliegende Drohnen begeistern Weltraum-Fans in spannenden Demonstrations-Shows.

Ein Stück vom Mond

Nächster Halt ist das Apollo/Saturn V Center. In dem Gebäude gibt es eine echte *Saturn V*-Mondrakete zu besichtigen. Und man kann dem Mond so nahekommen wie sonst nirgendwo auf der Welt: Hier darf ein Stück des Erdtrabanten, den Astronauten von einer ihrer Missionen mitbrachten, angefasst werden. Letzter Stopp der Tour ist das International Space Station Center. Hier erfährt man Wissenswertes über die Internationale Raumstation ISS. Begehbare Modelle in Originalgröße vermitteln einen Eindruck vom Aufbau der International Space Station. Zurück aus dem All, werden die Freizeit-Astronauten ganz irdisch per Bus wieder zum Visitor Center gefahren. Dort werden selbst Raumfahrtmuffel zu Möchtegern-Astronauten, wenn sie im Simulator eine *Challenger* landen dürfen, in Hängegurten schwebend das Laufen auf dem Mond versuchen oder im IMAX-Kino beim Zusammenbau der Raumstation zuschauen können.

Infos und Adressen

Fangfrisch: Meeresfrüchte im »Dixie Crossroads Restaurant«

ESSEN UND TRINKEN

Dixie Crossroads Restaurant. *Seafood and more* kommt hier fangfrisch auf die Teller. Und Shrimps in einer Vielfalt, die ihresgleichen sucht. 1475 Garden St., Titusville, FL 32796, Tel. 321 268 5000, www.dixiecrossroads.com

Grills Seafood Deck & Tiki Bar. Kulinarische Raffinesse ist hier nicht zu erwarten, aber ordentlich zubereitete Fischgerichte in relaxter Atmosphäre direkt am Wasser. 505 Glen Cheek Drive, Cape Canaveral, FL 32920, Tel. 321 868 2226, www.grillsseafood.com

ÜBERNACHTEN

Radisson Resort at the Port. Mit Port Canaveral und Cocoa Beach in der Nähe bietet dieses Resort bewährte Radisson-Qualität. 8701 Astronaut Blvd., Cape Canaveral, FL 32920, Tel. 321 784 0000, www.radisson.com/cape-canaveral-hotel-fl-32920/flcocoa

Residence Inn Hotel Port Canaveral. Gepflegtes Haus im Stil der »Marriott International«-Hotels. Nur Minuten von Port Canaverals Attraktionen entfernt. 8959 Astronaut Blvd., Cape Canaveral, FL 32920, Tel. 321 323 1100, www.marriott.com/hotels/travel/mlbri-residence-inn-cape-canaveral-cocoa-beach

AKTIVITÄTEN

Skydive Space Center. Astronaut muss man zwar nicht sein, aber Höhenangst empfiehlt sich hier nicht. Ob Unterricht, Einzel- oder Tandemsprung: In Nachbarschaft zu Cape Canaveral hat Fallschirmspringen einen besonderen Kick. Während einen das Flugzeug bis zur Absprunghöhe bringt, hat man einen Traumblick auf den Atlantik, den Indian River und das Kennedy Space Center. 476 North Williams Drive, Titusville, FL 32796, Tel. 800 823 0016, www.skydivespacecenter.com

Fallschirmspringen: Es ist zwar nicht der Weltraum, aber es reicht für einen Traumblick auf Raketen und Atlantik.

Mitte: Der Pier von Cocoa Beach
Unten: Wo alles begann – der erste Ron Jon Surf Shop, quasi eine Pilgerstätte für Wellenreiter

30 Cocoa Beach und Melbourne

Hippes Surf-Mekka

Ein rummeliges Städtchen, das von Wind und vor allem Wellen lebt. Und dann ein Ort, den es so erst seit den 60er-Jahren gibt, der sich aber mit Verve auf den Erhalt seines durchaus beachtlichen kulturellen Erbes gestürzt hat. Die Surfermetropole Cocoa Beach und das eher betuliche Melbourne mit seinem alten Villenviertel Eau Gallie bilden an Floridas Atlantikküste ein ungleiches Nachbarschaftspaar.

Ausgesprochen lebendig geht es in Cocoa Beach zu. Der Ort an der Atlantikküste gilt als Surf-Mekka Floridas. Und so ein Titel zieht selbstredend eher hippe, junge Menschen an als die sonst in dieser Gegend anzutreffenden Rentner. Kein Wunder also, dass Pickup-Trucks mit Surfboard auf dem Ladedeck hier mindestens genauso das Straßenbild prägen wie Oldsmobiles oder Buicks der Großelterngeneration.
Natürlich trägt zum Ruf des Ortes bei, dass hier der erste »Ron Jon's Surf Shop« beheimatet ist, ein berühmtes Geschäft für all die Dinge, die Wellenreiter einfach brauchen. Heute hat sich der »Shop« in ein wahres Lifestyle-Imperium verwandelt mit Läden überall im Sunshine State.

Stets am besten sind die Wellen in Cocoa Beach nahe der langen hölzernen Pier mit ihren Restaurants und einer Tiki-Bar am Ende. Hier können Restaurantbesucher und Angler das wilde Treiben auf und im Wasser beobachten. Mehrere bedeutende Surfwettbewerbe finden an diesem Spot statt, einschließlich des *Surfing Festivals* am *Labor-Day*-Wochenende Anfang September. »Party time«

ist hier allerdings an jedem Wochenende. Mehrere Surfschulen und ein Surfing Museum sorgen ebenfalls für Cocoas Ruf als Surf-Hauptstadt Floridas.

Die kleine Altstadt des benachbarten Cocoa Village wurde restauriert und lohnt einen Bummel. Cocoa Beach verfügt über eine schöne Auswahl an Gaststätten, Bistros und Geschäften, die von Einheimischen und Touristen gern besucht werden. Aber auch die unvermeidlichen Kettenrestaurants.

Kulisse für Flaneure

Weiter südlich auf dem Festland hat man in Melbourne, wie in vielen anderen Städten Floridas, in den letzten Jahren mehr und mehr die eigene Geschichte entdeckt. Und alte Ortsteile getreu ihrer historischen Bedeutung und Individualität wieder aufgebaut, wie hier den Eau Gallie District. Entlang der Pineapple Avenue wurden Bürgersteige angelegt und schmucke Straßenlaternen installiert. Galerien, Shops und kleine Restaurants bieten eine schöne Kulisse für Flaneure. Tatsächlich gibt es die Stadt, die zwischen Titusville und Palm Bay liegt, in ihrer heutigen Form erst seit dem Ende der 60er-Jahre. 1969 schloss sich Melbourne mit dem Nachbarort Eau Gallie zusammen. Und hatte Glück: Obwohl sein traumhaft weißer Sandstrand die nächstgelegene Küste für die inländische

AUTORENTIPP!

DORADO FÜR SURFER

In Cocoa Beach kommen derart perfekte Bedingungen zusammen, dass Surfer mit beständigen Wellen rechnen können. Tiefdruckgebiete über dem Atlantik sind dabei der Schlüssel zum Glück. Entsteht in weiter Entfernung auf dem offenen Meer ein Tiefdruckgebiet, presst dieses Winde übers Meer – eine erste Wellenbewegung entsteht, die sich über eine lange Distanz potenzieren und ordnen kann. Die Abstände der Wellen werden regelmäßiger, der *swell* verstärkt sich. Ideale Bedingungen – auch für den 1972 in Cocoa Beach geborenen Surf-Superstar und elffachen Weltmeister Kelly Slater, der hier seine Karriere begann. Doch man muss nicht gleich Profi sein: Schulen wie die Ron Jon Surf School bringen auch weniger Sportliche aufs Brett. »Hang loose!«

Ron Jon Surf School. 160 East Cocoa Beach Causeway, Cocoa Beach, FL 32931, Tel. 321 868 1980, www.ronjonsurfschool.com

Oben: Keine Touristenmassen in Sicht – Idyll am Strand von Melbourne
Unten: Nach einer schweißtreibenden Radtour kommt eine Pause am Strand gerade recht.

Metropole Orlando bietet, blieb Melbourne bis heute vom Massentourismus verschont.

Auf Land und Inseln

Melbourne ist gewissermaßen zweigeteilt: Ein Teil der Stadt breitet sich auf dem Festland aus, während sich der andere Teil auf mehrere Inseln in der Indian River Lagoon erstreckt. Diese Inseln verleihen Melbourne eine außergewöhnliche und charmante Silhouette. Die Stadt ist besonders bei Golfern sehr beliebt, denn sie beherbergt einige der schönsten und ruhigsten Golfplätze des Landes. Bekannt geworden ist Melbourne auch als Geburtsort des Rockmusikers Jim Morrison (1943–1971), der mit der Gruppe The Doors weltberühmt wurde.

Einen Besuch wert ist das Brevard Museum of Art and Science Center mit seinen spielerisch-praktischen Herausforderungen und den ständig wechselnden Ausstellungen. Der Brevard Zoo ist aufgeteilt in die Herkunftsländer seiner Tiere – von Florida über Afrika bis nach Australien.

Melbourne Beach festigt den Ruf dieses Küstenstrichs als Paradies für Surfer und Sonnenanbeter. Die Unterkünfte bestehen meist aus Hotels bekannter Ketten. In unzähligen Surf- und Strandgeschäften kann man sich bestens ausrüsten. Angeln, Kajakfahren, Airboat-Touren, Reiten und Gokart-Rennen sind beliebte Outdoor-Aktivitäten.

Infos und Adressen

SEHENSWÜRDIGKEITEN

Astronaut Memorial Planetarium and Observatory. Erstklassige Unterhaltung für die ganze Familie bietet das Planetarium am Eastern Florida State College bei seinen »Sternenschau-Parties«. 1519 Clearlake Rd., Cocoa, FL 32922, Tel. 321 632 1111, www.easternflorida.edu

ESSEN UND TRINKEN

Heidelberg Restaurant. Heimweh? Hier bieten die Gastronomen Heidi und Edmund Gerichte mit deutsch-österreichischen Akzenten. 7 North Orlando Ave., Cocoa Beach, FL 32931, Tel. 321 783 6806, www.heidelbergcocoabeach.com

The Fat Snook Restaurant. Beliebtes Lokal mit freundlicher Atmosphäre und leckeren Fischgerichten. 2464 South Atlantic Ave., Cocoa Beach, FL 32931, Tel. 321 784 1190, www.thefatsnook.com

Der Fisch weiß, was schmeckt …

Alle Wege führen nach … Cocoa Beach.

ÜBERNACHTEN

Inn at Cocoa Beach. Europäische Eleganz zeichnet dieses Strandhotel mit seinen individuell eingerichteten Räumen aus, von denen die meisten einen Balkon mit Meerblick besitzen. 4300 Ocean Beach Blvd., Cocoa Beach, FL 32931, Tel. 321 799 3460, www.theinnatcocoabeach.com

The Old Pineapple Inn. Im historischen Eau-Gallie-Viertel liegt diese viktorianische Villa aus dem 19. Jh. mit Antiquitäten und einem prächtigen Kamin, der schon die Titelseite eines Lifestyle-Magazins zierte. 1736 Pineapple Ave., Melbourne, FL 32935, Tel. 321 254 1347, www.oldpineappleinn.com

EINKAUFEN

Ron Jon's Surf Shop. Diese rund um die Uhr geöffnete »Kathedrale des Wassersports« brachte der Stadt Surf-Ruhm ein. 4151 North Atlantic Ave., Cocoa Beach FL, 32931, Tel. 321 799 8888, www.ronjonsurfshop.com

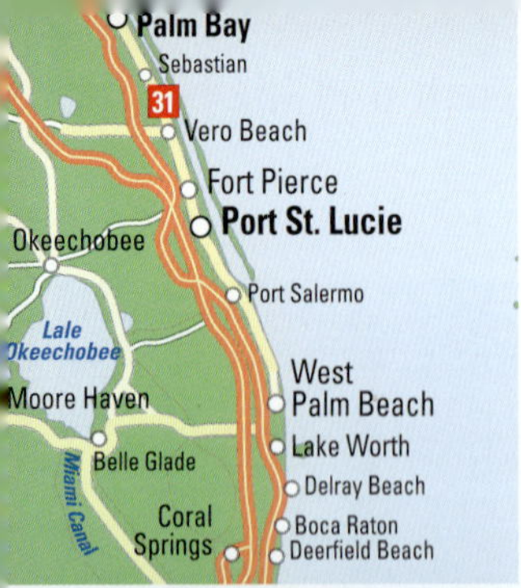

Mitte: Die ideale Welle reiten – das Glück eines jeden Surfers.
Unten: Moderne Kunst im Vero Beach Museum of Art

31 Sebastian Inlet und Vero Beach

Wellenreiten und moderne Kunst

Vero Beach am Atlantik ist zum Sehnsuchtsort unter stressgeplagten Yuppies aus den Metropolen Südfloridas avanciert und gilt inzwischen als »Hamptons of Miami«. Nicht zuletzt, seit Latin-Queen Gloria Estefan hier ein angestaubtes Strandhotel in eine coole Feriendestination verwandelt hat. Auch die Umgebung kann sich sehen lassen: Traumhafte Strände mit eindrucksvollen Wellen locken Sonnenhungrige und Surfer.

»Hang loose!« – der berühmte Surfergruß ersetzt am Sebastian Inlet Strand das sonst übliche »Hi«. Hier bestimmen Boards und Dreiviertelhosen das Bild, denn im gleichnamigen Park gibt's den wohl besten Platz für Surfer in ganz Florida. Er liegt südlich von Melbourne an der Ostküste, direkt am Atlantik. Da er sich auf einem Inselabschnitt vor dem Festland befindet, ereicht man ihn am besten über den Melbourne Beach, der über drei Brücken mit der gleichnamigen Stadt verbunden ist. Hohe Wellen stellen die Surfer am Sebastian Inlet vor echte Herausforderungen. Viereinhalb Kilometer lang ist der Strandabschnitt, auf dem jedes Jahr auch die offiziellen Meisterschaften der Eastern Surfing Association (ESA) ausgetragen werden. Doch nicht nur Surfer zieht es hier an den Spülsaum und weiter hinaus. Mit Angeln, Schnorcheln oder Tauchen ist die Palette der Freizeitmöglichkeiten im und am Wasser breit.

Sehenswert ist das kleine McLarty Treasure Museum, das die Geschichte einer spanischen Flotte erzählt, die 1715 einem Hurrikan zum Opfer fiel, und einige Exponate der geborgenen Schätze präsentiert. Von den elf Schiffen, die Ende Juli voll beladen von Havanna Richtung Cadiz in Spanien in See gestochen waren, konnte nur ein einziges dem verheerenden Wirbelsturm entkommen. 700 Seeleute mitsamt dem Kommandeur der Flotte fanden den Tod, 1500 Überlebende retteten sich an den Strand. Nur knapp ein Drittel der Handelsware – darunter Gold und Silber – konnte damals geborgen werden.

Ein offenes Geheimnis

Weiter südlich lockt Vero Beach mit paradiesischen Stränden und überraschend viel Kultur. Das kleine Städtchen zählt zu den beschaulichsten im Land. Im Westen liegen fruchtbare Orangenhaine, im Osten der Atlantik mit kilometerlangen weißen Sandstränden und vorgelagerten Inseln. Dazwischen fließt der Indian River, eine Lagune, in der früher Piraten Unterschlupf suchten. Doch ein echter Geheimtipp, wie noch vor ein paar Jahren, ist der Ort nicht mehr: Viele Reiche besitzen hier einen Zweitwohnsitz. Vor allem aus Miami kommen betuchte Wochenendler in das idyllische Städtchen, weshalb es inzwischen auf den Namen »Hamptons of Miami« getauft wurde.

Bürgerstolz und Weitsicht haben rechtzeitig verhindert, dass der Strand von Vero Beach mit Hochhäusern zugebaut wurde. So konnte sich der Ort sein ursprüngliches Flair bewahren. Wer heute auf dem Ocean Drive bummelt, fühlt sich fast in eine Sommerfrische Neuenglands versetzt – wären da nicht die Palmen am Straßenrand. Auch kulturell ist in Vero Beach einiges los: Wer gern ins Theater geht, hat die Wahl zwischen dem Riverside Theatre und der Vero Beach Theatre Guild. Und das Kunstzentrum Center for the Arts beherbergt eine der größten Kunstschulen Floridas.

Infos und Adressen

SEHENSWÜRDIGKEITEN

Center for the Arts. Gemälde, Skulpturen, Fotografien und Videos zeitgenössischer amerikanischer und internationaler Künstler. Mo–Sa 10–16 Uhr, So 13–16.30 Uhr, 3001 Riverside Park Drive, Vero Beach, FL 32963, Tel. 772 231 0707, www.verobeachmuseum.org

McKee Botanical Garden. An den Ufern des Indian River entfalten die Pflanzen ihre schönsten Farben. Berühmt für seine Seerosen. 350 U.S. Hwy. 1, Vero Beach, FL 32962, Tel. 772 794 0601, www.mckeegarden.org

ESSEN UND TRINKEN

Citrus Grillhouse. Mediterran inspirierte Bistro-Küche direkt am Strand. 1050 Easter Lily Lane, Vero Beach, FL 32963, Tel. 772 234 4114, www.citrusgrillhouse.com

ÜBERNACHTEN

Costa d'Este Beach Resort & Spa. Gloria Estefans edles Strandhotel bietet Fitnesscenter, Feinschmeckerrestaurant … 3244 Ocean Drive, Vero Beach, FL 32963, Tel. 772 562 9919, www.costadeste.com

Rustikal: »Ocean Grill Restaurant« in Vero Beach

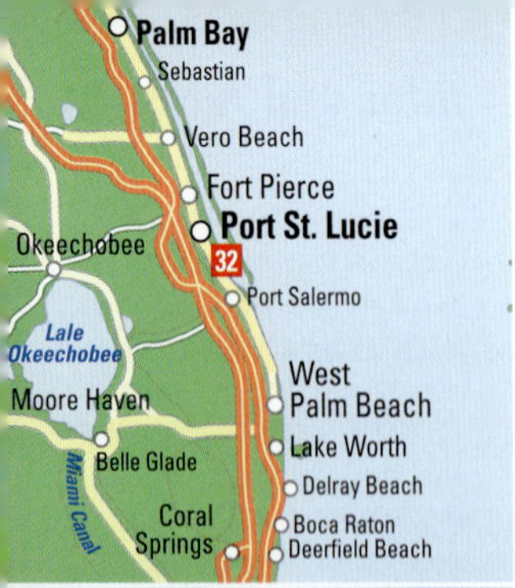

Mitte: Die katholische Martin de Porres-Kirche in Jensen Beach
Unten: Einladender Pool mit Liegestühlen

32 Port St. Lucie, Jensen Beach und Stuart

Konkurrenz für Hollywood

Wer auf der Küstenstraße A1A von Port St. Lucie nach Hobe Sound fährt, kommt nicht gerade an Orten vorbei, die vor Elektrizität vibrieren. Aber die kleinen Gemeinden haben doch ihren eigenen Charme, ihre eigene, zuweilen skurrile Geschichte, ihre versteckten exklusiven Enklaven. Und allen gemein ist ihre Nähe zum Atlantik mit seinen Dünen, Stränden und smaragdgrünem bis tintenblauem Wasser.

Ein wenig Selbstbewusstsein kann nicht schaden. Port St. Lucie bezeichnet sich gern als die »Golfhauptstadt Floridas« – und tatsächlich beherbergt sie mit dem »PGA Village« eines der führenden Golfresorts weltweit. Außerhalb der umzäunten Mauern fällt der Ort aber nicht durch allergrößten Liebreiz auf. Im Stadtkern des benachbarten Jensen Beach findet man dagegen das Flair von Key West mit Häusern in karibischen Farben. Hier gibt es hervorragende Restaurants und attraktive Bars mit Livemusik und einem lebendigen Nachtleben. Lohnend ist ein Abstecher ins renommierte Florida Oceanographic Coastal Center auf Hutchinson Island mit seinen Naturlehrpfaden, 750 000 Liter-Fischlagune und einem Meeresschildkröten-Pavillon.

Endlose Wasserwege

Jensen Beach gilt als »Sailfish Capital of the World«, doch neben den Angelmöglichkeiten *offshore* ist die Gegend auch ein wahres *Boating*-Paradies mit endlosen natürlichen Wasserwegen. Eine Route für Kenner ist der 250 Kilometer lange Okeechobee Waterway, der Floridas Ostküste mit der Westküste verbindet, und auf dem Hobbyskipper per Boot die Halbinsel überqueren können.

Von Stuart nach Hobe Sound

Weiter südlich liegt die Stadt Stuart am St. Lucie River, unmittelbar vor dessen Mündung in den Intracoastal Waterway und den Atlantik. Von 1893 bis 1895 trug der Ort den Namen Potsdam, da sein Gründer, der deutschstämmige Einwanderer Otto Stypmann, aus der gleichnamigen brandenburgischen Stadt stammte. Der emsige Otto wurde nicht nur erster Postmeister der neuen Gemeinde, sondern auch ein wohlhabender Grundbesitzer. 1895, nach Fertigstellung der East Coast Railway, benannte man sein amerikanisches Potsdam zu Ehren eines anderen Grundbesitzers namens Homer Hine Stuart Jr. in Stuart um. Sehenswert ist der alte Ortskern mit seiner Autokreuzung Confusion Corner, deren Name eindeutig Omen ist – drei Straßen überschneiden sich hier in scheinbarem Chaos.

Etwas weiter südlich liegt das Städtchen Hobe Sound, das eine Gruppe englischer Unternehmer in den 20er-Jahren während des Florida-Baubooms zu einer an antiken Vorbildern orientierten Musterstadt ausbauen wollte. Sie sollte vor allem als Filmkulisse dienen und Kaliforniens Hollywood Konkurrenz machen. Straßennamen wie Zeus, Saturn, Mercury und Athena zeugen von der Vision, der der Börsenkrach 1928 ein jähes Ende bereitete. Ein wenig Glamour ist geblieben: Der örtliche »Hobe Sound Polo Club« ist heute Austragungsort zahlreicher Turniere der United States Polo Association (USPA) sowie Gastgeber internationaler Poloteams. Engagierte Naturfreunde treffen sich nachts im Hobe Sound National Wildlife Refuge zu Kontrollgängen, um während der Eiablage-Saison Schildkrötennester zu markieren.

Infos und Adressen

ESSEN UND TRINKEN

Conchy Joe's Seafood. Hier werden seit 1979 frische Meeresfrüchte und Fisch serviert. Unbedingt die *Clam Chowder* probieren! 3945 NE Indian River Drive, Jensen Beach, FL 34957, Tel. 772 334 1130, www.conchyjoes.com

Courtine's Restaurant. Der Schweizer Besitzer Michel Courtine leistet hier in kulinarischem Entwicklungsland überzeugende Missionsarbeit. 514 North Dixie Hwy., Stuart, FL 34994, Tel. 772 692 3662, www.courtines.com

Flash Beach Grille. Seafood und Fleischgerichte mit deutlich ambitionierterem Ansatz als in vergleichbaren Restaurants in der Gegend. 9126 SE Bridge Rd., Hobe Sound, FL 33455, Tel. 772 545 3969, www.flashcatering.com

ÜBERNACHTEN

Hutchinson Island Marriott Beach Resort & Marina. Großes Inselresort mit gepflegten Unterkünften, entspannte Atmosphäre. 555 NE Ocean Blvd., Stuart, FL 34996, Tel. 772 225 3700, www.marriott.com/Stuart

Urig und beliebt: Conchy Joe's Seafood

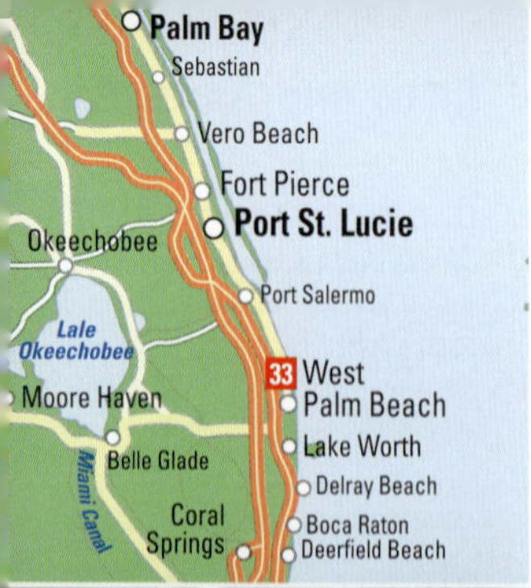

Im Mizner Park ist exklusives Shoppingvergnügen angesagt.

33 Palm Beach und West Palm Beach

Reich, reicher – Palm Beach

Palm Beach hat 10 200 Einwohner auf einer Fläche, die etwa dreimal so groß wie der Central Park ist. Die Stadt ist so wohlhabend, dass es hier als Beleidigung gilt, einen ihrer Bewohner als Millionär zu bezeichnen. Hinter mächtigen Mauern und schwer einsehbaren Hecken und Sträuchern verbirgt sich so manch märchenhafte Villa, die ihre Besitzer den »American Dream« in vollen Zügen genießen lässt.

Über drei Brücken ist die Insel Palm Beach mit der Welt verbunden – und doch irgendwie ganz weit von ihr entfernt. Es ist die einzige Stadt in Florida, in der jeden Tag die Mülleimer geleert und die Straßen gefegt werden. Die schmale Halbinsel – Atlantik auf der einen Seite, die Lake-Worth-Lagune auf der anderen – beherbergt einige der reichsten Menschen der Welt. Ob altes Geld oder

MAL EHRLICH

ZUGBRÜCKE RUNTER!

Wer sich auf der Worth Avenue beim Anblick der graumelierten Herren mit ihren Kroko-Slippern und der frisch gelifteten Geliebten am Arm ein Lächeln nicht verkneifen kann, der soll halt nicht nach Palm Beach kommen! Die Stadt war schon immer bemüht, das gemeine Volk fern zu halten. Sei's drum. Wer sich anders jung geblieben fühlt, für den gibt es auf der anderen Seite der Lake-Worth-Lagune in West Palm Beach eine hippe, urbane Alternative zu Donald Trump und dem ganzen snobistischen Country-Club-Getue. Auf zur Party, fertig, los!

neues Geld – wer sich in Palm Beach niederlässt, hat es definitiv bis nach ganz oben geschafft. Wer leben möchte wie die Schönen und Reichen, ist hier goldrichtig. Luxusautos wie Rolls-Royce, Bentley und Ferrari zieren die gepflegten, von Palmen gesäumten Straßen – der Überfluss ist an jeder Ecke des Nobelortes zu spüren.

Das Geschäft mit der Schönheit

Inoffizielles Stadtoberhaupt ist Donald Trump, der sich einen illustren Hofstaat hält – darunter Parfum-Mogul Ronald Lauder, Investor Ron Perelman, Diät-Witwe Veronica Atkins, Bestseller-Fabrikant James Patterson und Sänger Rod Stewart. Von der Town Hall sind es nur wenige Schritte zur Worth Avenue, der Shoppingmeile von Palm Beach. Auf einer Länge von drei Straßenblocks ballt sich Luxus in Reinform: Van Cleef & Arpels, Louis Vuitton, Valentino, Cartier, Salvatore Ferragamo, Giorgio Armani, Hermès, Tiffany, Gucci, Chanel, Polo Ralph Lauren … Das Ganze gesprenkelt mit Sternerestaurants, Kunstgalerien und Immobilienagenturen. Die Auslagen strotzen vor Pelzen, Diamanten, Antiquitäten. Noch finanzierbar ist hier ein Kaffee in einem der zahlreichen Bistros – inmitten vieler älterer Damen und Herren mit auffallend straffen Gesichtern – die Schönheitschirurgie hat in Florida eine riesige Industrie hervorgebracht.

Die Sonne lässt sich, von allen Altersklassen unabhängig, vor allem am wunderschönen, neun Kilometer langen Sandstrand von Palm Beach genießen. Überwacht von Rettungsschwimmern kann man hier sogar kostenlos sein Strandstühlchen aufstellen. Oder warum nicht auf einem der über 150 Golfplätze in der Umgebung das Einputten üben?

Im Mittelpunkt der Geschichte von Palm Beach und ihrer Schwesterstadt West Palm Beach, direkt

AUTORENTIPP!

HENRY MORRISON FLAGLER MUSEUM

Für sich und seine dritte Frau Mary Lily Kenan erbaute der Ölmagnat und Eisenbahnbaron Henry Morrison Flagler (1830–1913) diesen herrlichen Marmorpalast, den er »Whitehall« nannte. Bei Fertigstellung 1902 jubelte der *New York Herald*: »Schöner als jeder Palast in Europa und größer und prächtiger als jede Privatwohnung der Welt«. Nach Flaglers Tod erlebte das Gebäude eine wechselvolle Zeit, sollte sogar abgerissen werden. Zum Glück hörte 1959 Flaglers Enkelin Jean Flagler Matthews davon. Mit Hilfe von Investoren kaufte sie Haus und Grundstück und errichtete das Museum. 2005 wurde ein neuer Ausstellungspavillon errichtet, der den privaten Eisenbahnwaggon von Henry Flagler beherbergt.

Henry Morrison Flagler Museum. Di–Sa 10–17 Uhr, So 12–17 Uhr, 1 Whitehall Way, Palm Beach, FL 33480, Tel. 561 655 2833, www.flagler.org

Oben: Skulptur im Fenster einer Kunstgalerie an der mondänen Worth Avenue
Unten: Elegante Mode – mit entsprechendem Preisschild

gegenüber an der Lake-Worth-Lagune, steht wieder einmal Henry Flagler, dessen Eisenbahnlinien der zündende Funke für die Erschließung weiter Teile Floridas waren. Der Mitbegründer der Standard Oil Company und Eisenbahntycoon erkannte als erster das Potenzial dieser Gegend. 1893 kaufte Flagler an der Atlantikküste ein 57 Hektar großes Grundstück und trieb den Ausbau seiner Eisenbahnlinie Florida East Coast Railway nach Süden voran. Die Ostküste des Sonnenschein-Staates sollte ein Urlaubsmekka für alle Nordamerikaner werden. Ein Eisenbahnhotel reihte sich bald an das andere. Die erste Hotelanlage in Palm Beach öffnete 1894: das »Royal Poinciana« am Lake Worth mit 1700 Angestellten für 2000 Gäste. 1896 wurde der Hafen für Dampfschiffe gebaut; Flagler ließ einen separaten Schienenstrang bis unmittelbar vor den Eingang seines Hotels legen. Die Superreichen hatten ihr Winterdomizil für sich entdeckt – und so ist es bis heute.

1901 errichtete Flagler anlässlich seiner dritten Hochzeit seinen eigenen, noblen 55-Zimmer-Wohnsitz in Palm Beach: das heutige Flagler Museum. Auch das »Mar-A-Lago«, jetzt im Besitz

Rundgang zu den Highlights von Palm Beach

A Kennedy Mansion – Stararchitekt Mizner baute diese 11-Schlafzimmer-Villa 1925 – mit Pool und Tennisplatz. 1933 erwarb Joseph P. Kennedy die Villa als Feriendomizil für seine Großfamilie. Hier verbrachte sein Sohn, US-Präsident John F. Kennedy, im November 1963 das letzte Wochenende seines Lebens, bevor er weiter nach Dallas flog. 1095 North Ocean Blvd.

B The Breakers – 1896 eröffnete Henry Flagler das Hotel, um die Passagiere seiner neuen Eisenbahnlinie standesgemäß zu beherbergen. Das Haus sollte eine Ergänzung des zwei Jahre älteren »Royal Poinciana«-Hotel sein. Doch obwohl es bei Großbränden 1903 und 1925 schwer beschädigt wurde, lief es dem Nachbarhotel bald den Rang ab – das Royal Poinciana wurde 1935 abgerissen. The Breakers hingegen ist noch immer ein riesiger Prachtbau. 1 South County Rd.

C Flagler Museum – Dem Begründer des Wohlstands von Palm Beach ist dieses Museum gewidmet. Imponierender Eindruck vom Reichtum des Nobelortes. 1 Whitehall Way.

D Four Arts Gardens – Idyllische Oase mit Floridas üppiger Pflanzenwelt. Der 2004 durch einen Hurrikan verwüstete Garten wurde nach gründlicher Erneuerung 2007 als Skulpturengarten wieder eröffnet. 2 Four Arts Plaza.

E Worth Avenue – Mit ihren Luxus-Shops wird sie auch als »Rodeo Drive der Ostküste« bezeichnet. Theater und Museen haben hier ebenfalls ihre Adresse. Nach einer 10-Millionen-Dollar-Renovierung erstrahlt die Luxusmeile in neuem Glanz.

F Mar-A-Lago – Heute im Besitz von Donald Trump und als exklusiver Club nur Mitgliedern zugänglich, war einst Privathaus. Marjorie M. Post, Inhaberin des Nahrungsmittelkonzerns General Foods, hatte das 126-Zimmer-Gebäude 1927 errichten lassen. Michael Jackson und Lisa Marie Presley verbrachten hier 1994 ihre Flitterwochen. 1100 South Ocean Blvd.

AUTORENTIPP!

NORTON MUSEUM OF ART
Hier findet der Kunstliebhaber beeindruckende zeitgenössische Werke, unter anderem von Robert Henri, Damien Hirst und Jacob Lawrence: Das Norton Museum of Art gilt als eines der besten regionalen Häuser in den USA. Europäische Impressionisten und moderne Meister werden durch Werke von Monet, Gauguin, Picasso und Cezanne vertreten. Arbeiten von Bellows, O'Keeffe, Hopper und Pollock und anderer Größen geben einen Überblick über die amerikanische Kunst bis Mitte des 20. Jahrhunderts. Die chinesische Sammlung zeichnet sich durch altertümliche Bronzen, Jade, Keramiken und herausragende buddhistische Skulpturen aus. Einen Besuch lohnt auch die hochkarätige Fotosammlung.

Norton Museum of Art. Di–Sa 10–17 Uhr, Do 10–21 Uhr, So 11–17 Uhr, Kinder frei, 1451 South Olive Ave., West Palm Beach, FL 33401, Tel. 561 832 5196, www.norton.org

Kunstwerk im Eingangsbereich der Art Gallery in der Worth Avenue

von Donald Trump und als exklusiver Club nur für Mitglieder, wurde einst als Privathaus errichtet. Später baute das »neue Geld« prächtige Winterwohnsitze. Berühmte Namen wie die der Familien Ford, Dodge, Astor, Kennedy, Post und Hutton waren die ersten. Europäer wie die Windsors, Churchills, Singers, Mercks und Faber-Castells folgten. Die Nachkommen vieler dieser Dynastien leben noch immer in Palm Beach – zumindest zeitweise.

Am Anfang war die Ananas

Bereits 1894 erhielt West Palm Beach auf der westlichen Seite der Lake Worth Lagoon das Stadtrecht. Neue Baurichtlinien erlaubten fortan nur noch die Errichtung solider Gebäude. Eine kluge Politik, denn als in den 20er-Jahren scharenweise Investoren nach Florida kamen, stießen sie hier auf ein bereits gut entwickeltes Gebiet, das vom einsetzenden Boom profitierte. Weite Teile des heutigen Stadtgebiets waren früher tropische Wildnis oder Agrarland. Im Bel Air Historic District und im Viertel Flamingo Park etwa wurden einst Ananasplantagen betrieben.

Die meisten der Stadtteile entstanden in den 20ern, so auch El Cid. In diesem Stadtviertel allein befinden sich mehr als 250 Gebäude aus dieser Zeit, zumeist im mediterranen oder spanischen Missionsstil errichtet. In den 80er-Jahren erlebte West Palm Beach vorübergehend einen Niedergang mit steigenden Kriminalitätsraten. Heute aber hat der Ort dank vieler Investitionen den Umschwung geschafft. Zahlreiche Gebäude aus der Boomzeit der 20er-Jahre wurden restauriert, Beispiele sind unter anderem an der Clematis Street zu finden. Modernes Leben hingegen boomt in CityPlace mit seinem vibrierenden Mix aus zeitgenössischer Architektur, Kneipen, Restaurants und lebendigem Nachtleben.

Infos und Adressen

SEHENSWÜRDIGKEITEN

South Florida Science Museum. Unter einem Dach: das South Florida Aquarium, Planetarium-Vorführungen sowie dauerhafte und wechselnde Wissenschaftsausstellungen. Das Salzwasseraquarium mit Meerestieren aus aller Welt ist das größte im County. Mo–Fr 9–17 Uhr, Sa, So 10–18 Uhr, 4801 Dreher Trail North, West Palm Beach, FL 33405, Tel. 561 832 1988, www.sfsciencecenter.org

ESSEN UND TRINKEN

Buccan. Puristisch und mit den besten Zutaten, das ist die Küche, die Clay Conley seit 2011 vertritt. 350 South County Rd., Palm Beach, FL 33480, Tel. 561 833 3450, www.buccanpalmbeach.com

Chez Jean-Pierre. Französische Küche vom Allerfeinsten und eine beeindruckende Weinkarte. 132 North Country Rd., Palm Beach, FL 33480, Tel. 561 833 1171, www.chezjean-pierre.com

ÜBERNACHTEN

The Brazilian Court. Mehrfach ausgezeichnetes Hotel inmitten eines tropischen Gartens, das zur ersten Liga in Palm Beach zählt. 301 Australian Ave., Palm Beach, FL 33480, Tel. 561 655 7740, www.thebraziliancourt.com

The Breakers. Vereint das Beste, was Palm Beach zu bieten hat: vollständig erneuerte Zimmer, teils mit atemberaubendem Meerblick, exzellente Restaurants und Bars sowie einen tropischen Beach Club mit Privatstrand. 1 South County Rd., Palm Beach, FL 33480, Tel. 877 602 8182, www.thebreakers.com

In der Nobelherberge »The Breakers« müssen auch verwöhnte Gäste auf nichts verzichten.

VERANSTALTUNGEN

SunFest. Das große Volksfest wird seit 1982 an der neu gestalteten Waterfront gefeiert. Open-Air-Konzerte, Kunst und Kunsthandwerk. Erste Maiwoche, www.sunfest.com

Fünf Whirlpools und vier Pools direkt am Strand – und der Atlantik ist auch noch da.

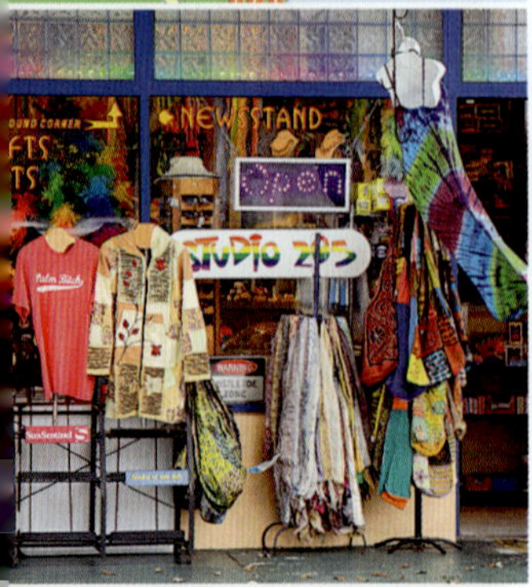

Mitte: Flippige Boutique an der Lake Avenue von Lake Worth
Unten: In Europa umstritten, in den USA erlaubt: Kava-Produkte (Rauschpfeffer)

34 Lake Worth und Boynton Beach

Wo die Tropen beginnen

Mit ihren bildschönen und exklusiven Nachbarinnen Palm Beach im Norden und Delray Beach im Süden können es die beiden Städtchen Lake Worth und Boynton Beach nicht aufnehmen – dafür haben sich hier in den letzten Jahrzehnten zu viele bodenständige »Blue Collar«-Familien angesiedelt. Aber auch Künstler, denen andere Orte zu teuer geworden sind und die sich entschlossen haben, hier »ihr Ding« zu machen.

Das Städtchen Lake Worth bewirbt sich selbst gern mit dem Slogan »Where the Tropics begin«. Tatsächlich fließt der Golfstrom hier näher an der Küste vorbei als anderswo in Florida – und beschert dem Ort ganzjährig warme Temperaturen und gleichbleibend milde Brisen in der Nacht. Eine touristische Perle ist Lake Worth gleichwohl nicht, eher ein Halbedelstein, dem jedoch mancher wünscht, dass er auch in Zukunft nicht allzu glatt geschliffen werden möge …

Noch geht es hier eher rustikal zu. Man gibt sich künstlerisch, mit einer Prise Hippie-Flair. Wer also keinen Wert auf Schickimicki legt, ist hier richtig. Und besucht entlang der Lake Avenue einige schöne Restaurants und Nachtklubs, in der die hiesige Musikszene ihre Auftritte hat. Highlight des 35 000 Einwohner großen Ortes ist neben seinem Pier der feinsandige, weiße Strand, der Sonnenhungrige, Surfer und Taucher anzieht. Mehrere Tauchschulen kümmern sich um die Unterwasser-Klientel und bieten Charterboottouren zu den örtlichen *diving spots* und bis zu den Keys an.

Lake Worth und Boynton Beach

Viele Besucher nutzen die Stadt als noch immer preiswerten Ausgangspunkt, um die nahe gelegenen Städte Delray Beach, Boca Raton oder Palm Beach zu erkunden oder um auf einem der zahlreichen Golfplätze den Schläger zu schwingen.

Weit über die Stadtgrenzen von Lake Worth hinaus bekannt ist das größte Oktoberfest im Süden Floridas, das vom German American Club of the Palm Beaches organisiert wird. Hier kann man sich auf ein Stück Heimat freuen. Zünftige Mahlzeiten wie Bratwurst, Kartoffelsalat, Sauerkraut, flankiert von musikalischer Unterhaltung werden geboten – und sollte man seinen Banknachbarn nicht verstehen, muss es nicht an einer Maß Bier zuviel liegen: Lake Worth hat einen hohen Anteil an Einwanderern mit finnischen Wurzeln, die Sprache und Brauchtum ebenso pflegen wie die deutschstämmigen Bewohner dieser Region.

Nachkriegs-Boom

Etwas weiter südlich von Lake Worth liegt Boynton Beach, das nach dem aus Michigan stammenden Sezessionskrieg-Major Nathan S. Boynton benannt wurde. Er erwarb 1895 Land und errichtete gemeinsam mit einer Gruppe Kolonisten das »Boynton Beach Hotel«. Bis zum Ende des Zweiten Weltkrieges war der Ort kaum bekannt. Erst als sich nach 1945 viele Soldaten hier niederließen und Familien gründeten, entwickelte sich die Gemeinde und zählt heute 68 000 Einwohner. Ihr größtes Kapital ist der Strand, insbesondere am Boynton Beach Oceanfront Park. Ein wenig Everglades-Feeling gibt's außerdem im Boynton Beach Mangrove Park. Über Holzstege gelangen Naturfreunde zu einer kleinen Aussichtsplattform, von der aus sie die Marschlandschaft überblicken, in der viele Watvögel, der Schlangenhalsvogel und auch der ein oder andere Alligator ihr Zuhause haben.

Infos und Adressen

SEHENSWÜRDIGKEITEN

Lake Worth Playhouse. In diesem restaurierten ehemaligen Varieté von 1924 wird klassisches Theater gezeigt. 713 Lake Ave., Lake Worth, FL 33460, Tel. 561 586 6410, www.lakeworthplayhouse.org

ESSEN UND TRINKEN

Benny's on the Beach. Gerichte mit frischen Zutaten, entspannter Atmosphäre und Meerblick. 10 South Ocean Blvd., Lake Worth, FL 33460, Tel. 561 582 9001, www.bennysonthebeach.com

Fiorentina Restaurant. Elegantes italienisches Restaurant. Tintenfischringe und Lammkoteletts mit Minze lassen Toskana-Feeling aufkommen. 707 Lake Ave., Lake Worth, FL 33460, Tel. 561 588 9707, www.fiorentinarestaurant.com

ÜBERNACHTEN

Sabal Palm House Bed and Breakfast. Entzückendes B&B mit liebevoll eingerichteten Zimmern, begrüntem Innenhof und Teestunde. 109 North Golfview Rd., Lake Worth, FL 33460, Tel. 561 582 1090, www.sabalpalmhouse.com

Originelle Speisekarte

Mitte: Springbrunnen auf der Atlantic Avenue in Delray Beach
Unten: Intensiv duftend: Garlic (Knoblauch) ist das Wahrzeichen von Delray Beach.

35 Delray Beach

Spuren aus Übersee

Delray Beach, genau in der Mitte zwischen Fort Lauderdale und Palm Beach gelegen, hat nicht nur kilometerlange, feine Sandstrände zu bieten, sondern auch viele interessante Events und schöne Hotels. Dazu eine lebendige historische Innenstadt mit vielen Restaurants, Galerien und Geschäften, die zum Bummeln einladen. Nur einmal im Jahr riecht es hier etwas streng… und das hat mit Knoblauch zu tun.

Soviel europäisches Flair ist in Florida kaum anderswo zu finden. Auf der Atlantic Avenue von Delray Beach stöbert man in kleinen Läden, sitzt draußen im Straßencafé unter freiem Himmel, isst zum Lunch einen Happen oder diniert »al fresco«. Schlemmer haben es schwer, eine Wahl zwischen den vielen Top-Restaurants zu treffen. Die hier angebotenen Fischspezialitäten genießen einen hervorragenden Ruf. Und wenn sich die Sonne über dem Festland senkt, stürzt man sich in ein durchaus lebendiges Nachtleben.

Alles in allem: italienischer Lifestyle an Floridas Atlantikküste. Darüber hinaus finden das ganze Jahr über Veranstaltungen statt. So laden *downtown* jeden Freitagabend die Galerien zum »Gallery Walk« – Einheimische und Touristen bummeln die Atlantic Avenue entlang und bewundern Kunst aus aller Welt. Besonders das *Delray Fine Arts Festival* im Januar ist ein Publikumsmagnet. Mehr als 250 Künstler aus den ganzen USA machen das kleine Atlantikstädtchen dann zu einer riesigen Open-Air-Kunstausstellung. Auch die *Delray Fabulous Fashion Week* sorgt im selben Monat für große Aufmerksamkeit. Highlight der Modewoche ist

eine Modenschau, bei der ein Laufsteg vor dem historischen »Colony Hotel« aufgebaut wird und lokale Designer und Boutiquen ihre Mode präsentieren. *Delray Affair*, eines der ältesten und größten Straßenfeste in Südflorida, umfasst zehn Häuserblocks und findet jedes Jahr im Mai statt. Dann stellen mehr als 800 Künstler und Fotografen ihre Arbeiten aus, und es gibt leckere Snacks wie brutzelnd heiße *conch fritters*, knusprige Kroketten aus Jakobsmuscheln.

Nördlich der Atlantic Avenue liegt der sanierte Pineapple Grove Arts District, dessen bunter, vielseitiger Mix aus Cafés, Läden, Galerien und Spas auf Künstler wie ein Magnet wirkt. In Downtown Delray warten mehr als 1100 Geschäfte auf Kunden. Auch hier herrscht mediterranes Flair.

Aromatische Knolle

Die Stadt Delray, die, wie viele andere Küstenstädte auch, ihre attraktive Strandnähe in ihren Namen aufnahm und nun Delray Beach heißt, wurde 1901 gegründet. Ihre erste Glanzzeit erlebte sie bereits in den 20er-Jahren, als die neu gebaute Eisenbahnlinie Touristen aus dem Norden in den Ort brachte. Viele liebevoll renovierte Gebäude zeugen noch heute von dieser Zeit. Auf einer »Historic Architecture Walking Tour« lassen sich Delrays alte

AUTORENTIPP!

MORIKAMI MUSEUM AND JAPANESE GARDENS

Dieses Museum mit seinem pittoresken Garten erzählt die Geschichte der ersten japanischen Farmer, die sich Anfang des 20. Jahrhunderts als Yamato Colony in der Gegend ansiedelten, um Reis und Tee anzubauen. Das Experiment schlug fehl, nur George Sukeji Morikami blieb – und stieg erfolgreich auf Ananas um. Hinter dem Museumsgebäude im fernöstlichen Stil, in dem Kunsthandwerk und eine Ausstellung zur japanischen Kultur an die frühe Kolonie erinnern, erstreckt sich auf 80 Hektar einer der größten japanischen Gärten der USA. Hier findet man einen künstlichen Wasserfall, der sich in Teiche mit bunt schillernden Koi-Karpfen ergießt, sowie eine große Sammlung prächtiger Bonsaibäume.

Morikami Museum and Japanese Gardens. Di–So 10–17 Uhr, 4000 Morikami Park Rd., Delray Beach, FL 33446, Tel. 561 495 0233, www.morikami.org

Das »Colony Hotel« ist seit 1929 das Wahrzeichen der Stadt.

Schätze wunderbar entdecken. Die Orientierung hier ist einfach: Zwei Straßen (Nord-Süd) dienen dem Durchgangsverkehr, die dritte Straße, die zum Meer führende Atlantic Avenue, dient dem Flanieren und Vergnügen. Über eine Zugbrücke gelangt man zum weitläufigen Sandstrand mit klarem, warmem Wasser. Ist es zu stürmisch zum Baden, kann man den vielen Kitesurfern bei ihren tollkühnen Sprüngen zuschauen.

Überraschenderweise hat sich Delray Beach keine tropische Pflanze, sondern den Knoblauch zum Wahrzeichen gemacht. Im November steigt hier eine Veranstaltung, bei der sich alles um die Wunderknolle dreht: das *Delray Beach Garlic Fest.* Unter dem Motto »The Best Stinkin' Party in Town« präsentieren die Chefköche des Ortes dann ihre Künste im Namen der aromatischen Lauchpflanze. Einheimische versichern, dass während des Garlic-Festes jeder Einwohner und Besucher von Delray Beach eine mächtige Knoblauchfahne vor sich her trägt.

Dorf am Meer

In gemütlichen Hotels und Pensionen können Touristen ihren Urlaub in Delray Beach verbringen. Feinsandige Strände laden zum Entspannen ein, das Meer bietet zahlreiche Wassersportmöglichkeiten. Der Trubel, der in anderen Küstenbadeorten an der Tagesordnung ist, fehlt jedoch. Nicht umsonst haben die Einheimischen ihren Ort »Village by the Sea« getauft. Urlauber, die relaxen wollen, kommen in Delray Beach ebenso auf ihre Kosten wie Sportbegeisterte.

Seit 2000 findet übrigens jährlich im Februar auf den Hartplätzen des Delray Bach Stadium & Tennis Center das renommierte ATP-Herrenturnier statt, das viele Tennisfans von nah und fern anlockt.

Infos und Adressen

SEHENSWÜRDIGKEITEN

Delray Beach Center for the Arts. Künstlerisches Zentrum im Herzen von Delray Beach mit dem Cornell Museum of Art and American Culture (Di–So 10–16 Uhr) und dem Crest Theatre (Crest Gallery Mo–Fr 9.30–16.30 Uhr), 51 North Swinton Ave., Delray Beach, FL 33444, Tel. 561 243 7922, www.DelrayCenterForTheArts.org

ESSEN UND TRINKEN

Max's Harvest. Öko-Produkte aus der Umgebung, Fleisch aus artgerechter Haltung, Fisch aus nachhaltigem Fang, Wein aus ökologischem Anbau. 169 Northeast 2nd Ave., Delray Beach, FL 33444, Tel. 561 381 9970, www.maxsharvest.com

Saltwater Brewery. Die Braumeister benutzen ganz normales Trinkwasser für ihr Bier, setzen sich aber auch für den Schutz des Ozeans ein, daher das »Salzwasser« im Namen. 1701 West Atlantic Ave., Delray Beach, FL 33444, Tel. 561 865 5373, www.saltwaterbrewery.com

ÜBERNACHTEN

Colony Hotel. Seit 1935 in Familienbesitz, begeistert das Hotel mit Strandzugang nicht nur historisch Interessierte. 525 East Atlantic Ave., Delray Beach, FL 33483, Tel. 561 276 4123, www.colonyflorida.com

Sundy House. Luxuriöse Zimmer, ein exquisites Restaurant und der tropische Garten lassen den Alltag vergessen. 106 South Swinton Ave., Delray Beach, FL 33444, Tel. 561 272 5678, www.sundyhouse.com

36 Boca Raton

Riviera am Atlantik

Sie hat etwas vom Garten Eden, die 85 000-Einwohner-Stadt Boca Raton. Der einzige Müll auf den Straßen sind herabgefallene Palmwedel, die Häuser haben Säulen und sind blau, gelb oder rosa getüncht. Auf den Straßen fahren Luxuskarossen der Marke Bentley, Porsche oder Maserati – vorbei an Jachtklubs und Juwelierläden. Ständig muss man aufpassen, nicht von einem der allgegenwärtigen Golfcarts angefahren zu werden.

Boca Raton hat die Villendichte von Beverly Hills, einen Hauch Blasiertheit wie Blankenese und ein Wetter wie in der Karibik. »Boca«, wie Einheimische kurz sagen, ist ein schöner Ort – für jene, die ihn sich leisten können. Die Villen und Residenzen der Superreichen in Boca Raton stehen an der Küste, hohe Zäune und Hecken sorgen dafür, dass Otto Normalverbraucher zumindest von der Straßenseite keine allzu tiefen Einblicke erhaschen kann.

Die frühesten bekannten Einwohner waren die Tequesta-Indianer, die bis ins 18. Jahrhundert an der Küste lebten. Mit der Brücke über den Florida East Coast Canal und dem Bau der Florida East Coast Railway um 1890 kam eine Reihe findiger Pioniere in die Gegend. Doch noch bis zum Ende des Jahrhunderts blieb Boca Raton eine kleine landwirtschaftliche Gemeinde, deren Farmer sich auf die Kultivierung der Ananas spezialisiert hatten.

Glamour und Pleite

Im Mai 1925, auf der Höhe des Florida-Landbooms, beauftragte der Gemeinderat den Architekten Ad-

Mitte: So präsentiert sich Boca Raton aus der Vogelperspektive in westlicher Blickrichtung
Unten: Sportwagen wie dieser rote Flitzer gehören zum Stadtbild von Boca Raton.

dison Mizner mit der Planung einer Feriengemeinde der Superklasse. Sein exklusives Hotel »Cloister Inn«, 1926 im pseudo-spanischen Stil fertiggestellt, war seinerzeit das teuerste der Welt – ausstaffiert mit Antiquitäten aus Spanien und Südamerika sowie allem nur erdenklichen Luxus. Natürlich zog soviel Glamour die bekanntesten Persönlichkeiten ihrer Zeit an: Harold Vanderbilt, George Whitney, Florenz Ziegfeld und Elizabeth Arden gehörten zu den ersten Gästen. Mizners Besitzerstolz dauerte jedoch nur eine Saison, dann segelte er in die Pleite. Der Immobilientycoon Clarence Geist kaufte das Objekt 1927 seinem insolventen Schöpfer ab. Später im Zweiten Weltkrieg diente es als Baracke, um schließlich als flamingofarbener Hotelgigant »Boca Raton Resort and Club« mit mittlerweile 1047 Zimmern wiederaufzuerstehen.

Dem Namen Mizner begegnet man in Boca Raton überall, war die Stadt doch schließlich ein Reißbrettprodukt nach seinen Plänen. Sein Traum war es, aus Boca Raton einen grandiosen Ferienort zu machen, wie einem Prospekt von 1925 zu entnehmen ist. Doch die hochfliegenden Pläne fanden mit dem Immobilien-Crash 1926 ein jähes Ende, und die Stadt fiel für die nächsten Jahre in einen Dornröschenschlaf.

Neben seinem Prestigeprojekt »Cloister Inn« sind der Mizner Park, Old Floresta und die Royal Palm Plaza weitere Beispiele für die planerische Vision des Architekten. Bei Letzterem handelt es sich um einen mit großen Palmen umsäumten Platz, um den sich exklusive Boutiquen und ambitionierte Galerien etabliert haben.

Für Kunstinteressierte ist das Boca Raton Museum of Art, in dem Werke von Degas, Picasso und Matisse zu sehen sind, ein lohnendes Ziel. Wer hingegen mehr an Comics interessiert ist, wird

AUTORENTIPP!

VON ITALIEN INSPIRIERT: FLORESTA

Der Kalifornier Addison Mizner (1872–1933) war vernarrt in den verlotterten Look italienischer Palazzi. Seine eigenen Bauten ließ der Architekt altern, indem er mit dem Handbohrer künstliche Wurmlöcher ins Holz bohrte. Hatten seine Handwerker einen schönen Kaminsims oder eine Tür geschaffen, schlug er zuweilen mit dem Hammer eine Ecke ab, damit das Teil abgenutzt aussah. Visionär Mizner errichtete 1924 auch »Floresta«, eine Siedlung für die Direktoren seiner Baugesellschaft. 30 Einfamilienhäuser entstanden im mediterranen Stil. Mit schmuckvoll verputzten Fassaden, Ziegeldächern und schmiedeeisernen Balkonen. 1990 wurde »Old Floresta« unter Denkmalschutz gestellt und gilt heute als exklusive und begehrte Wohnlage.

Boca Raton Historical Society. Mo–Fr 10–16 Uhr, 71 North Federal Hwy., Boca Raton, FL 33432, Tel. 561 395 6766, www.bocahistory.org

Oben: Das Boca Raton Museum of Art zeigt Werke europäischer Malerei.
Unten: Der Gumbo Limbo, auch als Touristenbaum bekannt

sich über das International Museum of Cartoon Art freuen. Dort werden über 160 000 Ausstellungsstücke von den Anfängen des Cartoons bis zu Spiderman präsentiert. Außerdem beherbergt das Museum eine Kunstschule, in der erfahrene Künstler und Dozenten ihr Wissen weitergeben: von Fotokursen über Schmuckdesign bis zum Inneneinrichtungs-Kurs.

Der Touristenbaum

Naturfreunde kommen im Gumbo Limbo Nature Center auf ihre Kosten. Dort gibt es Informationen über die heimische Flora und Fauna. Die neuen Kenntnisse können auf einem Naturpfad durch die Mangrovensümpfe hin zu einem Aussichtsturm, der einen tollen Ausblick auf die Umgebung bietet, gleich vor Ort überprüft werden. Übrigens: Namensgeber »Gumbo Limbo« ist ein endemischer Baum mit federähnlichen Blättern und einer glänzend roten, abblätternden Rinde. In Südflorida wird er wegen dieser schuppenden Haut auch »Touristenbaum« genannt – eine augenzwinkernde Mahnung für Besucher, sich regelmäßig mit Sonnenschutzmitteln einzucremen.

Infos und Adressen

SEHENSWÜRDIGKEITEN

Boca Raton Museum of Art. Eines der führenden Museen Südfloridas mit Werken von Picasso, Degas und Matisse. Di, Do, Fr 10–17 Uhr, Mi 10–21 Uhr, Sa, So 12–17 Uhr, 501 Plaza Real Mizner Park, Boca Raton, FL 33432, Tel. 561 392 2500, www.bocamuseum.org

Caldwell Theatre Company. Das Theater bietet seit 1975 ein abwechslungsreiches Programm. 7901 North Federal Hwy., Boca Raton, FL 33487, Tel. 561 241 7432, www.caldwelltheatre.com

ESSEN UND TRINKEN

Casa D'Angelo. Patrone Angelo Elia verwöhnt seine Gäste mit toskanischen und süditalienischen Gerichten. 171 East Palmetto Park Rd., Boca Raton, FL 33432, Tel. 561 996 1234, www.casa-d-angelo.com

Uncle Tai's Hunan Cuisine. Die Kochkunst erlernte Restaurantleiter Howard Tai in Shanghai und New York. Aufgetischt werden Gerichte à la Hunan. 5250 Town Center Circle, Boca Raton, FL 33486, Tel. 561 368 8806, www.uncletais.com

ÜBERNACHTEN

Boca Raton Resort & Club. Auch nach 80 Jahren noch eine der ersten Adressen am Platz. 501 East Camino Real, Boca Raton, FL 33432, Tel. 561 447 3000, www.bocaresort.com

Unterwegs auf dem Gumbo Limbo Boardwalk

Kreativ: der Garten des Hotels »Boca Raton Resort & Club«

Waterstone Resort & Marina Boca Raton. Das Hotel am Jachthafen überzeugt durch modernes Innendesign. 999 East Camino Real, Boca Raton, FL 33432, Tel. 561 368 9500, www.waterstoneboca.com

AKTIVITÄTEN

Gumbo Limbo Nature Center. Erst im Besucherzentrum die Fauna der Region kennenlernen, dann die Kenntnisse auf einem Pfad durch die Mangrovensümpfe überprüfen. Mo–Sa 9–16 Uhr, So 12–16 Uhr, 1801 North Ocean Blvd., Boca Raton, FL 33432, Tel. 561 338 1473, www.gumbolimbo.org

In elegantem Schwarz-Weiß: Das Hillsboro Lighthouse ist das Wahrzeichen von Pompano Beach.

37 Von Deerfield Beach bis Lauderdale-by-the-Sea

Volles Programm mit Charme

Zwischen ihrem mondänen Nachbarn Boca Raton im Norden und der Metropole Fort Lauderdale im Süden gelegen, haben sich Deerfield Beach, Pompano Beach und Lauderdale-by-the-Sea einen gewissen Kleinstadt-Charme erhalten. Ihr Kapital ist ein breiter, sanft ins Meer abfallender Strand, ideal zum Sonnetanken und Faulenzen, zum Sandburgbauen und für ein erfrischendes Bad in den türkisfarbenen Fluten des Atlantiks.

Anglerglück total: Der fast 300 Meter lange Fishing Pier ist Treffpunkt der wettergegerbten Petrijünger in Deerfield Beach. Auch Amateure können die nötige Ausrüstung vor Ort bequem mieten, und für Zuschauer ist es ein Erlebnis zu sehen, welche Fische die Profis hier aus dem Wasser ziehen. Wem der Sinn nach dem *big catch* steht, kann in Deerfields Marina Halb- oder Ganztages-Hochsee-Angeltrips buchen.

Ein Muss für fortgeschrittene Golfer ist in Deerfield Beach ein »Tee-off« im berühmten »Deer Creek Golf Club«, den das *Golf Magazine* als einen der zwei besten Championship Golf Courses in Südflorida bewertete.

Nicht genug Zerstreuung? Im Januar veranstaltet die Stadt das *Arts Festival*, im März findet der *Founders Day* mit Parade und Karneval auf den Straßen statt. Und im April kann man bei einem Profi-Turnier am Strand gut gebräunte Volleyballerinnen beim Baggern und Schmettern bewundern.

Ein Stück weiter südlich liegt Pompano Beach. Wie in den meisten Städten entlang Südfloridas Atlantikküste begann die Entwicklung des Ortes um 1880, als sich Siedler in der noch unerschlossenen Gegend als Farmer und Fischer niederließen. Die erste Eisenbahn erreichte die winzige Siedlung am 22. Februar 1896. Mit ihr kamen Landvermesser, Eisenbahnarbeiter und Händler, unter ihnen Frank Sheene. Er war es, der der Gemeinde ihren Namen gab – nach dem begehrten Pompano-Speisefisch. 1906 wurde das Hillsboro Lighthouse errichtet, bis heute das Wahrzeichen von Pompano Beach.

Ein breiter Strand und das türkisgrüne Wasser des Atlantiks laden hier zum Relaxen und Seelebaumelnlassen ein. Und wer sich als Urlauber mit *fishing* – auch hier lokaler Lieblingssport – vertraut machen möchte, kann dies auf dem 540 Meter ins Meer ragenden Pier versuchen.

Am letzten Wochenende im April lockt das jährlich stattfindende *Pompano Beach Seafood Festival* über 100 000 Besucher an. Einer der Höhepunkte ist die Versenkung eines ausgedienten Frachters als zukünftiges künstliches Riff. Mehr als 20 Schiffe sind auf diese Weise bereits versenkt worden und dienen Fischen, Krebsen und anderen Meeresbewohnern als neue Behausung.

Oase im Beton

Weiter südlich liegt mit Lauderdale-by-the-Sea die kleine Schwester der gleichnamigen Metropole »wie eine Oase in einer Wüste aus sich auftürmendem Beton«, wie es ein Stadtschreiber einmal formulierte. Diese Gemeinde hat es geschafft, sich einen Teil ihrer Ursprünglichkeit und ihres Old-Florida-Charmes zu erhalten. Zu verdanken ist das den lokalen Baubestimmungen, die festlegten, dass Gebäude nicht höher als drei Stockwerke sein dürfen.

Infos und Adressen

ESSEN UND TRINKEN

Blue Moon Fish Co. Laut Eigenwerbung wird hier der »frischeste Fisch in Fort Lauderdale und Umgebung serviert«. 4405 West Tradewinds Ave., Lauderdale-by-the-Sea, FL 33308, Tel. 954 267 9888, www.bluemoonfishco.com

Ocean's 234. Hier kann man vom Tisch aus den Anglern zusehen und begutachten, was man gleich auf dem eigenen Teller wiederfinden könnte. 234 North Ocean Blvd., Deerfield Beach, FL 33441, Tel. 954 428 2539, www.oceans234.com

ÜBERNACHTEN

Embassy Suites Deerfield Beach. Gehobenes Kettenhotel mit tollem Meerblick. 950 South Ocean Drive, Deerfield Beach, FL 33441, Tel. 954 426 0478, www.embassysuites3.hilton.com

Tropic Seas Resort. Kein Sterne-Luxus, dafür beträgt der Weg vom hoteleigenen Pool zum Strand nur ein paar Schritte. 4616 El Mar Drive, Lauderdale-by-the-Sea, FL 33308, Tel. 954 772 2555, www.tropicseasresort.com

Schutzhütte der *lifeguards* am Strand

38 Fort Lauderdale und Hollywood

Hauptstadt der Jachten

Bekannt ist Fort Lauderdale auch als das »Venedig Floridas«. Zwar schmücken sich weltweit zahlreiche Städte mit der koketten Anspielung auf die Lagunenstadt – doch ist Fort Lauderdale diejenige, die dabei nicht übertreibt. Zahlreiche Kanäle und Flüsse durchziehen den Ort – 480 Kilometer navigierbare Wasserwege. Kaum ein Hausbesitzer in dieser Gegend, der neben einem Auto nicht auch ein Boot sein Eigen nennt.

Mitte: Wer nah am Wasser gebaut hat, braucht ein Boot nötiger als ein Auto.
Unten: Gischt sprüht über den Strand von Fort Lauderdale.

Ist der Ruf erst ruiniert... Viele Jahre lang galt Fort Lauderdale als Zentrum des *Spring Breaks*, der wilden Frühjahrsfete amerikanischer College-Studenten. Mit allen Konsequenzen: Sex, Drugs und Rock'n'Roll am Strand. Als die jungakademische Enthemmungsorgie 1985 ihren Höhepunkt mit 350 000 Studenten erreichte, riss den Einwohnern der Geduldsfaden: Die örtlichen Behörden verabschiedeten Verordnungen, die das Feiern beschränkten. Sogar der Bürgermeister verkündete über die ABC-Fernsehshow *Good Morning America* damals resolut: »Ihr könnt hier nicht mehr herkommen.«

Ein Appell mit Wirkung: Die wilden Kids haben sich woandershin verzogen, derzeit reisen jährlich noch höchstens 15 000 Studenten zum Feiern an. Und der Strand wird heute vorwiegend von Familien, solventen Rentnern und – in festgelegten Abschnitten – homosexuellen Paaren belagert. Eine allgemein wohlhabendere Klientel, die dem Bürgermeister sicher lieber ist... Seine Stadt hat sich herausgeputzt: Der Straßenverkehr wurde von der palmenbepflanzten Strandpromenade verbannt. Für den Strand von Fort Lauderdale bedeutet dies auf 18 Kilometern Länge offene Bars, Cafés und jede Menge Unterhaltung. Neue Luxushotels, Restaurants und Kunstgalerien eröffnen allerorten. Die Stadt ist noch immer voller Kneipen und Boutiquen, die einst rauere Klientel ist aber Yuppies und fidelen Mittsiebzigern gewichen.

Mit 166000 Einwohnern ist die eigentliche Stadt Fort Lauderdale zwar eher klein, doch die umliegenden Gemeinden machen das Großraumgebiet zu einem Tummelplatz von Menschen aus aller Welt – darunter auch manch Prominente. Wie die benachbarten Städte Wilton Manors und Oakland Park ist Fort Lauderdale für seinen hohen Anteil an homosexueller Bevölkerung bekannt und daher auch ein beliebter Ferienort für Schwule und Lesben. Das Stonewall Library & Archives ist die größte Bibliothek zum Thema Homosexualität im Südosten der USA. Wilton Manors ist zudem die zweite Stadt in den Staaten (nach West Hollywood), die einen Stadtrat mit einer homosexuellen Mehrheit wählte.

Und dann das Wasser …

Mit 42000 angemeldeten Jachten bezeichnet der Großraum Fort Lauderdale sich selbst stolz als die Jachtregion schlechthin. Rund 80 Prozent aller Jachten in der Welt werden durch einen der vielen Boots-Broker in Fort Lauderdale verkauft. Und die *Fort Lauderdale International Boat Show* bringt jährlich Ende Oktober/Anfang November weitere 125000 Besucher in die Stadt. Für Touristen ohne eigene Kapitänsmütze empfehlen sich die flinken Wassertaxis, sie erlauben eine schnelle und bequeme Fortbewegung zu fast allen interessanten Attraktionen innerhalb der Stadt.

AUTORENTIPP!

JUNGLE QUEEN

Seit 60 Jahren schon tuckert der Schaufelraddampfer *Jungle Queen* durch die Wasserstraßen, mehr als 14 Millionen Gäste genossen bereits die unterhaltsame Fahrt auf dem New River. An Bord werden Barbecues und Shrimp-Dinner angeboten, für Unterhaltung sorgt ein Varieté. Zunächst geht es den Hafen hinaus auf den Intracoastal Waterway und entlang der »Millionaire's Row«: Hier stehen die Villen von Celebritys, Industriellen und Spitzensportlern. Hollywood-Filme wie *Striptease* und Teile der Kultserie *Miami Vice* wurden hier gedreht. Nach einer Stunde erreicht das Schiff die Insel Jungle Queen Indian Village, wo exotische Vögel, Affen und Alligatoren zu bestaunen sind.

Jungle Queen Riverboat Cruises. Dreimal tgl., 9.30, 13.30 und 18 Uhr, Bahia Mar Yachting Center, 801 Seabreeze Blvd., Fort Lauderdale, FL 33316, Tel. 945 462 5596, www.junglequeen.com

Oben: »Schau mir in die Augen, Kleines« – Wandbild in einer Bar an der Strandpromenade
Mitte: Eine prachtvolle Bougainvillea auf einem Balkon
Unten: Die Liegeplätze im Hafen von Fort Lauderdale sind heiß begehrt.

Kanus statt Jachten: Die Gegend, in der später Fort Lauderdale gegründet werden sollte, wurde ursprünglich von Indianern des Tequesta-Stammes bevölkert. Der Kontakt mit spanischen Entdeckern im 16. Jahrhundert brachte den Tod: Eingeschleppte Krankheiten rafften die Ureinwohner dahin. Die wenigen Überlebenden wurden 1763 nach Kuba verschifft, als die Spanier nach dem Siebenjährigen Krieg Florida an die Briten abtraten. Aufgrund der oft wechselnden Besitzverhältnisse zwischen Spanien, dem Vereinigten Königreich, den Konföderierten Staaten und den Vereinigten Staaten von Amerika entwickelte sich die Gegend dann bis ins 20. Jahrhundert hinein kaum.

Eine erste, Fort Lauderdale genannte Einfriedung, wurde 1838 errichtet und zu einem Schauplatz des Zweiten Seminolen-Krieges (1835–1842). Kurz nach Kriegsende wurde die Festung aufgegeben – und die Gegend blieb bis in die 1890er-Jahre weitgehend unbewohnt. Erst als 1892 der Fährbetrieb über den New River begann und 1896 die Florida East Coast Railway ihre Schienen bis hierhin verlegte, endete der Dornröschenschlaf. 1911 wurde die Stadt Fort Lauderdale gegründet und 1915 zum County Seat des neugegründeten Broward County erhoben.

Was in all den Jahrhunderten gleich blieb, war die Schönheit der weißen Sandstrände entlang des azurblauen Atlantiks. Wo einst Indianer ihre Boote an Land zogen, lädt heute die Strandpromenade zum Inlineskaten und Flanieren entlang der dortigen Geschäfte und Bars ein. An der belebten Strandpromenade beginnt der Las Olas Boulevard, einer der Nervenstränge der Stadt. Da, wo der Boulevard den New River überquert, hat man Einblick in das luxuriöse Stadtviertel »The Isles«. Das prominenteste Wohngebiet in Fort Lauderdale wurde in den 20er-Jahren auf Schwemminseln in der Mündung des New River errichtet und wird von künstlichen Kanälen durchzogen. Hier besitzt jede Villa einen eigenen Bootsanleger vor dem Haus. Den besten Blick auf diese Pracht hat man von der Bar des »Hyatt Regency Pier 66«.

Der touristisch interessanteste Teil des Las Olas Boulevards liegt zwischen der 6th und 11th Avenue und ist leicht an den prachtvollen Bäumen in der Mitte der Straße und den kleinen, malerischen Geschäften zu erkennen. Boutiquen und Galerien, aber auch viele Bars und Restaurants laden tags und nachts zum Besuch ein. Weiter führt der Boulevard direkt in das Finanzviertel. Im Schatten dieser Bankhochhäuser liegt das historische Fort Lauderdale. Der Riverwalk, eine palmengesäumte Uferpromenade von rund zweieinhalb Kilometern Länge, beginnt am Stranahan Haus, einem alten Handelsposten. Der Weg führt am Fluss entlang zu einem kleinen Park, um den sich die alten Gebäude der Stadt gruppieren.

Appetit bekommen? In den vergangenen Jahren hat sich Fort Lauderdale zu einem Feinschmecker-Eldorado gemausert. Der Einfluss Jamaikas, Kubas und der Bahamas ist bei vielen Gerichten deutlich zu spüren. Frische Meeresfrüchte bieten die Restaurants »Mark's Las Olas« oder »Jackson's Steakhouse«. Und nach einem gelungenen Diner lohnt ein Bummel bei Sonnenuntergang entlang der Beachfront Promenade.

AUTORENTIPP!

STRANAHAN HOUSE

Das zweistöckige Holzrahmenhaus mit der umlaufenden Veranda ist das älteste Gebäude in Broward County und ein wunderbares Beispiel für die Pionier-Architektur Floridas. Der ehemalige Handelsposten, den Pionier Frank Stranahan aufbaute, um Siedler und Seminole-Indianer zu versorgen, ist heute ein beliebtes Ausflugsziel und Museum. Frank Stranahan kam 1892 nach Fort Lauderdale, anders als die meisten seiner Zeitgenossen schloss er Freundschaft mit den Seminolen und handelte mit ihnen. 1901 baute er ein Lager und danach dieses Haus. Im Inneren findet man eine kunstvoll gefertigte Wandvertäfelung aus Dade-County-Kiefer. Heute ist das Gebäude eingerahmt von den Türmen der Banken und Appartementhäuser.

Stranahan House. Mi–Sa 10–15 Uhr, So 13–15 Uhr, 335 Southeast 6th Ave., Fort Lauderdale, FL 33301, Tel. 954 524 4736, www.stranahanhouse.org

AUTORENTIPP!

SAWGRASS MILLS

Hier gilt das Durchhalte-Motto: »Shop 'til you drop«. Denn die Sawgrass Mills ist ein riesiges Shopping-Center. Man gelangt von Fort Lauderdale aus über die von Ost nach West verlaufenden Broward, Sunrise oder Oakland Boulevards dorthin. Das Einkaufszentrum hat 350 Geschäfte, darunter die Kaufhäuser Saks Fifth Avenue, JCPenney, Super Target, Brandsmart USA und Burlington. Besonders bei Shoppern angesagt sind die Factory Outlets von Adidas, Puma, GAP, Nike, Hugo Boss, Escada, Valentino, Ralph Lauren und Tommy Hilfiger. Ein Besuch ist aufgrund der Größe eine Tagesveranstaltung. Zahlreiche Restaurants und Cafés versorgen die Kauflustigen bei der Schnäppchenjagd, für Kinder gibt es Spielcenter mit Aufsicht.

Sawgrass Mills. Mo–Sa 10–21.30 Uhr, So 11–20 Uhr, 12801 West Sunrise Blvd., Sunrise, FL 33323, Tel. 954 846 2350, www.sawgrassmillsmall.com

Und er glänzt noch immer: Oldtimer im Schein der Straßenlaternen.

Kultursuchende werden im Broward Center for the Performing Arts mit zwei Theatern, in der Florida Grand Opera, im Museum of Art, im Museum of Discovery & Science sowie in vielen weiteren kleinen Museen und Theatern fündig. Und auch die Sportler kommen nicht zu kurz: Die Golfplätze in Fort Lauderdale zählen zu den besten und schönsten in ganz Amerika. Es gibt mehr als 50 Golfanlagen im Umkreis von maximal 30 Autominuten. Jeden März spielt die PGA-Tour auf dem TPC Heron Bay, und das Palm Aire Resort ist der Austragungsort der Florida Open.

Welt der Schmetterlinge

Ein ganz besonderes Naturerlebnis bietet Butterfly World in Coconut Creek (www. butterflyworld.com), wo rund 20 000 Schmetterlinge aus aller Welt (mehr als 80 Arten) in ihrer ganzen Farbenpracht zwischen der üppigen Vegetation umherschwirren. Im Hugh-Taylor Birch State Park direkt am Strand erforschen Touristen die Naturpfade, finden Camping- und Picknickplätze vor, können Kanufahrten unternehmen und sich im Terramar Visitor Center über das einzigartige Ökosystem dieses Parks informieren.

Auf dem Rad zur Kultur

Direkt im Süden von Fort Lauderdale liegt Hollywood, eine Stadt mit unverwechselbarem Charme, die sich am besten mit dem Rad erkunden lässt. Mieten lässt sich ein Drahtesel bei einem der vielen Fahrradverleihe der Stadt. Besonders schön radelt man entlang des Hollywood Beach Boardwalks. Der Boulevard bietet seinen Besuchern auf knapp vier Kilometern eine illustre Mischung aus gut besuchten Cafés, trubeligen Restaurants und schicken Boutiquen. Die autofreie Zone wird neben den Bikern auch von vielen Fußgängern, Joggern

und Rollerbladern genutzt. Gut, wenn man da eine Klingel hat…

Vor allem aber ist Hollywood eines: eine kulturelle Perle. Beim *Boardwalk Friday Fest* etwa erleben die Gäste eine hochkarätige Mischung aus internationalen Musikern. Im Hollywood Beach Theater, einem Freilufttheater direkt am Meer, finden jeden zweiten und vierten Freitag im Monat kostenlose Konzerte statt. Noch bis Ende Mai treten die Künstler hier live auf. Von kubanisch über italienisch bis hin zu lateinamerikanisch: Alle möglichen Musikrichtungen sind vertreten. Nach den Konzerten ziehen Musiker und Besucher weiter in die vielen Bars und Restaurants des Boardwalks. Beim stets gut besuchten »Art Walk«, der am dritten Samstag des Monats stattfindet, schlendern Kunstliebhaber am Abend durch die Straßen des Zentrums und erkunden bei Jazz- und Klassikmusik die Galerien der Stadt. Neben spannenden Werken regionaler Künstler werden auch Wein und Hors d'œuvres goutiert. Ebenfalls im Zentrum Hollywoods befindet sich das »Hard Rock Hotel & Casino« mit seinem »Hard Rock Café«, das regelmäßig von internationalen Superstars beehrt wird.

Oben: Wer möchte nicht gern in einer dieser luxuriösen Villen direkt am Intracoastal Waterway residieren?
Unten: Der Hollywood Beach Boardwalk lockt Spaziergänger und Radler gleichermaßen an.

Infos und Adressen

SEHENSWÜRDIGKEITEN

Bonnet House. Das zweistöckige Plantagenhaus wurde 1920 vom Chicagoer Maler und Kunstsammler Frederic Clay Bartlett gebaut und nach den gelben Bonnet-Lilien benannt, die am südlichen Ende der Lagune blühen. In 30 Zimmern sind die außergewöhnlichen Möbel und Kunstobjekte der Familie Bartlett zu bewundern. Tgl. 10–16 Uhr, So 11–16 Uhr, 900 North Birch Rd., Fort Lauderdale, FL 33304, Tel. 954 563 5393, www.bonnethouse.org

Anglerparadies: Fishing Hall of Fame

Fort Lauderdale Antique Car Museum. Zeigt Oldtimer von 1900 bis 1940, einschließlich 22 Modellen der legendären amerikanischen Autofirma Packard. Mo–Fr 9–15 Uhr, 1527 Southwest 1st Ave., Fort Lauderdale, FL 33315, Tel. 954 779 7300, www.antiquecarmuseum.org

IGFA Fishing Hall of Fame & Museum. Ehrenhalle des Hochsee-Angelsports. In der großen Halle hängen Fischmodelle aller Weltrekorde in – fast allen – Angelsport-Klassen unter der Decke. Mo–Sa 10–18 Uhr, So 12–18 Uhr, 300 Gulf Stream Way, Dania Beach, FL 33004, Tel. 954 924 4370, www.igfa.org

International Swimming Hall of Fame
Der Fort Lauderdale Aquatic Complex beherbergt die International Swimming Hall of Fame. Viele nationale und internationale Wettbewerbe im Schwimmsport wurden seit der Eröffnung 1965 hier ausgetragen. Mo–Fr 9–17 Uhr, Sa, So 9–14 Uhr, 1 Hall of Fame Drive, Fort Lauderdale, FL 33316, Tel. 954 462 6536, www.ishof.com

Museum of Art. Eines der besten Kunstmuseen Floridas. Zu den Exponaten gehören Werke von Dalí, Picasso, Warhol sowie der Gruppe CoBra, die 1948 in Paris gegründet wurde. Daneben eine umfassende Sammlung kubanischer Malerei und Fotografie sowie Bilder des Impressionisten William Glackens. Di, Mi und Fr, Sa 10–17 Uhr, Do 10–20 Uhr, So 12–17 Uhr, 1 East Las Olas Blvd., Fort Lauderdale, FL 33301, Tel. 954 525 5500, www.moafl.org

Museum of Discovery and Science. Begeistert mit über 200 interaktiven Displays. Im Atrium steht eine eindrucksvolle Gravitationsuhr, während das Erdgeschoss im »Florida EcoScapes« die einheimische Pflanzenwelt, ein buntes Korallenriff und einen begehbaren Bienenstock zeigt. Mo–Sa 10–17 Uhr, So 12–18 Uhr, 401 Southwest 2nd St., Fort Lauderdale, FL 33312, Tel. 954 467 6637, www.mosd.org

ESSEN UND TRINKEN

Café Seville. Stimmungsvolles Restaurant mit spanischer Küche. Unbedingt probieren: *Paella Marinera* und den *Yellowtail Snapper*. 2768 East Oakland Park Blvd., Fort Lauderdale, FL 33306, Tel. 954 565 1148, www.cafeseville.com

Chima Brazilian. Vegetarier sind hier fehl am Platz. Aber wem bei Lammkeule, Filet Mignon oder Schweinerippchen das Wasser im Munde zusammenläuft, ist hier im siebten Himmel. 2400 East Las Olas Blvd., Fort Lauderdale, FL 33301, Tel. 954 712 0580, www.chima.cc

Coconuts Waterside. Top-Fisch- und Grillrestaurant mit Blick aufs Wasser. Insbesondere kulinarische Leckerbissen aus dem Umland finden auf die Karte. 429 Seabreeze Blvd., Fort Lauderdale, FL 33316, Tel. 954 525 2421, www.coconutsfortlauderdale.com

Hard Rock Café Hollywood. Legendäre Burger, Steaks, Salate und mehr in einem legendären Ambiente. 1 Seminole Way, Hollywood, FL 33314, Tel. 954 327 7625, www.seminolehardrockhollywood.com/dining/hard_rock_cafe

Pelican Landing. Speisen in der obersten Etage des Hotels »Pier 66« mit fantastischer Aussicht auf den Intracoastal Waterway und die vielen Luxusvillen der Stadt. 2301 Southeast 17th St., Fort Lauderdale, FL 33316, Tel. 954 525 6666, www.pier66.hyatt.com/en/hotel/dining/PelicanLanding.html

ÜBERNACHTEN

Pineapple Point Guesthouse & Resort. Ein luxuriöses Bed & Breakfast speziell für homosexuelle Gäste. In Fort Lauderdale rümpft darüber längst

Das Bonnet House zeigt Möbel und Kunstobjekte aus dem Besitz der Familie Bartlett.

Ausflugsboot auf dem Intracoastal Waterway

niemand mehr die Nase. 315 Northeast 16th Terrace, Fort Lauderdale, FL 33301, Tel. 954 527 0094, www.pineapplepoint.com

Riverside Hotel. Traditionelles Haus, 1936 gebaut und in den 90er-Jahren durch einen zwölfstöckigen Anbau erweitert. Zentral in der Stadt am quirligen Las Olas Boulevard unweit vom Riverwalk gelegen. 620 E. Las Olas Blvd., Fort Lauderdale, FL 33301, Tel. 954 467 0671, www.riversidehotel.com

The Ritz-Carlton Fort Lauderdale. Edles Ambiente im Stil eines alten Luxus-Liners. Passend von den meisten Zimmern ein herrlicher Blick auf den blauen Atlantik. 1 North Fort Lauderdale Beach Blvd., Fort Lauderdale, FL 33304, Tel. 954 465 2300, www.ritzcarlton.com/en/Properties/FortLauderdale

W Fort Lauderdale. Der Luxus gibt sich hier betont puristisch und kühl. Bei den Condé Nast Traveler's Readers' Choice Awards unter die 100 besten Hotels der USA gewählt. 401 North Fort Lauderdale Beach Blvd., Fort Lauderdale, FL 33304, Tel. 954 414 8200, www.wfortlauderdalehotel.com

AKTIVITÄTEN

Bergeron Rodeo Grounds of Davie. Hier lernt man, wie einheimisches Bullenreiten und Lassowerfen funktioniert. Yee-haw! 4271 Davie Rd., Davie, FL 33314, Tel. 954 797 1153, www.davieprorodeo.com

ORLANDO UND DIE PARKS

Vorangehende Doppelseite: Publikumsmagnet Epcot Center in Disney World Orlando
Oben: Blick über den Lake Eola auf Orlandos modernes Stadtzentrum
Unten: Shopping wird in Orlando großgeschrieben.

39 Orlando, Winter Park, Kissimmee

Spielplatz der Welt

Orlando steht bei fast allen Florida-Touristen auf dem Besuchsprogramm. Aus gutem Grund: Der Ort in Zentralflorida hat sich zu einem wahren Themenpark-Mekka entwickelt. Alles begann mit Walt Disney, der hier in den 60er-Jahren auf einem Sumpfgelände sein »Magic Kingdom« errichtete. Das kann man mögen, muss es aber nicht. Denn auch ohne Mickey Mouse & Co. ist Orlando durchaus einen Besuch wert.

Schicke Kunstgalerien und Museen. Atemberaubende Golfplätze. Ausgesuchte Restaurants. Energiegeladenes Nachtleben. Inspirierende Ansichten und Landschaften. Shopping auf Top-Niveau. Und natürlich dann doch die zahllosen Themenparks und Attraktionen. All das an einem Platz – Orlando im sonnigen Zentralflorida. Selten bietet eine Destination so eine Fülle spektakulärer und unter-

MAL EHRLICH

ECHT ODER UNECHT?

Auf der einen Seite profitiert Orlando von den Touristen aus aller Welt, die sich hier bespaßen lassen wollen. Auf der anderen Seite schüttelt's den kritischen Zeitgenossen vor lauter Künstlichkeit. Was ist echt, was nicht – und kann das Unechte schön sein, oder sind wir gar nicht mehr fähig, das Echte zu würdigen? Wer mit Mickey Mouse & Co. so gar nichts anfangen kann, dem bleiben Ausflüge in die nähere Umgebung der Spaßfabriken. Denn die ist vielerorts idyllischer, als die meisten Besucher Orlandos ahnen.

schiedlicher Angebote für jedes Alter und jedes Interesse. Und so ist es auch kein Wunder, dass Orlando eines der führenden Urlaubsziele weltweit ist. Mehr als 55 Millionen Besucher kommen jährlich hierher.

Schöne künstliche Welt

Ein klares Votum der Touristen also. Doch während die einen hingerissen sind von spektakulären Attraktionen, riesigen Hotelkomplexen und Mega-Themenrestaurants, empfinden andere es als eine Welt, die an Künstlichkeit nicht zu überbieten ist. An Orlando scheiden sich die Geister. Irgendjemand hat einmal errechnet, dass derjenige, der alle Freizeitparks, Shows, Wasserrutschen und Achterbahnfahrten erleben will, sich etwa 67 Acht-Stunden-Tage Zeit nehmen muss… Und in dieser Rechnung ist der Freizeitspaß »Shopping« noch nicht einmal berücksichtigt. Die Stadt ist innerhalb der letzten Jahre zu einem Mekka der Schnäppchenjäger geworden, mit unzähligen Luxusgeschäften, Boutiquen, Outlet Malls, Antiquitätenläden und Bauernmärkten auf fast fünf Millionen Quadratmetern Verkaufsfläche.

Orlando für Romantiker

Es geht jedoch auch beschaulicher – oder auf Neudeutsch: »authentischer«. Lake Eola Park im Zentrum von Orlando präsentiert sich beispielsweise mit wunderschönen Gärten, einem Amphitheater und Paddelbooten. Thornton Park mit seinem Bohème-Flair, Bars und Restaurants ist ein Magnet für Orlandos trendige Jugend. Der benachbarte Milk District lädt zu seinen »Tasty Tuesdays« (18.30–22 Uhr) mit bunten Restaurant-Trucks, die dort für einen Abend parken und Leckereien auf den Teller zaubern. Und im Harry P. Leu Gardens sind unter anderem ein Rosengarten,

AUTORENTIPP!

LEGOLAND: FUN AUF SKANDINAVISCH

Wenn es Europäer schaffen, ihre Art Themenpark erfolgreich in die USA zu transportieren, ist das schon bemerkenswert. Auf dem Gelände des ehemaligen Vergnügungsparks »Cypress Gardens« gelingt »Legoland« seit einigen Jahren dieses Kunststück. Es mixt den botanischen Garten des Vorgängers mit einem Freizeit- und einem kindgerechten »Waterpark« und bietet so ein umfangreiches Angebot für Familien mit jüngerem Nachwuchs. Eine Runde mit dem Fahrgeschäft »Island in the Sky« ermöglicht aus gut 40 Metern Höhe einen ersten Überblick über die Anlage. Dann kann man entscheiden, ob man sich eine Fahrt mit einer Achterbahn gönnen oder es im »Duplo Village« mit den Karussells für kleine Gäste eher ruhiger angehen lassen möchte.

Legoland. Mo–Fr 10–17 Uhr, Sa 10–20 Uhr, So 10–19 Uhr, 1 Legoland Way, Winter Haven, FL 33884, Tel. 877 350 5346, www.legoland.com

AUTORENTIPP!

CELEBRATION, DAS WOHN-»IDYLL« AUS DER RETORTE

Saubere Straßen und gestutzte Hecken: In den 90er-Jahren errichtete der Walt-Disney-Konzern 20 Kilometer südlich von Orlando die Bilderbuchkleinstadt Celebration. Ein Sozialidyll? »Der Ort, nach dem Ihre Seele gesucht hat«, stand auf Plakaten, die harmonisches Vorgartenleben zeigten. Es gab ein alles regelndes 70-seitiges Musterbuch und sogar eine Kleiderordnung. Inzwischen hat sich Disney offiziell zurückgezogen, nun regiert eine Betreibergesellschaft. Europäer schütteln bei soviel Spießigkeit den Kopf: Der Traum von Heimeligkeit scheint sich ad absurdum geführt zu haben. Wirklich? Die Idee eines »New Urbanism«, orientiert an den Prinzipien historischer Städte, wird bis heute unter Amerikas Städteplanern heiß diskutiert. Und ist nicht widerlegt, nur weil ein Mäuse-Imperium mit seiner Version einer »heilen Welt« übers Ziel hinausgeschossen ist.

ein Schmetterlingsgarten und ein Magnoliengarten zu bestaunen. Orlando für Romantiker? Oh ja! Hier finden Veranstaltungen wie der sanfte »Jazz Stroll« und die »Valentine's Movie Night« statt.

Kulturell anspruchsvoll zeigt sich auch das Orange County Regional History Center, wo man viel über die Geschichte von Zentralflorida erfährt. Das Wells Built Museum of American History and Culture (511 West South St.) gibt einen Einblick in Orlandos reiche afroamerikanische Geschichte. Das Orlando Museum of Art hat sich mit seinen Ausstellungen und Veranstaltungen inzwischen in die Top-Liga katapultiert. Das Mennello Museum of Art bietet neben Werken des naiven autodidaktischen Malers Earl Cunningham (1893–1977) wechselnde Ausstellungen. Das Cornell Fine Arts Museum am Rollins College (Building No. 303, 1000 Holt Ave., Winter Park) beherbergt eine der ältesten Kunstsammlungen Floridas. In der City Arts Factory (29 South Orange Ave.) kann man mehrere Kunstgalerien mit wechselnden Ausstellungen besuchen, und die Gallery at Avalon Island (39 South Magnolia Ave.) präsentiert Ausstellungen örtlicher Künstler.

Tödlicher Indianerpfeil

Lange Zeit deutete nichts darauf hin, dass sich Orlando einmal zum Spielplatz eines vergnügungssüchtigen Millionenpublikums entwickeln würde. Viehzucht und Baumwolle bildeten die Existenzgrundlage der frühen Siedler, daneben spielte natürlich der Anbau von Zitrusfrüchten eine gewichtige Rolle. Orlando hieß ursprünglich Jernigan, benannt nach Aaron Jernigan, der aus Georgia stammte und sich 1843 hier niederließ. Die Stadt wuchs langsam um den alten Armeeposten Fort Gatlin, der 1849 verlassen wurde. 1857 erhielt die Stadt ihren heutigen Namen.

Orlando, Winter Park, Kissimmee

Um seinen Ursprung ranken sich viele Geschichten, doch nach der offiziellen Version gedachte man damit des US-Soldaten Orlando Reeves, der 1835 auf seinem Wachposten durch einen Indianerpfeil getötet wurde.

Startschuss zur Freizeitmetropole

Die steigende Nachfrage nach Rindfleisch war Hauptgrund für Orlandos Wachstum vor 1863. Begleitet wurde der Boom von Viehdiebstählen, Schießereien mitten in der Stadt, kurzum, Zuständen wie im Wilden Westen. Später verlegten sich die Menschen auf den weniger gefährlichen – und lukrativeren – Baumwollanbau. Als jedoch die Arbeiter während des Bürgerkrieges die Felder verließen und dann 1871 auch noch ein verheerender Hurrikan große Teile der Ernte vernichtete, orientierten sich die Farmer wieder einmal um: Nun waren Zitrusfrüchte angesagt. Mit der steigenden Nachfrage nach Grapefruits, Mandarinen und Orangen im ganzen Land, die einherging mit dem Ausbau der Eisenbahn nach Zentralflorida im Jahr 1880, florierte das Geschäft. Dann zerstörte 1894 die Kältewelle »Big Freeze« die Orangenernte – und John B. Steinmetz, ein geschäftstüchtiger Zitrusbauer, verwandelte sein Packhaus kurzerhand in eine Schlittschuhbahn, fügte Picknickplätze und ein Badehaus hinzu und baute eine Sommerrodelbahn. Seinen kleinen Freizeitpark könnte man mit viel gutem Willen als Startschuss für Orlandos Aufstieg zur Unterhaltungsmetropole interpretieren.

Doch erst mit der Eröffnung von Walt Disney World im Jahr 1971 begann Orlandos Weg zum Urlaubs- und Erholungsmekka von Weltrang. Dann aber ging es Schlag auf Schlag: Dem »Magic Kingdom« folgte 1973 SeaWorld Orlando. Über die Jahre expandierte Walt Disney World stetig mit

Oben: Die 50er-Jahre lassen grüßen – »Mel's Drive-in Diner« in den Universal Studios.
Mitte: Das Team Disney Building punktet mit postmoderner Architektur.
Unten: Ein riesiger Wissenstempel: das Orlando Science Center

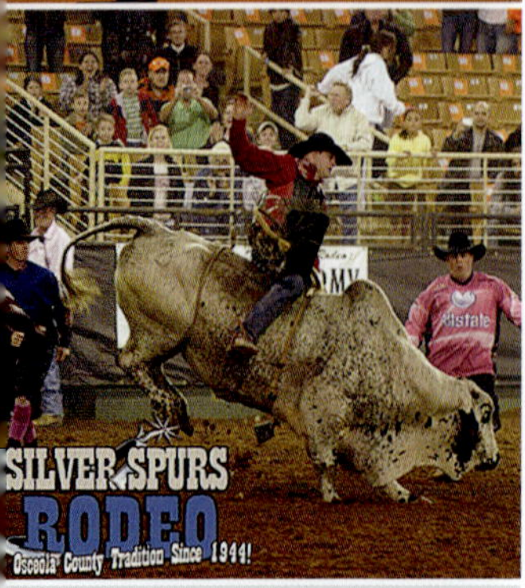

Oben: Sonnenaufgang am Lake Tohopekalinga bei Kissimmee
Unten: Das *Silver Spurs Rodeo* ist das größte Rodeo im Osten der Vereinigten Staaten.

seinen Themenparks Epcot, Disney-MGM Studios und Animal Kingdom. Dazu gesellten sich dann 1990 die Universal Studios. 1999 öffnete Universal Orlando Resort einen zweiten Themenpark, Islands of Adventure, gefolgt von dem Unterhaltungskomplex Universal CityWalk und drei Hotels. Und seit seiner Eröffnung im Jahr 2000 schlägt ein weiterer Themenpark Wellen: Discovery Cove, wo man mit Delfinen und Stachelrochen schwimmen kann.

Dass im Windschatten der Großen auch kleinere Wasserparks und kleine Zoos wie Gatorland mit seinen Alligatoren und Krokodilen, Ballonfahrt-Veranstalter wie Magic Sunrise Ballooning oder Richard Pettys NASCAR-Rennkurs florieren – *good for them!* So behalten Disney & Co. wenigstens nicht gänzlich das Gute-Laune-Monopol.

Abenteuer Abendessen

Selbst das Abendessen kann in Orlando zu einem Erlebnis werden. Es gibt viele verschiedene Dinner-Theater in Orlando und Umgebung. Bei mittelalterlichen Gelagen in Kissimmee etwa schlemmt man an langen Tischen, die rund um eine große Arena angeordnet sind, in der Ritter in voller Rüstung ihre Kämpfe ausführen. Ähnliche Shows nennen sich »King Henry's Feast«, »Arabian Nights«, »Capone's Diner Show«, »Pirates in Colossal Studios« oder »Wild Bill's West Dinner Extravaganza« (www.internationaldriveorlando.com). Wem nach dem Dinner zum Feiern zumute ist, kann dies in Downtown Orlando tun. Der Großteil der Partyszene findet auf der Wall Street Plaza und um die Orange Avenue statt.

Geplantes Idyll

Gemächlicher geht es in Winter Park zu, etwas nördlich des Stadtzentrums von Orlando. Seit über 100 Jahren ist dies ein Platz der Reichen und Arrivierten. Abseits von den großen Vergnügungsparks laden schicke Boutiquen, Restaurants mit Außenterrassen, feine Galerien und verwinkelte Straßen und Gassen zum Bummeln und Verweilen ein. Die Menschen sitzen gelassen in den Straßencafés vor alten Backsteinhäusern, lesen Zeitung oder ein Buch – sämtliche Comichelden und Superlative dieser Welt kann man hier leicht vergessen.

Winter Park war der erste am Reißbrett geplante Ort Amerikas. Chefplaner Oliver Chapman legte 1880 Straßen an, baute das Rathaus und pflanzte Orangenbäume. Und achtete darauf, dass alles stilvoll blieb. Die Landpreise explodierten, es entstanden vornehme Hotels, in denen die Reichen aus dem kalten Norden gerne abstiegen. Sehr angenehm ist es, vom Wasser aus die hochherrschaftlichen Villen und Landhäuser des alten Geldadels zu bestaunen – bei einer Bootsfahrt über kleine Seen, die durch Kanäle verbunden sind. Hier liegen die Villen und Landhäuser des »alten Geldes« (Scenic Boat Tours, 312 East Morse Blvd., www.scenicboattours.com).

Home of the Wiederkäuer

Handfester gibt sich Kissimmee, 30 Kilometer südlich von Orlando. Hier liegt das Zentrum der Rinderzucht Floridas am Lake Tohopekaliga. Jeden Februar und Oktober zieht das *Silver Spurs Rodeo* einige der besten Cowboys Amerikas hierher, um an Wettbewerben wie Bullen- und Broncoreiten, Fassrennen (*barrel races*) und Stierkämpfen – den sogenannten calf ropings – teilzunehmen. Das größte Rodeo im Osten der USA erinnert seit 1941 an die reiche Geschichte und Tradition der Viehzucht in Kissimmee (1875 Silver Spur Lane, Kissimmee, FL 34744, Tel. 321 697 3495, www.silverspursrodeo.com).

AUTORENTIPP!

ZUM ANTIQUITÄTEN-SHOPPEN

Nicht mal eine Stunde Autofahrt von Disney World, Universal Studios und SeaWorld entfernt liegt unweit des U.S. Highway 441 der Ort Mount Dora. Sanft schmiegt sich das Städtchen mit seinen viktorianischen Häusern an die Hügel um Lake Dora, beschattet von uralten, mit Spanischem Moos behangenen Eichen. Der Ortskern verzaubert mit Cafés, Restaurants und hübschen Geschäften für Antiquitäten und Handwerkskunst. An jedem Sonntag (9–14 Uhr) findet im Elizabeth Evans Park der Mount Dora Village Market unter freiem Himmel statt – der einzige Wochenmarkt in Florida, den man auch per Boot ansteuern kann. Sehr reizvoll ist eine Fahrt über den Lake Dora und durch den Dora Canal, der zum Lake Eustis führt. Unzählige Vogelarten, Alligatoren und Schildkröten bevölkern den Urwald aus bis zu 2000 Jahre alten Sumpfzypressen, die den Wasserweg säumen.

Infos und Adressen

SEHENSWÜRDIGKEITEN

Charles Hosmer Morse Museum of American Art. Hier kann man die weltweit größte Sammlung der bunten Glasfenster von Louis Comfort Tiffany bewundern. Do–Sa 9.30–16 Uhr, So 13–16 Uhr, 445 North Park Ave., Winter Park, FL 32789, Tel. 407 645 5311, www.morsemuseum.org

Dinosaur World. Mehr als 150 lebensgroße Dinosaurier locken in diesen Park vor den Toren Orlandos – sehr realistisch und furchteinflößend! 5145 Harvey Tew Rd., Plant City, FL 33565, Tel. 813 717 9865, www.dinosaurworld.com

Gatorland. Tgl. 10–17 Uhr, 14501 South Orange Blossom Trail, Orlando, FL 32837, Tel. 407 855 5496, www.gatorland.com

Harry P. Leu Gardens. Tgl. 9–17 Uhr, 1920 North Forest Ave., Orlando, FL 32803, Tel. 407 246 2620, www.leugardens.org

Magic Sunrise Ballooning. 603 North Garfield Ave., DeLand, FL 32724, Tel. 866 606-RIDE, www.magicsunriseballooning.com

Mennello Museum of American Art. Di–Sa 10.30–16.30 Uhr, So 12–16.30 Uhr, 900 East Princeton St., Orlando, FL 32803, Tel. 407 246 4278, www.mennellomuseum.com

Dr. Phillips Center for the Performing Arts. 429 Millionen Dollar teures Kulturzentrum mit Opernhaus, Broadway-Theater und Kleinkunstbühne. 445 South Magnolia Ave., Orlando, FL 32801, Tel. 407 839 0119, www.drphillipscenter.org

Experimentieren im Orlando Science Center

Orlando Museum of Art. Di–Fr 10–16 Uhr, Sa, So 12–16 Uhr, 2416 North Mills Ave., Orlando, FL 32803, Tel. 407 896 4231, www.omart.org

Orlando Science Center. Ausstellungen zu Naturgeschichte, Technik und Raumfahrt. Jeden Freitag- und Samstagabend finden hier sogenannte Cosmic Concerts statt – mit Rockmusik untermalte Lightshows. 777 East Princeton St., Orlando, FL 32803, Tel. 407 514 2000, www.osc.org

Richard Petty Driving Experience. 3450 North World Drive Lake, Buena Vista, FL 32830, Tel. 407 939 0130, www.drivepetty.com

ESSEN UND TRINKEN

Bull and Bear. Das noble Steakhouse serviert Klassiker und Trends vom Grill und aus der Pfanne – mit Blick auf den Golfplatz des »Waldorf Astoria Resort«. 14200 Bonnet Creek Resort Lane, Orlando, FL 32821, Tel. 407 597 5500, www.waldorfastoria.com

Le Coq au Vin. Der Name lässt's vermuten: feine französische Küche, mehrfach ausgezeichnet. 4800 South Orange Ave., Orlando, FL 32806, Tel. 407 851 6980, www.lecoqauvinrestaurant.com

Luma on Park. Ein Hotspot der Gourmetszene, mit Schwerpunkt auf heimischen Zutaten. Mit Stolz werden hier 70 Weine aus allen Lagen der Welt angeboten. 290 South Park Ave., Winter Park, FL 32789, Tel. 407 599 4111, www.lumaonpark.com

Norman's. Im »Ritz Carlton Grande Lakes« lockt Küchenchef Norman Van Aken in seinem Vorzeigerestaurant im Rahmen seiner »New World Cuisine« – Fusion von südamerikanischer, karibischer und asiatischer Küche mit europäischer Kochtradition. 4012 Central Florida Pkwy., Orlando, FL 32837, Tel. 407 393 4333, www.ritzcarlton.com

Park Plaza Gardens. Ein begrüntes, wetterfestes Atrium garantiert eine ganz besondere Atmosphäre – und die zeitgenössische Küche den Gaumenkitzel. 319 Park Ave. S, Winter Park, FL 32789, Tel. 407 645 2475, www. parkplazagardens.com

Primo. Italienisch inspirierte Cuisine. Viele Zutaten bezieht Chefin Melissa Kelly von Bio-Farmen aus der Umgebung oder aus dem eigenen Garten. 4040 Central Florida Pkwy., Orlando, FL 32837, Tel. 407 393 4444, www.marriott.com

Savion's Place. Chef Pouchon Savion kombiniert bewährte nordamerikanische Küche mit purer Kreativität. 16 East Dakin Ave., Kissimmee, FL 34741, Tel. 407 572 8719, www.savionsplace.com

The Ravenous Pig. Mehrfach ausgezeichnet, legt das »heißhungrige Schweinchen« Wert auf beste lokale Produkte, die passioniert und schnörkellos in Gaumenerlebnisse verwandelt werden. 1234 North Orange Ave., Winter Park, FL 32789, Tel. 407 628 2333, www.theravenouspig.com

ÜBERNACHTEN

Courtyard at Lake Lucerne. »Old Orlando« erleben die Gäste des historischen B&B. Vier liebevoll renovierte Gebäude im viktorianischen Stil inmitten eines Gartens mit insgesamt 30 Betten bieten trotz des nahen Highways angenehme Ruhe. 211 North Lucerne Circle East, Orlando, FL 32801, Tel. 407 648 5188, www.orlandohistoricinn.com

Gaylord Palms Resort & Convention Center Resort. Luxuriöse Nobelherberge, die insbesondere mit ihrem »Relâche Spa & Salon« in Floridas Spitzenklasse mitspielt. 6000 West Osceola Pkwy., Kissimmee, FL 34746, Tel. 407 586 0000, www.marriott.com

JW Marriott Orlando Grande Lakes. Gleich neben dem »Ritz Carlton« gelegen, ist das Hotel verwöhnten Reisenden eine komfortable Herberge. Shuttle-Service zu den Parks. 4040 Central Florida Pkwy., Orlando, FL 32837, Tel. 407 206 2300, www.marriott.com

AUSGEHEN

Backstage Nightclub & Sports Bar. Angesagter Dance-Club mit Livemusik und bekannten Oldies. Rosen Plaza Hotel, 9700 International Drive, Orlando, FL 32819, Tel. 407 996 9700, www.backstage-nightclub.com

The Cricketers. Einer der ältesten und bekanntesten britischen Pubs Floridas mit 17 englischen Biersorten und Snacks von der Insel. 7563 West Sand Lake Rd., Orlando, FL 32819, Tel. 407 730 2111, www.cricketersorlando.com

Feine Grillspezialitäten gibt es im »Bull and Bear«-Steakhouse in Orlando.

Oben: Mickey und Minnie, wohin das Auge blickt
Unten: Die Main Street im Magic Kingdom der Disney World Orlando

40 Walt Disney World
Jede Menge Mäuse

Walt Disney World Resort ist für Besucher ein Muss. Ob mit oder ohne Kindern – man muss es einfach gesehen haben. Vier Vergnügungsparks – Magic Kingdom, Epcot Center, Disney's Hollywood Studios und Disney's Animal Kingdom – dazu mehrere Wasserparks. Golfplätze, Hotelanlagen, Restaurants, Cafés und ein Nachtklub- und Vergnügungsviertel: eine gigantische Welt der Heiterkeit und des Nervenkitzels.

Schon in den ersten zwölf Monaten nach der Eröffnung des »Magic Kingdom« im Oktober 1971 durchschritten zehn Millionen Besucher die Tore zum 122 Quadratkilometer großen Disney-Fantasiereich. Heute kommen 52 Millionen Menschen pro Jahr – Weltrekord für ein »Vacation Resort«.

Magic Kingdom Park

Für Kinder und Kindgebliebene: Selbst große Skeptiker erleben hier, wie es den Disney-Machern gelingt, die Besucher in eine heile, märchenhafte Welt zu ziehen – und lassen sich bald tragen vom Diktat ewiger Heiterkeit und Freude. Das Beglückungsprogramm in diesem typischsten aller Disney-Themenparks findet in sechs »magischen Ländern« statt: »Main Street, U.S.A.«, »Fantasyland« (mit dem »Storybook Circus« und dem »Enchanted Forest«), »Adventureland«, »Frontierland«, »Tomorrowland« und »Liberty Square«.

Also los: Auf der »Main Street, U.S.A.« wird die Architektur eines kleinen Städtchens im Mittleren Westen nachempfunden. Schon am Morgen weht hier der Geruch von frischem Popcorn durch die makellos saubere Straße. Diese führt – am berühmten Cinderella Castle vorbei – schnurstracks in die Wunderwelt der Fantasie. Für das märchenhafte »Fantasyland« standen Bauten des mittelalterlichen Frankreichs sowie das bayerische Neuschwanstein Pate. Hier trifft man Peter Pan, Alice, Winnie the Pooh, Mickey und Donald. Die Karussells sind vor allem auf die jüngeren Besucher zugeschnitten, so die »Great Goofini«-Familienbahn oder »Dumbo, the Flying Elephant«. Kleine Prinzessinnen treffen ihre großen Vorbilder in der »Princess Fairytale Hall«. Niedlich!

Etwas weiter warten im »Adventureland« Abenteuer rund um die Welt. Hier lauern Fahrgeschäfte wie »Pirates of the Caribbean« oder »Jungle Cruise«. Im »Frontierland« kann man den Wilden Westen erleben. Hauptattraktionen: die »Big Thunder Mountain Railroad«, die Baumstamm-Wasserrutsche »Splash Mountain« und die »Country Bear Jamboree«.

Ab in die Zukunft führt das »Tomorrowland«. Oder zumindest in Fahrgeschäfte wie »Space Mountain« oder das witzige »Buzz Lightyear's Space Ranger Spin«. Im »Theater Carousel of Progress« wird die Geschichte einer amerikanischen Familie im Laufe der Jahrzehnte gezeigt – und dabei das Hohelied auf den Siegeszug der Elektrizität in die Haushalte gesungen. Da ist der ungebrochene Fortschrittsglaube des Nachkriegsamerikas spürbar.

»Liberty Square« repräsentiert einen kleinen Ort aus der Zeit der amerikanischen Revolution. Attraktionen sind hier das *Liberty-Belle*-Riverboat, das über die Gewässer »raddampfert«, die Haunted Mansion und die Hall of Presidents. Letztere ist in der Tat durchaus eindrucksvoll – gerade auch für Eltern, die eine Pause brauchen und sich aufatmend in einen der 700 bequemen Theatersessel fallen lassen.

AUTORENTIPP!

PRÄSIDIALES STELLDICHEIN

Zu Gast bei den ganz Großen: Schon im Foyer der Hall of Presidents am Liberty Square im Magic Kingdom beeindrucken prächtige Gemälde den Besucher. Nachdem er dann im prunkvollen Theater Platz genommen hat, sieht er zuerst einen Film über Geschichte, Präsidenten und Verfassung. Danach hebt sich die Leinwand, und der Blick landet auf einer Bühne, auf der samtliche 44 Präsidenten der Vereinigten Staaten als audio-animatronische Figuren zu sehen sind. In chronologischer Reihenfolge werden die »mächtigsten Männer der Welt« vorgestellt und nicken dem Publikum zu, erheben sich oder winken – sehr lebensecht! Abraham Lincoln rezitiert aus seinen Reden, und George Washington stellt den aktuellen Präsidenten Barack Obama vor. *Yes, he can*: Auch dieser wendet sich zum Abschluss, übrigens mit seiner echten Stimme, ans Publikum. Ein patriotischer Spaß.

Spaß mit Mickey Mouse haben diese kleinen Besucher.

Oben: Futuristisches Outfit – das illuminierte Epcot Center
Unten: Donald Duck, die berühmteste Ente der Welt, stellt sich gern für einen Schnappschuss in Positur.

Nicht verpassen darf man natürlich die tägliche Parade »Share a Dream Come True«, die um 15 Uhr vom Frontier Land zur Main Street führt, sowie das abendliche »Wishes«-Feuerwerk über dem Cinderella Castle, das den Tag in dieser heilen Zuckerwatte-Wohlfühl-Welt feierlich beschließt.

Disney's Hollywood Studios

In den »Disney's Hollywood Studios« (bis 2008 Disney MGM Studios) kann man – mit etwas Glück – bei Dreharbeiten zusehen und mit Stars und Sternchen aus Hollywood auf Tuchfühlung gehen. In jedem Fall werden Filmtechniken erläutert; der Themenpark umfasst ein komplettes Film- und Fernsehstudio. Sehenswert sind die *Muppet Show* und ein turbulenter 3D-Film, der *Ride Star Tours*.

Die tägliche Parade heißt »Pixar Pals Countdown to Fun!« Hier treffen die Besucher auf die Helden der Filme *The Incredibles*, *A Bug's Life*, *Ratatouille*, *Monsters, Inc.* und natürlich *Toy Story*. Abends verzaubert die Liveshow »Fantasmic« mit Licht-, Feuerwerk- und Lasereffekten.

Epcot Center

Der 1982 eröffnete Park teilt sich in die Themenbereiche »Future World« und »World Showcase« auf und beschäftigt sich mit dem technologischen Fortschritt und den verschiedenen Kulturen der Welt. Hauptattraktionen der »Future World« sind das schon von weitem als riesige Kugel erkennbare »Spaceship Earth«, »Test Track«, eine Autoteststrecke, bei der Besucher die Rolle eines Crashtest-Dummys einnehmen, und »Mission: SPACE«, eine höchst realistische Marsmission. Das beliebteste Fahrgeschäft ist jedoch »Soarin'«, bei dem Flugszenen auf eine IMAX-Dome-Leinwand projiziert werden. Wartezeiten bis zu einer Stunde sind hier keine Seltenheit.

Weiter geht es in den »World Showcase«, in dem sich elf Staaten der Erde vorstellen. In Norwegen fährt der Besucher durch die Sagenwelt des Landes. Frankreich, Kanada und China werben in Filmen für ihre Schönheiten. Ach ja, und dass Deutschland sich hier als lederbehostes Hofbräuhaus in Fachwerkromantik samt Bratwurst und Sauerkraut präsentiert – das ist so schaurig-kitschig, dass es schon fast wieder Kult ist.

Jeden Abend um 21 Uhr findet auf der World Showcase Lagoon, einem großen, künstlich angelegten See, die Licht- und Feuerwerkshow »IllumiNations: Reflections of Earth« statt.

Animal Kingdom

Mit 250 Hektar ist das 1998 eröffnete »Disney's Animal Kingdom« der größte Bereich des Disney-World-Komplexes, aufgeteilt in die Themen »Africa«, »Asia«, »DinoLand U.S.A.«, »Rafiki's Planet Watch« und »Discovery Island«. Eine der Hauptattraktionen: die »Kilimanjaro Safari« mit echten Nilpferden, Löwen und Giraffen in einer nachge-

AUTORENTIPP!

»FEEL THE POWER OF THE FORCE!«
Jedes Jahr im Mai und im Juni finden an vier Wochenenden die »Star Wars Weekends« in Disney's Hollywood Studios statt. Dann stehen die bekanntesten *Star Wars*-Charaktere zum »Meet & Greet« (also für ein gemeinsames Foto und Autogramm) zur Verfügung. In dieser Zeit tragen auch Mickey, Minnie, Goofy und Donald spezielle *Star Wars*-Uniformen, und Mickey wird von R2-MK begleitet, der Disney-Variante des kleinen Roboters R2-D2. Zudem wird der Park an den Wochenenden in helle und dunkle Seiten der Macht unterteilt, es gibt eine spezielle *Star Wars*-Parade mit Beteiligung einiger Original-Darsteller oder Synchronsprecher. Zudem wird morgens zur Eröffnung am Eingang eine spezielle Show mit *Star Wars*-Charakteren geboten. Und abends gibt's an der Jedi Academy neben »Star Tours« mit dem Hyperspace Hoopla sogar einen Tanzwettbewerb einiger *Star Wars*-Figuren.

Oben: Willkommen in Disney's Hollywood Studios in Orlando, einem der meist besuchten Freizeitparks der Welt.
Unten: Rasanter Spaß im Wasserpark Typhoon Lagoon

bauten Savanne. Die »Expedition Everest« im asiatischen Teil ist eine atemberaubende Achterbahn inmitten einer 60 Meter hohen Nachbildung des Himalaja-Gebirges – Yeti inklusive. Wahrzeichen des Animal Kingdom: ein überdimensionaler, künstlicher Baum, der »Tree of Life«, in dessen Wurzeln, Stamm und Ästen sich Hunderte von Tierskulpturen verbergen.

Die tägliche Parade heißt »Mickey's Jammin' Jungle« und beginnt um 15 Uhr. Sie startet und endet am Tusker House Gate im Harambe Village.

Die Disney-Wasserparks

Im »Disney Blizzard Beach Water Park« stehen einige der höchsten Hochgeschwindigkeitsrutschen der Welt in einer originell gestalteten Winterlandschaft. Der Wasserpark verfügt über 22 Rutschen sowie »eisige« Bobbahnen, die in Wirklichkeit angenehm warm sind. Der »Disney's Typhoon Lagoon Water Park« begeistert mit Stromschnellen, neun Wasserrutschen und künstlicher Brandung im größten Wellenbecken der USA.

Downtown Disney, das Stadtzentrum, beherbergt zahllose Geschäfte, Restaurants und Entertainment und ist in die Bereiche »Disney Village Marketplace«, »Pleasure Island« und »West Side« unterteilt. In letzterem fasziniert eine ständige Show des weltberühmten Cirque du Soleil.

Infos und Adressen

SEHENSWÜRDIGKEITEN

Walt Disney World Resort. Öffnungszeiten variieren, siehe Website, Lake Buena Vista, FL 32830, Tel. 407 939 52 77, www.disneyworld.disney.go.com

ÜBERNACHTEN

Disney's Animal Kingdom Lodge. Vom Hotelbalkon hat man Ausblick auf drei »Savannen«. 2901 Parkway Blvd., Kissimmee, FL 34747, Tel. 407 938 3000, www.disneyworld.disney.go.com/resorts/animal-kingdom-lodge

Disney's Grand Floridian Resort & Spa. Prunk und Plüsch im Stil der viktorianischen Zeit. 4401 Floridian Way, Lake Buena Vista, FL 32830, Tel. 407 824 3000, www.disneyworld.disney.go.com/resorts/grand-floridian-resort-and-spa

Disney's Pop Century Resort. Der 5760 Zimmer große Hotelkomplex thematisiert die Popgeschichte des 20. Jhs. 1050 Century Drive, Lake Buena Vista, FL 32830, Tel. 407 938 4000, www.disneyworld.disney.go.com/resorts/pop-century-resort

ESSEN UND TRINKEN

California Grill. Schmackhafte Westküste mit Schwerpunkt Sushi, aber auch Spezialitäten vom Grill. 4600 North World Drive, Lake Buena Vista, FL 32830, Tel. 407 939 3463, www.disneyworld.disney.go.com

Jiko – The Cooking Place. Der »schwarze Kontinent« im Animal Kingdom: Mischung aus afrikanischer und indischer Küche im Animal Kingdom. 2901 Osceola Pkwy., Lake Buena Vista, FL 32830, Tel. 407 938 4733, www.disneyworld.disney.go.com

Monsieur Paul. Für den Namen stand Kochpapst Paul Bocuse Pate. Der feine Gourmet-Spot im Epcot-Themenpark bietet französische Cuisine – kein Ort für Sparfüchse. 2101 Epcot Resorts Blvd., Orlando, FL 32830, Tel. 407 827 5032, www.disneywold.disney.go.com

Victoria and Albert's. Das Flair erinnert an eine Ära, als ein Diner noch ein elegantes Ritual war. 4401 Floridian Way, Orlando, FL 32830, Tel. 407 939 3862, www.victoria-alberts.com

In der Nähe der Themenparks in Orlando warten »märchenhafte« Hotels auf ihre Gäste.

Oben: Weltbekannt – Universal's Islands of Adventure
Unten: Eingang zum »Krustyland« in den Universal Studios

41 Universal Orlando Resort und Wet 'n Wild

Zwischen Weltrettern, Dinos und Butterbier

Staunen, Herzklopfen, Gänsehaut: Hollywood-Produktionen und Motive aus der Popkultur standen in den beiden Themenparks des Universal Orlando Resorts Pate: »Universal Studios Florida« entführt in die spannende Welt des Kinos, »Universal's Islands of Adventure« bietet vor allem aufregende *rides*. Dazwischen befindet sich der »Universal CityWalk«, ein riesiger Restaurant-, Shopping- und Unterhaltungskomplex.

Gemeinsam mit Harry Potter über Hogwarts schweben, mit Spider-Man durch Häuserschluchten schwingen, sich bei Fahrgeschäften wie »The Simpsons Ride«, »Revenge of the Mummy« und »The Incredible Hulk Coaster« ins Vergnügen stürzen oder gar Optimus Prime in der Mega-Attraktion »Transformers: The Ride-3D« bei seinem Kampf für die Rettung der Menschheit unterstützen? Im Universal Orlando Resort sind der Vergnügungssucht kaum Grenzen gesetzt. Fantasievoller durchgeschüttelt als hier wird man jedenfalls kaum anderswo auf der Welt.

Die »Studios« wurden im Jahr 1990 eröffnet, die »Islands of Adventure« folgten neun Jahre später. Ersteres ist ein bis heute funktionierendes Filmstudio, in dem immer noch gedreht und produziert wird. Im Bereich »Production Central« hingegen trifft Hollywood auf Orlando. Und die Besucher können hier – ein wenig Glück und richtiges Timing vorausgesetzt – einer echten Filmcrew in die Arme laufen. Spannend!

Universal Studios

Die tatsächlich für Film- und Fernsehproduktionen genutzten »Universal Studios« sind ein abwechslungsreicher Themenpark, in dem Filme und ihre Superhelden lebendig werden. Hier erlebt man Leinwandgeschichten hautnah – bei aufregenden und berauschend schnellen Achterbahnfahrten und Unterhaltungsshows. Die Fahrt »Revenge of the Mummy – The Ride« etwa ist ein unheimliches Abenteuer in einer der schnellsten Indoor-Achterbahnen der Welt. Zu den gruseligen Spezialeffekten gehören Feuerkugeln, Skarabäus-Käfer und Kriegermumien. In den Bahnen »Disaster!«, »E.T.: Adventure« und »Men in Black« erlebt man, wie Katastrophenfilme gemacht werden, fliegt mit dem berühmtesten Außerirdischen aller Zeiten zu den Sternen und rettet die Galaxie in einer Schlacht gegen interplanetare Eindringlinge und Aliens.

Aber in den Universal Studios gibt es nicht nur Fahrten. Die Attraktion »Fear Factor Live« mit Publikumsmitwirkung etwa nennt sich selbst die »extremste Show aller Zeiten«. Man kann sich freiwillig melden, um selbst verrückte Stunts aus der beliebten Fernsehshow zu proben. Nicht verpassen sollte man *Shrek 4-D*, einen 3D-Film mit zusätzlichen sensorischen Spezialeffekten und *Terminator 2: 3D* mit Live-Stunts. Und in *Twister... Ride it Out* findet man sich inmitten eines Wirbelsturms wieder.

Amerikas beliebteste Fernsehfamilie kann man im Fahrsimulator »The Simpsons Ride« erleben und anschließend den Simpsons-Themenbereich Springfield erkunden. Natürlich begrüßen einen überall im Park bekannte Figuren, und die kleinen Gäste locken Spielbereiche wie »Curious George Goes to Town« und »Fievel's Playland«, eine Kletter- und Rutschenwelt aus der Mäuseperspektive.

AUTORENTIPP!

NASS UND WILD

Wet 'n Wild Orlando war einer der ersten Wasserparks der Vereinigten Staaten – und ist bis heute einer der beliebtesten. Hier gibt es neben dem Standardprogramm wie Wellenbad und »Lazy River« eine große Anzahl ungewöhnlicher Rutschen, teilweise mit Licht, Sound und Spezialeffekten. Etwa »The Black Hole: The Next Generation«, wo man im doppelsitzigen Wasserreifen einen rasanten Nervenkitzel durchlebt. Oder die Hochgeschwindigkeitsrutsche »Mach 5«, bei der Mutige auf dem Bauch liegend auf einer Rutschmatte mit dem Kopf voran nach unten stürzen. Oder die Steilrutsche »Der Stuka«, wo man aus 23 Metern Höhe auf eine Geschwindigkeit beschleunigt, die nur etwas für Adrenalin-Junkies ist. Und, und, und ... Ganz neu: der Rutschenturm »Aqua Drag Racer«.

Wet 'n Wild Orlando

Tgl. 10–17 Uhr, 6200 International Drive, Orlando, FL 32819,
Tel. 407 351 1800,
www.wetnwildorlando.com

Nur etwas für starke Nerven: der Achterbahn-Simulator in 3D

AUTORENTIPP!

TOTAL BLAUE JUNGS

Die weltberühmte Show mit den lustigen blauen Männern ist ein perfekter Abschluss für einen Tag in den Universal-Parks. Die »Blue Man Group« bietet mit ihrer einzigartigen und fesselnden Mischung aus energiegeladener Musik, Comedy und Interaktion mit dem Publikums beste Unterhaltung. In der aktuellen Show entdecken die Herren mit ihrem speziellen Humor die Besessenheit der Welt von allerneuesten Technologien – und bieten ein rasantes Finale mit original Blue-Man-Group-Musik, bei der es die Gäste nicht auf den Sitzen hält. Sicher, man kann die Herrschaften auch in Las Vegas, New York oder Berlin erleben. Aber im Sharp Aquos Theater des Universal Orlando Resorts hat man das Gefühl, dass die blauen Jungs daheim sind. Früh buchen, da die Preise an der Abendkasse teurer sind!

Tickets unter Tel. 407 258 3626 oder auf www.universalorlando.com

Weitere sehenswerte Attraktionen sind die Achterbahn »Hollywood Rip Ride Rockit«, das 3D-Erlebnis »Despicable Me Minion Mayhem«, die Show »Universal's Cinematic Spectacular: 100 Years of Movie Memories« und natürlich die abendliche »Superstar Parade«, auf der sich von Spongebob bis Dora & Diego der gesamte Hochadel des Universal-Unterhaltungsimperiums präsentiert.

Universal Islands of Adventure

Gleich neben den Universal Studios befindet sich der Schwesternthemenpark »Islands of Adventure«. Dieser ist in sieben »Inseln« unterteilt, auf denen, wie der Name schon verspricht, Fahrten für Abenteuerlustige stattfinden. Nach dem Eingangsbereich »Port of Entry« folgen im Urzeigersinn »Marvel Super Hero Island«, »Toon Lagoon«, »Jurassic Park«, »The Wizarding World of Harry Potter«, »The Lost Continent« und schließlich »Seuss Landing«. Die meisten Fahrten hier fallen in die Kategorie »Nervenkitzel« – mit wahnsinnigen Geschwindigkeiten, schwindelerregenden Höhen, Kurven, Wendungen und spritzendem Wasser. Hauptattraktion auf »Marvel Super Hero Island« ist die Simulation »The Amazing Adventures of Spider Man«, in der eine nächtliche Abenteuerfahrt durch New York nachgestellt wird. Gleich nebenan schüttelt die Furcht einflößende Achterbahn »Incredible Hulk Coaster« ihre Besucher kräftig durch. Und im »Dr. Doom's Fearfall« kann man die Freuden eines freien Falls erleben.

In »Toon Lagoon« gibt es zwei »nasse« Fahrten – eine Kanal- und eine Wildwasserstromschnellenfahrt. Anders als auf Marvel Super Hero Island wurden hier kinderfreundlichere Themen und Cartoons gewählt, zum Beispiel der starke Popeye. Der stets Spinat futternde Seemann schmückt den »Rapid River Popeye and Bluto's Bilge-Rat Barges«,

welcher neben der Wildwasserbahn »Dudley Do-Right's Ripsaw Falls« zu den Hauptattraktionen zählt.

Im »Jurassic Park« kann man an der Floßfahrt »River Adventure« teilnehmen, bei der man beim Trip durch dichtes Urwaldgrün großen Raubvögeln sowie Tyrannosaurus Rex und seinen Artgenossen schon fast ein wenig zu nahe kommt. Eine weitere Achterbahn des Parks sind die sanft gleitenden »Pterandon Flyers«, die allerdings nur für Kinder und deren (erwachsene) Begleitpersonen zugelassen sind.

Gleich nebenan in der »Wizarding World of Harry Potter« können Fans die wohlbekannten Szenerien der Zauberwelt durchwandern, in den Andenkenläden von Hogsmeade Souvenirs kaufen und aufregende Fahrten mit »Flight of the Hippogriff«, »Dragon Challenge« und »Harry Potter and the Forbidden Journey« erleben. Im »Three Broomsticks« werden bekannte Köstlichkeiten wie Kürbissaft und Butterbier ausgeschenkt.

Im durch Mythen und Legenden inspirierten »Lost Continent« geht man mit Sindbad, dem Seefahrer, auf die »Eigth Voyages of Sinbad« und erlebt »Poseidon's Fury« in einer explosiven Show der Spezialeffekte. In »Seuss Landing« schließlich werden die beliebten Bücher des amerikanischen Kinderbuchautors Dr. Seuss Realität. Die sich drehen-

Oben: Ab durch die Stromschnellen – Erfrischung garantiert!
Mitte: Spannend ist ein Bummel durch Harry Potters Zauberwelt.
Unten: Basketball total – NBA City mit Shops und Restaurants

Oben: Orlandos »Hard Rock Café« ist das größte der Welt.
Unten: Und abends leuchten unzählige bunte Lichter.

de und schlingernde Fahrt »The Cat in The Hat« ist nicht nur für Fans der legendären Cartoonfigur ein tierischer Spaß.

Dieser Bereich ruft Mythen der Alten Welt in Erinnerung und wurde mit vielen künstlichen Felsen errichtet. Dabei ist das Restaurant »Mythos« besonders erwähnenswert, das sich in diese sagenhafte Steinwelt einfügt und schon oft als bestes Themenpark-Restaurant der Welt ausgezeichnet wurde. Hier findet der Gast Platz im Ambiente einer Grotte, einer Mischung aus künstlichen Felsen und Art-déco-Elementen.

CityWalk

Dieser riesige Shopping- und Unterhaltungskomplex zählt zu den besten Adressen Orlandos, wenn es ums Nachtleben geht. Hier befinden sich mehrere Restaurants, darunter »Jimmy Buffett's Margaritaville«, »Emeril's Restaurant Orlando«, »NBA City« und das größte »Hard Rock Café« der Welt. Nicht nur für Fans des Tom-Hanks-Films »Forrest Gump« gibt es bei »Bubba Gump Shrimp Co.« Spezialitäten wie Shrimp New Orleans, Shrimpers Heaven und Shrimp Po' Boy. Die vielen Nachtklubs des CityWalks bieten für jeden Musikgeschmack etwas. So gibt es hier unter anderem einen Nachbau der berühmten Bar »Pat O'Brian's« in New Orleans und »Bob Marley – A Tribute to Freedom«, wo jeden Abend Live-Reggaemusik gespielt wird.

Infos und Adressen

Marmorglanz im Hard Rock Hotel

ÜBERNACHTEN

Hard Rock Hotel. Energiegeladenes Resort mit Rock-'n'-Roll-Flair. 5800 Universal Blvd., Orlando, FL 32819, Tel. 407 503 2000, www.hardrockhotelorlando.com

Loews Portofino Bay Hotel. Hier werden Charme und Romantik des italienischen Küstenorts Portofino eingefangen. 5601 Universal Blvd., Orlando, FL 32819, Tel. 407 503 1000, www.loewshotels.com/Portofino-Bay-Hotel

Loews Royal Pacific Resort. Der Pool ist wie eine Lagune gestaltet. 6300 Hollywood Way, Orlando, FL 32819, Tel. 407 503 3000, www.loewshotels.com/royal-pacific-resort

ESSEN UND TRINKEN

Bob Marley – A Tribute to Freedom. Fotos, Andenken und die jamaikanische Küche zollen dem »King of Reggae« Tribut. 6000 Universal Blvd., Orlando, FL 32819, Tel. 407 224 2265, www.universalorlando.com/Restaurants/CityWalk/Bob-Marley-Tribute-Freedom.aspx

Bubba Gump Shrimp Co. Auf der Karte dominieren Shrimps, Krabben und Krebse. 6000 Universal Blvd. 735, Orlando, FL 32819, Tel. 407 903 0044, www.bubbagump.com

Emeril's Restaurant. Starkoch Emeril Lagasse glänzt hier mit Kreolischem. 6000 Universal Blvd., Suite 702, Orlando, FL 32819, Tel. 407 224 2424, www.emerilsrestaurants.com/emerils-orlando

Jimmy Buffett's Margaritaville. »Floribbean Cuisine« – und Margaritas! 6000 Universal Blvd., Suite 704, Orlando, FL 32819, Tel. 407 224 2155, www.margaritavilleorlando.com

NBA City. Im Ambiente einer Basketball-Arena der 50er-Jahre wird zeitgenössische US-Küche serviert. 6068 Universal Blvd., Orlando, FL 32819, Tel. 407 363 5919, www.nba.com/nbacity

Fangfrisch: Shrimps bei Bubba Gump Shrimp Co.

Oben: Publikumslieblinge in SeaWorld: Orca Shamu …
Unten: … und seine freundlichen Nachbarn, die Großen Tümmler

42 SeaWorld, Discovery Cove, Aquatica

Ganz nah am Wasser gebaut …

Drei Parks, dreimal das Thema »Wasser«. In Orlando bietet das Unternehmen SeaWorld Parks & Entertainment drei Attraktionen rund ums kühle Nass: den Meeres- und Abenteuerpark »SeaWorld«, die »Discovery Cove«, wo das Schwimmen mit Delfinen und das Schnorcheln mit Rochen zu den Höhepunkten zählt, sowie den Wasser- und Rutschenpark »Aquatica«, der für jedes Temperament die richtige Fallhöhe bereithält.

»SeaWorld« ist sozusagen der große Bruder des Wasser-Trios. Seit 1973 ganzjährig geöffnet, lockt er seine Besucher mit dem Slogan »The Journey begins …«. Der kleinere Bruder »Discovery Cove«, der einer tropischen Insel nachempfunden wurde, öffnete im Sommer 2000 als Badeparadies seine Pforten, und die quirlige Schwester »Aquatica« lässt seit 2008 ihre Besucher die steilsten Wasser-

MAL EHRLICH

HALTEN VON DELFINEN UND ORCAS

SeaWorld wird von Tierschützern vorgehalten, Delfine und Orcas als »Clowns« zu missbrauchen. Besonders aktuell wurde diese Thematik durch Richard O'Barrys Doku-Drama *Die Bucht*, in dem es um die Delfinjagd in Japan geht, bei der Tiere auch gefangen und weltweit an Delfinarien verkauft werden. Auch die CNN-Dokumentation *Blackfish* kritisiert Haltungsbedingungen. Für viele ist vor allem das Schwimmen mit Delfinen ein Traum. Ob man ihn verwirklicht, muss jeder mit sich selbst ausmachen.

rutschen hinunterbrausen. Komplettiert wird das muntere Dreierlei von mehreren Restaurants.

SeaWorld Orlando

Auf rund 80 Hektar warten hier rasante *rides*, Shows und jede Menge Tierbegegnungen auf große und kleine Abenteurer. Direkt am Haupteingang ist ein schöner tropischer Garten angelegt, hier kann man sich unter einem Leuchtturm mit Shamu, dem netten Orca-Maskottchen, fotografieren lassen.

Kurz danach geht's schon zu »Manta«, der ersten Achterbahn des Parks. Der Zug hat die Form eines Rochens und gleitet mit maximal 90 km/h über den ganzen Park. Wild wird es auch mit »Kraken« und »Journey to Atlantis«, in denen die Besucher kräftig durcheinandergewirbelt werden. Nach einer Atempause warten Killerwale, Seelöwen, Haie und andere Meeresbewohner auf staunende Betrachter.

Wer sich für die einheimischen Tiere der Florida Keys interessiert, sollte sich »Key West at SeaWorld« mit seinen Delfinen, Stachelrochen und Schildkröten anschauen. In der Manati-Station finden verwundete Seekühe vorübergehend ein neues Zuhause. Ziel ist es, diese Tiere später wieder an die Natur zu gewöhnen. Seelöwen und Seehunde können im »Pacific Point Preserve« beobachtet werden. Der »Shark Encounter« gewährt im weltweit größten Glastunnelsystem Zutritt in die Tiefen des Ozeans mit zahlreichen – oder besser zahnreichen – Raubfischen wie Haien, Barrakudas und Muränen. Possierlicher gibt sich »Antarctica: Empire of the Penguin« mit mehr als 200 Pinguinen und Papageientauchern.

Der Parkbereich »Shamu's Happy Harbor« ist für kleine Gäste angelegt und bietet einen Wasser-

AUTORENTIPP!

NICHTS FÜR SCHWACHE NERVEN

Krake hieß ein mythologisches Ungeheuer, das von Poseidon unter Wasser gefangen gehalten wurde. Heute trägt eine beeindruckende Stahlachterbahn in SeaWorld Orlando diesen Namen. In sieben variantenreichen Inversionen geht es in rasender Höllenfahrt über die Strecke. Die dicht aufeinanderfolgenden Loopings lassen keine Zeit zum Luftholen. Kaum hat man einige Sekunden gefühlter Schwerelosigkeit erlebt, wird man auch schon mit dem mehrfachen des Körpergewichts in den Sitz gepresst, um im nächsten Moment nahezu kopfüber in die Tiefe zu stürzen. Noch extremer erlebt man diese Fahrt in der ersten Sitzreihe des Waggons, wenn nichts als die schmale Schiene noch etwas Halt suggeriert. Zur gelungenen Streckenführung gehört auch die Durchfahrung von Unterwasser-Höhlen, die das Publikum mit einbeziehen. Spaß und hohe Adrenalinausschüttung garantiert!

AUTORENTIPP!

TRAINER FÜR EINEN TAG

Einen Tag lang mit Delfinen spielen und schwimmen sowie eine Fütterung der Meeressäuger vorbereiten und durchführen? In der Discovery Cove ist dies bei »Trainer for a Day« möglich. Das Programm enthält neben allen Attraktionen des normalen »All-Inclusive«-Angebots zusätzlich intensiven Umgang mit Delfinen und Trainern, Fütterungen im nichtöffentlichen Bereich des Korallenriffs, Fütterung und Pflege exotischer Vögel in der Voliere sowie Spiel und Training mit Kleinsäugern. Um beim »Ein Tag als Trainer«-Programm mitmachen zu können und Flipper & Co. ganz nahe zu sein, wird eine gute körperliche Verfassung vorausgesetzt, und die Teilnehmer müssen mindestens sechs Jahre alt sein. Die Zahl ist zudem auf 24 Teilnehmer pro Tag begrenzt, also empfiehlt es sich unbedingt, im Voraus zu buchen. Ganz billig ist der Spaß mit den Delfinen allerdings nicht …

spielplatz, die Junior-Achterbahn »Shamu Express« sowie das Shamu-Stadion, in dem Shows stattfinden. »The Waterfront« ist von Flora und Fauna des Mittelmeeres inspiriert und zeigt ein kleines Dorf mit netten Geschäften und Restaurants. Hier kann man mit dem »Sky Tower« fast 100 Meter hoch über dem Park schweben – Rundumblick inklusive. In »Wild Arctic« begegnet man Eisbären, Walrossen und Beluga-Walen aus der kalten Welt im arktischen Eis.

Besonders bekannt ist SeaWorld für seine Shows. Die berühmteste ist wohl »OneOcean«, in der Orcas dem Publikum mit ihren Dressurkunststücken den Atem rauben. Doch Vorsicht: Auf den unteren Rängen muss man vor allen Dingen wegen des starken Spritzwassers aufpassen, diese Plätze werden als *Soak Zone* gekennzeichnet. Harmlose Dusche? Nicht unbedingt, denn das Wasser kann durchaus streng nach Wal »duften«.

Ein lustiges Abenteuer mit Seelöwen, Ottern und Walrossen erwartet die Besucher bei »Clyde and Seamore's Sea Lion High«. Und ein besonders sehenswertes Erlebnis ist der Film *Turtle Trek*: In einem 3D/360-Grad-Kino erleben Besucher die Unterwasserwelt, und zwar aus der Perspektive einer Meeresschildkröte.

Parallel dazu sind Besucher eingeladen, an einem der vielen Sonderprogramme des Parks teilzunehmen – gegen Aufpreis allerdings. Während der »Dolphins Up-Close Tour« etwa kommt man Flipper und seinen Freunden ganz nahe. Wer sich in Gegenwart eines weißen Giganten wohler fühlt, der kann am zweistündigen »Beluga Interaction Program« teilnehmen. Im Rahmen der »Marine Mammal Keeper Experience« geht man den Pflegern zur Hand und füttert verschiedene Meeressäuger.

Neben dem Tagesprogramm bietet SeaWorld aber auch Konzertreihen, akrobatische Shows nach Art des Cirque du Soleil sowie ein Dinner-Theater mit wechselnden Vorstellungen.

Discovery Cove

Kein klassischer Wasserpark, sondern ein Naturerlebnis mit einzigartigen Tierbegegnungen: In der »Discovery Cove« kann in »The Grand Reef« mit tropischen Fischen und sogar Haien – sicher hinter einer Glasscheibe – getaucht werden.

Auch Landtiere haben hier ihr Zuhause: In den »Explorer's Aviaries« findet man Vögel und die Mini-Rehe Muntjaks, die mit bereitgestelltem Futter gefüttert werden dürfen. In der »Freshwater Oasis« trifft man auf Otter und verspielte Marmosetten-Äffchen.

Unbestrittenes Highlight ist sicher das Delfinschwimmen. In kleinen Gruppen von fünf bis acht Personen moderiert ein erfahrener Tiertrainer das 30-minütige Rendezvous mit Delfinen. Bei aller Freude an diesem ganz besonderen und unvergesslichen Aufeinandertreffen steht die Sicherheit – für Mensch und Tier – ganz obenan. So gibt es nach dem Check-In nicht nur einen kurzen Informationsfilm, sondern der Trainer erläutert auch Verhaltensregeln, die beim Schwimmen mit den intelligenten Meeressäugern zu beachten sind. (Anschließend

Ob Schnorcheln, Tauchen oder Schwimmen mit Delfinen – in der Discovery Cove ist alles möglich. Nur 800 Besucher erhalten täglich Zutritt.

Oben: Erst einmal streicheln
Mitte: Ob »Dolphin Plunge« oder …
Unten: … »Roas Rapids« – ein bisschen Mut gehört in Aquatica dazu.

müssen die Teilnehmer noch eine juristische Abtretungserklärung mit Haftungsausschluss unterschreiben – Amerikaner sind da lieber vorsichtig.) Dann geht's ins Wasser zu den eleganten Schwimmern, die erst einmal gestreichelt werden wollen – bis sie schließlich ihre zweibeinigen Besucher durch ihr Element ziehen. Ein einzigartiges Erlebnis. Mit einigen Abschiedssprüngen verabschiedet sich Flipper dann von der Menschengruppe.

Nicht nur beim Delfin-Schwimmen ist die Teilnehmerzahl begrenzt. Täglich können maximal 800 Gäste den Park besuchen. Daher sind Reservierungen erforderlich.

Aquatica

Rutschen, Planschbecken, Wellenbad und ein herrlicher Strand: Das ist der Wasserpark »Aquatica« mit spritzigen Bespaßungen für alle Temperamente. Interessant für große und kleine Wasserratten ist die »Dolphin Plunge«: In einer Acrylglas-Röhre geht es durch ein Becken, in dem sich Delfine tummeln. Turbulente Abenteuer versprechen »Roas Rapids« und »Omaka Rocka« mit Halfpipes und fast senkrechten Abschnitten. Von der Fliehkraft die Wände hochgedrückt, vor und zurück geschüttelt, erleben Rutschfans ein Gefühl von Schwerelosigkeit. Nervenschonender geht es in der »Loggerhead Lane« zu, in der man beschaulich in einem Reifen durch die bunte Unterwasserwelt treibt und verschiedenen Fischarten begegnet.

Für Mutige: »Ihu's Breakaway Falls«. Die Wasserrutsche mit ihrem 13 Meter freien Fall ist die höchste und steilste Rutsch-Attraktion in ganz Orlando. Auf dem »Taumata Racer«, einer über 90 Meter langen Rennrutsche mit acht Bahnen, Tunnel und 360-Grad-Drehung, kommen abenteuerlustige Gäste auf ihre Kosten.

Infos und Adressen

SEHENSWÜRDIGKEITEN

Aquatica. Tgl. 9–18 Uhr, 5800 Water Play Way, Orlando, Florida 32821, Tel. 407 351 3600, www.aquaticabyseaworld.com

Discovery Cove. Tgl. 9–18 Uhr, 6000 Discovery Cove Way, Orlando, FL 32821, Tel. 877 557 7404, www.discoverycove.com

SeaWorld Orlando. Tgl. 9–18 Uhr, 7007 SeaWorld Drive, Orlando, FL 32821, Tel. 888 800 5447, www.seaworldparks.com/en/seaworld-orlando

Hai life: »Sharks Underwater Grill«

ESSEN UND TRINKEN

Banana Beach Buffet. Hier warten Burger, *french fries*, Hotdogs, Salat und Rib-Fleisch in BBQ-Sauce. 5800 Water Play Way, Orlando, Florida 32821, Tel. 407 351 3600, www.aquaticabysea-world.com/en/orlando/dine-and-shop/dining/banana-beach

Dine With Shamu. Auf der Terrasse kann man sich typisch amerikanisch verwöhnen lassen mit *Slow Roasted and Smoked Chicken*, *Seasonal Pasta* und gigantischen Desserts. 6000 Discovery Cove Way, Orlando, FL 32821, Tel. 888 800 5447, www.seaworldparks.com/en/seaworld-orlando/dine-and-shop/dining/dine-with-shamu

SeaWorld Orlando – Wasserspaß für Groß und Klein

Discovery Cove. Im Eintrittspreis enthalten ist ein Frühstücksbuffet mit Müsli, Brötchen, Muffins, Früchten etc. Lunch beinhaltet diverse Pasta, Salate und Hühnchen. 6000 Discovery Cove Way, Orlando, FL 32821, Tel. 877 557 7404, www.discoverycove.com

Sharks Underwater Grill. Bestes Restaurant in SeaWorld Orlando, in einem riesigen Aquarium mit über 30 Haien. Hat man einen Fensterplatz, schwimmen die Fische direkt vorbei. 7007 Sea World Drive, Orlando, FL 32821, Tel. 407 370 1573, www.seaworldparks.com/en/seaworld-orlando/dine-and-shop/dining/sharks-underwater-grill

Gelegentlich spritzig: »Dine with Shamu«

BUD LIGHT
KEN'S
& Lunch Daily in Cedar Key
R KEYSIDE
352-543-6800

DER NORDEN

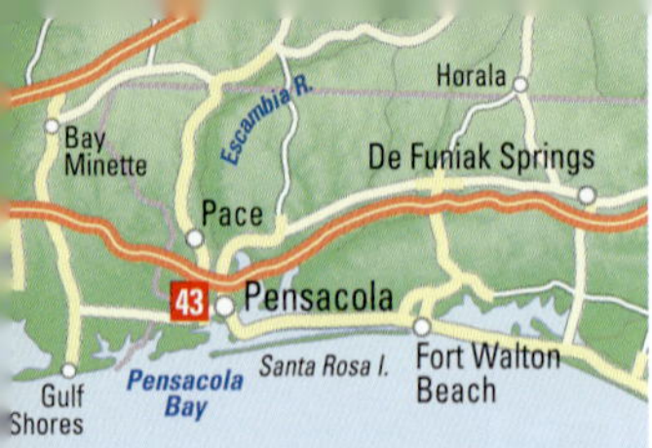

Vorangehende Doppelseite: Mehr Nähe zum Wasser geht nicht – Restaurant in Cedar Key
Mitte: Stilleben am Pensacola Beach im Norden Floridas
Unten: Das T.T. Wentworth Jr. Florida State Museum bewahrt die Geschichte Pensacolas.

43 Pensacola und Pensacola Beach

Prächtige Villen im Schatten

Pensacola im äußersten Nordwesten atmet Geschichte. Bereits 1559 gründete hier Don Tristán de Luna y Arellano die erste von Europäern bewohnte Siedlung der heutigen Vereinigten Staaten. Nur zwei Jahre später fegte ein gewaltiger Hurrikan den Pionierort hinweg. Dann dauerte es 140 Jahre, bis die Gegend erneut von Spaniern besiedelt wurde. Heute bezaubert die Stadt mit ihrer pittoresken Südstaatenatmosphäre.

In Pensacola herrscht ein für die USA ungewöhnliches Geschichtsbewusstsein: Im Stadtzentrum führt die Universität West Florida ständig archäologische Ausgrabungen durch. Und mit viel Bürgerstolz wurden in den letzten Jahren die Häuser des Historic Pensacola Villages sowie des Seville Square Historic Districts zwischen East Government Street und South Alcaniz Street restauriert. Große Eichen vor den prächtigen Häusern spenden Schatten, viele der Gebäude mit ihren Balkonen und schmiedeeisernen Gittern verströmen den Charme von »Old Dixie«.

Der North Hill Preservation District nördlich des Seville Square Historic Districts lädt zum Flanieren ein. Die prachtvollen Villen, zwischen 1870 und 1930 erbaut, liegen in üppig bepflanzten Parks unter alten, mit spanischem Moos behängten Bäumen. Sehenswert sind auch der alte Friedhof St. Michael's Cemetery an der Garden/Alcaniz Street und das T.T. Wentworth Jr. Florida State Museum im ehemaligen Rathaus, das Ende des 19. Jahrhunderts im Renaissancestil erbaut wurde.

Kilometerlanger Sand

Richtung Süden sind die dem Festland vorgelagerten Inseln Santa Rosa Island und Perdido Key ein Paradies für Sonnenanbeter und Wassersportfans. Mit ihren über 64 Kilometer langen Stränden, über die Hälfte davon als Naturparks geschützt, bieten sie die traumhafte Kulisse für einen Sprung in die smaragdgrünen Fluten des Golfs von Mexiko.

Fährt man von Pensacola kommend im Süden über die Pensacola Bay Bridge und weiter über die Three Mile Toll Bridge, empfängt den Besucher Casino Beach, das Herz von Pensacola Beach. Der Lieblingsstrand der Einheimischen ist ideal zum Sonnetanken, Schwimmen und Schnorcheln. Der Pensacola Beach Fishing Pier ist ein guter Platz zum Angeln. Hotels, Shops, Bars, Cafés und Restaurants bilden den lebendigen Rahmen dieser Sommerfrische. East Park, am östlichen Ende von Pensacola Beach, ist weniger stark frequentiert und bietet neben den hölzernen Stegen zum Strand auch einen romantischen Naturpfad. In Quietwater Beach, am Santa Rosa Sound in unmittelbarer Nähe des Geschäftszentrums von Pensacola Beach, kann man sich beim Parasailing in die Lüfte tragen lassen und fantastische Ausblicke auf Meer und Bay genießen. Taucher finden an der *USS Oriskany*, einem versenkten Flugzeugträger und größten künstlichen Riff der Welt, ideale Bedingungen zur Erkundung der Unterwasserwelt.

Im dünn besiedelten Norden von Pensacola erstreckt sich bis zur Grenze nach Alabama ein von Kiefernwald bedecktes Hügelland. Hier befindet sich der Blackwater River State Forest, in dem das Tannin der Bäume das klare Wasser der Flüsse dunkelbraun färbt und ihnen eine geheimnisvolle Aura verleiht. Beliebtester Fluss zum Kanu- und Kajakfahren ist der Coldwater Creek.

Infos und Adressen

SEHENSWÜRDIGKEITEN

Blackwater River State Forest. Tgl. von 8 Uhr bis Sonnenuntergang, 7720 Deaton Bridge Rd., Holt, FL 32564, Tel. 850 983 5363, www.floridastateparks.org/blackwaterriver

Fort Barrancas. Patriotischer Salut an die Militärgeschichte Pensacolas. 3182 Taylor Rd., Pensacola, FL 32508, Tel. 850 455 5167, www.nps.gov/guis/planyourvisit/fort-barrancas.htm

ESSEN UND TRINKEN

McGuire's Irish Pub. Bodenständige Küche, rustikales Ambiente. 600 East Gregory St., Pensacola, FL 32502, Tel. 850 433 6789, www.mcguiresirishpub.com

ÜBERNACHTEN

Crowne Plaza-Pensacola Grand Hotel. Kein architektonisches Kleinod, aber zentral. 200 East Gregory St., Pensacola, FL 32501, Tel. 850 433 3336, www.pensacolagrandhotel.com

New World Landing. Boutiquehotel mit 15 geschmackvollen Zimmern. 600 South Palafox St., Pensacola, FL 32502, Tel. 850 432 4111, www.newworldlanding.com

Rettungsschwimmer im Dienst

Mitte: Eine Oase der Ruhe ist der Strand im Naturschutzgebiet Henderson Beach State Park.
Unten: Ein Pick-up am Rande eines Flohmarktes

44 Von Fort Walton Beach bis Panama City Beach

Von schick bis ... naja

Von Rummel über Anglerglück und »New Urbanism« bis zur Redneck Riviera mit Ballermann-Feeling: Die Region von Fort Walton Beach bis Panama City bietet Sommerfrischlern die gesamte Palette möglicher Sommerfreuden. Mitunter sind es nur ein paar Kilometer von schick bis ... naja. Oder anders ausgedrückt: Hier kann jeder nach seiner Fasson selig werden. Und die Sonne strahlt stets auf alle.

Strandgeschäfte, Bars, Gokart-Bahnen, Vergnügungsparks, Wassersportangebote und Strandzugänge flankieren die Hauptstraße entlang dem Strand von Fort Walton Beach bis Okaloosa Island. Die Uferpromenade ist ein quirliges Zentrum mit Restaurants, Clubs, dem städtischen Angelpier, Strandvolleyball und dem klassischen Florida Gulfarium, das seit 1955 Familien mit springenden Delfinen und lustigen Robben unterhält.

MAL EHRLICH

ES MAL RICHTIG KRACHEN LASSEN ...

Mancher mag es ja als authentisch empfinden, wenn jeden Sommer Hunderttausende vergnügungssüchtiger Touristen aus Alabama, Mississippi oder Georgia hier einfallen, um es mal »so richtig krachen zu lassen«. Oder im März Scharen von Studenten Stressabbau betreiben, indem sie sich vollaufen und die Hüllen fallen lassen. Wer will schon auf Dauer Ballermann-Ambiente? Insofern gilt für Floridas »Redneck Riviera«: anschauen ja – aber dann weiterziehen und ein ruhiges, beschauliches Fleckchen suchen.

Auf dem Festland, von der Insel durch die weite und wunderschöne Choctawhatchee Bucht getrennt, liegt Fort Walton Beach, dessen Rang als eine der größten militärischen Städte rasch offensichtlich wird, vor allem beim U.S. Air Force Armament Museum, in dem sich alles um Waffen und Kampfflugzeuge dreht. Die Stadtmitte umfasst ein paar Häuserblocks entlang der Bucht mit kleinen Geschäften, einem Park und dem Emerald Coast Science Center, einem naturwissenschaftlichen »Museum zum Anfassen«, das auch Kinder begeistert.

Die Brücke nach Destin überquert den Ostpass und durchzieht einen Teil des Gulf Island National Seashore, eine dramatisch wirkende Landschaft aus verwehtem, blendend weißem Sand, der Besucher aus dem Norden oft an Schnee erinnert. Destin verdankt seinen Namen als »erfolgversprechendstes Fischfangdorf der Welt« seiner Lage: Dank der tiefen Golf- und Küstengewässer, in denen es vor Fächerfischen, Barschen, Schwertfischen, Makrelen, Spindelfischen und Tarpons nur so wimmelt, gibt es hier eine große Flotte von Fischfang-Charterbooten, Angelwettbewerbe und eine herrliche Auswahl an Restaurants mit Meeresfrüchten auf der Speisekarte.

Einen Abstecher wert sind der Henderson Beach State Park und der James W. Lee Park am östlichen Ende der Stadt – weit abseits der Hauptstraße U. S. 98. Der weiche und schneeweiße Sand hier ist einmalig. Er besteht aus pulverisiertem Quarz, der auf seinem langen Weg von den Appalachian Mountains in North Carolina millionenfach gewaschen, gerüttelt, gerieben und letztlich hier abgelagert wird. Und beim Gehen unter den Füßen knirscht.

Fußgängerzone statt Parkplatz

Eine Sommerfrische der besonderen Art ist Seaside, das zu Santa Rosa Beach gehört. Die kleine Küsten-

AUTORENTIPP!

INDIAN TEMPLE MOUND MUSEUM

Die Geschichte der Indianer im Nordwesten Floridas ist eine tragische, denn viele Angehörige vom Stamm der Apalachee und der Timucua starben nach der Eroberung der Halbinsel durch die Spanier an eingeschleppten Krankheiten. Sklavenhändler lockten rund 12 000 Ureinwohner in die Gefangenschaft. Das Indian Temple Mound Museum beherbergt zahlreiche archäologische Funde von Indianern, die früher hier ansässig waren, und den Fort Walton Mound, einen fünf Meter hohen künstlichen Erdhügel aus dem 13. oder 14. Jahrhundert, der an der Oberseite eine abgeflachte Plattform besitzt und auf dem der Nachbau eines indianischen Kulthauses steht.

Indian Temple Mound Museum. Mo–Fr 12–16.30 Uhr, Sa 10–16.30 Uhr, 139 Miracle Strip Pkwy. SE, Fort Walton Beach, FL 32548, Tel. 850 833 9595, fwb.org/museums/indian-temple-mound-museum

Oben: Sanderlinge aus der Familie der Strandläufer am Spülsaum des Meeres
Unten: Das fußgängerfreundliche Seaside ist bekannt aus dem Film *The Truman Show.*

stadt wurde in der ersten Hälfte der 80er-Jahre von einem Immobilienspekulanten in der Wildnis angelegt und folgt dem Postulat eines »New Urbanism«. Als Ferienort am Meer in Auftrag gegeben und am Vorbild viktorianischer Badeorte orientiert, gilt der Ort bis heute als erfolgreichstes Beispiel einer neotraditionalistischen Stadtplanung. Cineasten kennen Seaside als Location des 1998 gedrehten Films *Die Truman Show* mit Jim Carey. Errichtet wurde die Küstenstadt nach Entwürfen des amerikanischen Architektenduos Duany und Plater-Zyberk, unterstützt vom Luxemburger Architekturtheoretiker Léon Krier. Die Planer wollten den Bewohnern ein Stück jener Lebensqualität zurückgeben, die in durchschnittlichen US-Mittelklassevororten verloren gegangen ist. Statt Einkaufszentren mit bis zum Horizont reichenden Parkplätzen gibt es im fußgängerfreundlichen Seaside einen Dorfplatz mit Cafés und Läden, statt kilometerlanger Zufahrten kleine Straßen mit kompakten Einfamilienhäusern.

Ein völlig anderes Ambiente – um es vorsichtig auszudrücken – bietet das weiter östlich gelegene Panama City Beach: Zentrum der rund 30 Kilometer langen »Redneck Riviera« mit endlosen Reihen gesichtsloser Hotelkästen. Gegründet wurde der Ort 1902 mit dem Ziel, über ein Eisenbahnterminal mit Hafen die Region um Atlanta mit der karibischen Welt und dem Panama-Kanal zu verbinden. Der neue Name der Stadt am Golf war gefunden: Panama City. Heute fallen hier im Sommer unzählige Erholungssuchende aus Alabama, Mississippi und Georgia ein, die mit ihren Familien und schmalem Budget ihr Urlaubsglück finden wollen. Sollte die Devise da nicht schlicht »Weiträumig umfahren« lauten? Nicht unbedingt, denn außer Ballermann-Tourismus in seiner amerikanischen Variante hat der Landstrich durchaus malerische Seiten und bildschöne Sandstrände.

Infos und Adressen

SEHENSWÜRDIGKEITEN

Ripley's Believe it or Not! Kuriositäten und Skurriles in einem markanten Gebäude, das aussieht wie ein sinkendes Schiff. So–Do 9–22 Uhr, Fr, Sa 9–23 Uhr, 9907 Front Beach Rd., Panama City Beach, FL 32407, Tel. 850 230 6113, www.ripleys.com/panamacitybeach

St. Andrew State Park. Naturschutzgebiet am Ostende des Panama City Beachs. Spazierwege führen durch Dünen und Salzwassermarschen. Tgl. 8 Uhr bis Sonnenuntergang, 4607 State Park Lane, Panama City, FL 32408, Tel. 850 233 5140, www.floridastateparks.org/standrews

U.S. Air Force Armament Museum. Zeigt alle Waffensysteme der Luftwaffe, die vom Zweiten Weltkrieg bis zum Golfkrieg eingesetzt wurden. Mo–Sa 9.30–16.30 Uhr, 100 Museum Drive, Eglin AFB, Fort Walton Beach, FL 32542, Tel. 850 651 1808, www.afarmamentmuseum.com

ESSEN UND TRINKEN

Fish Out of Water Restaurant. Frischer Fisch und Muscheln in köstlichen Variationen. 34 Golden Rod Circle, Santa Rosa Beach, FL 32459, Tel. 850 534 5050, www.watercolorresort.com

Great Southern Café. Internationale Küche mit Südstaaten-Akzenten. 83 Central Square, Santa Rosa Beach, FL 32459, Tel. 850 231 7327, www.thegreatsoutherncafe.com

Motels – Parkplatz direkt vor dem Zimmer

Hereinspaziert! Der originelle Eingang in Panama City Beach ist einem Haifisch nachempfunden

ÜBERNACHTEN

Emerald Grande. Familienhotel mit Pool, Spa und tollem Blick auf den Hafen. 10 Harbor Blvd., Destin, FL 32541, Tel. 850 424 0635, www.emeraldgrande.com

WaterColor Inn and Resort. Prämiertes Haus mit modernen Zimmern und Cottages im Seaside-Look. 34 Goldenrod Circle, Santa Rosa Beach, FL 32459, Tel. 850 534 5000, www.watercolorresort.com

Mitte: Teich in den Dünen im St. George Island State Park
Unten: Auslaufendes Fischerboot im Sonnenaufgang bei Apalachicola

45 Apalachicola und St. George Island

Vor allem Austern …

Die Forgotten Coast rund um das alte Hafenstädchen Apalachicola trägt ihren Namen nicht ganz zu Unrecht. Vergessen ist sie zwar nicht, aber Touristen finden nur selten den Weg an diesen Küstenabschnitt. Dabei ist hier ein Paradies für Liebhaber von Meeresfrüchten, vor allem Austern gibt es reichlich. Und das vorgelagerte St. George Island verzaubert mit kilometerlangen, blendend weißen Stränden.

Wer heute Apalachicola besucht, kann sich nur schwer vorstellen, dass das verträumte Fischerstädtchen einst der drittwichtigste Hafen am Golf von Mexiko war. Damals bestimmten die Verschiffung von Baumwolle und das Schwammtauchen, vor allem von griechischen Einwanderern in der Tradition ihrer Heimat betrieben, das Leben im Hafen. Heute findet nahezu die komplette Austernproduktion Floridas in der Bucht von Apalachicola statt und ist Lebensgrundlage der Einheimischen. Geschützt durch die vorgelagerten Inseln St. Vincent und St. George sind die Zuchtbedingungen in der Bucht für Austern einfach ideal. In flachen Holzbooten und mit langstieligen Zangen ernten die Fischer die begehrte Delikatesse.

Historische Bauten

Wenn man die eindrucksvolle Brücke über den Apalachicola River von Osten her überquert, fühlt man sich in die Zeit vor dem amerikanischen Bürgerkrieg zurückversetzt. Historische Backsteinbauten entlang des Flussufers – Apalachicola rühmt sich, mehr Vor-Bürgerkriegs-Bauten zu besitzen als irgendeine andere Gemeinde Floridas. Mehr als 200 Wohnhäuser und kommerziell genutzte Gebäude, darunter Boutiquen, Galerien, Restaurants, B&Bs und Kirchen, sind im Nationalen Register für Historische Bauten eingetragen. Das um 1912 erbaute Dixie Theatre gehört dazu und ist heute Gastgeber einer Sommerschauspiel-Truppe. Natürlich ist es hier ein Muss, Austern zu essen. Die werden allerdings nicht wie in Europa üblich im Naturzustand serviert, sondern gebraten oder frittiert.

Föhren, Sand und wilder Rosmarin

Vom kleinen Nachbarort Eastpoint aus kann man über eine Brücke das abgelegene, 45 Kilometer lange St. George Island mit seinen blendend weißen, von Dünen gekrönten Sandstränden erreichen. Der »St. George Inn« und ein paar Ferienwohnungen am Strand bieten den Besuchern Unterkunft. Der beste Ort, um einen Beach-Tag zu verbringen, ist St. George Island State Park mit seinem naturbelassenen Strand, umgeben von Weißkrabben, vom Salz verkrüppelten Föhren und wildem Rosmarin. Schwerfällig bewegen sich Karrett- und Seeschildkröten an Land, um dort jeden Sommer ihre Eier zu legen. Die von Salzsümpfen geprägte Bucht zwischen Insel und Festland ist die Heimat von Schlangen, Schildkröten und zahllosen Fischen.

Im nahen Port St. Joe ist die Buchten-Kammmuschel (*scallop*) die begehrteste Meeresfrucht, die im Sommer auch von Urlaubern geerntet wird. Charterboote bringen die Touristen hinaus zu den Fanggründen, aber auch zum Schnorcheln und Tauchen. Bei soviel Natur vergisst man schnell, dass man sich an einem durchaus historischen Ort befindet: In Port St. Joe fand Floridas erste verfassungsgebende Versammlung statt, ein kleines Museum gedenkt dieses Ereignisses.

Infos und Adressen

SEHENSWÜRDIGKEITEN

Apalachicola National Estuarine Research Reserve. Ausstellungen zur heimischen Flora und Fauna mit Vogelgehege. 108 Island Drive, Eastpoint, FL 32328, Tel. 850 670 7700, www.dep.state.fl.us/coastal/sites/apalachicola

ESSEN UND TRINKEN

Boss Oyster Restaurant. Austern in allen Variationen. 125 Water St., Apalachicola, FL 32320, Tel. 850 653 8139, www.bossoyster.com

The Owl Cafe. Frische Austern und Shrimps in historischem Interieur. 15 Ave. D, Apalachicola, FL 32320, Tel. 850 653 9888, www.owlcafeflorida.com

ÜBERNACHTEN

Coombs House Inn. Gemütlicher Inn im Südstaatenstil. 80 6th St., Apalachicola, FL 32320, Tel. 850 653 9199, www.coombshouseinn.com

St. George Inn. Hübscher Inn, der mit seinen antiken Möbeln südliches Flair verströmt. 135 Franklin Blvd., St. George Island, FL 32328, Tel. 850 927 2903, www.stgeorgeinn.com

St. George Island State Park

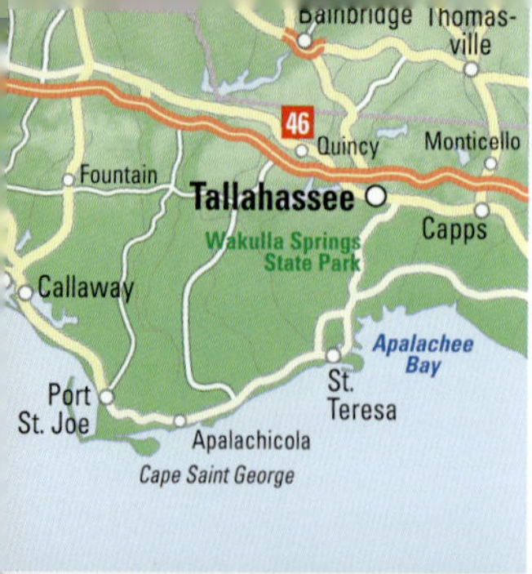

46 Quincy und Havana

Reich mit brauner Brause

Spanisches Moos, blühende Azaleen und das Flair des alten amerikanischen Südens: Der kleine Ort Quincy nordwestlich von Tallahassee verströmt aus jeder Ritze seines Kopfsteinpflasters den verführerischen Zauber von »Old Dixie«. Viktorianische Villen zeugen vom einstigen Reichtum der Gemeinde. Und »Schuld« am märchenhaften Wohlstand hatten ein Provinzbanker und ein Brausehersteller aus Atlanta …

Beverly Hills? Palo Alto? Oder doch Palm Beach? Nein, noch bis vor kurzem galt die verschlafene Gemeinde Quincy mit ihren 8000 Einwohnern als Ort mit dem höchsten Pro-Kopf-Vermögen in den USA. Und das kam so: Der Provinzbanker Mark W. Munroe hatte Anfang des vergangenen Jahrhunderts Geschäftskontakte zu einer Firma in Atlanta, die 1919 ihre Aktien an den Mann bringen wollte: die Coca-Cola Company.

Der Bankchef sorgte dafür, dass fast jeder Farmer aus Quincy ein paar Aktien jener Firma erwarb, die ein Produkt verkaufte, das damals noch als Heilmittel galt: Coca-Cola. Doch die braune Brause wurde zum Welterfolg – aus jedem 1919 gekauften 40-Dollar-Papier sind bis heute durch Splits 4608 Aktien im Wert von rund 6,7 Millionen Dollar geworden. Und das Farmernest Quincy konnte zwischenzeitlich mit mehreren Milliardären aufwarten. Übrig geblieben ist von dem Reichtum auf den ersten Blick nicht viel: ein paar Straßenzüge mit viktorianischen Villen, versteckt hinter riesigen Eichen, ein schmuckes Gerichtsgebäude, ein paar Coca-Cola-Wandmalereien in einer ansonsten typisch amerikanischen Kleinstadt. Die Milliarden

Mitte: Herrschaftliches Südstaaten-Haus mit alten, moosbehangenen Virginia-Eichen
Unten: Der Reichtum kam mit der braunen Brause.

scheinen sich in alle Himmelsrichtungen verflüchtigt zu haben. Doch hinter mancher Fassade sitzen hier immer noch steinalte – und steinreiche – Herrschaften, die aus Sparsamkeit und Stolz nie auch nur eine einzige Aktie verkauft haben.

Coca-Cola hat nicht nur die Bürger, sondern auch die Gemeinde wohlhabend gemacht. Quincy verfügt über rund 60 Kirchen, ein Musiktheater, eine Privatschule, das Veranstaltungshaus Quincy Garden Center und eine Kunstgalerie – allesamt Einrichtungen, die mit Spenden der Coke-Millionäre finanziert wurden. Rings um den grünen Town Square erinnern noch wenige kleine Läden an das kommerzielle Herzstück des Städtchens. Nicht verpassen sollte man das Gadsden Arts Center, das in einem ehemaligen Eisenwarengeschäft von 1910 untergebracht ist. Die Historie des Gebäudes wurde auf behutsame Weise ins Museum integriert – von den rollenden Holzleitern bis zum antiken Safe. Dazu gibt es Ausstellungen zeitgenössischer, meist lokaler Künstler und einen gut bestückten Souvenirladen.

Starker Tobak

Einen Katzensprung entfernt Richtung Osten erreicht man über idyllische Landstraßen den kleinen Ort Havana. Auch hier gibt es deutliche Anzeichen früheren Reichtums. Diesmal war es der Tabak, der in Gadsden County Millionäre machte. Auf den fruchtbaren Böden wurde hier der ausgesuchte Shade Tobacco angebaut, der zum Rollen von Zigarren verwendet wurde. Viele der ehemaligen Tabaklagerhallen aus Backstein beherbergen heute ganz andere Schätze: Havana gilt als »Antique Shopper's Paradise«. Egal ob Möbel, Geschirr, Bücher oder Schmuck – hier wird jeder fündig. Einige hübsche Cafés und Restaurants im Ortskern laden zum Verweilen und Schlemmen ein.

Infos und Adressen

ESSEN UND TRINKEN

The Whip Waterfront Pub n Grub. »Toller Blick, gutes Essen, mieser Service« so der augenzwinkernde Werbespruch dieses rustikalen Restaurants. 3129 Cooks Landing Rd., Quincy, FL 32351, Tel. 850 875 2605, www.fishthewhip.com/pubgrub.html

ÜBERNACHTEN

Allison House Inn. Puppenstube im Herzen von Quincy. Besonders zu empfehlen: das englische Frühstück. 215 North Madison St., Quincy, FL 32351, Tel. 850 875 2511, www.allisonhouseinn.com

McFarlin House. Spanisches Moos, blühende Azaleen, Schaukelstühle auf der Veranda und das Flair des alten amerikanischen Südens: Gäste spüren hier schnell den verführerischen Zauber von »Old Dixie«. 305 East King St., Quincy, FL 32351, Tel. 850 875 2526, www.mcfarlinhouse.com

EINKAUFEN

Wanderings. Auf Möbel und Einrichtungsgegenstände aus aller Welt spezialisiert. 312 NW 1st St., Havana, FL 32333, Tel. 850 539 7711, www.thewanderings.com

Allerliebst: das »Allison House Inn«

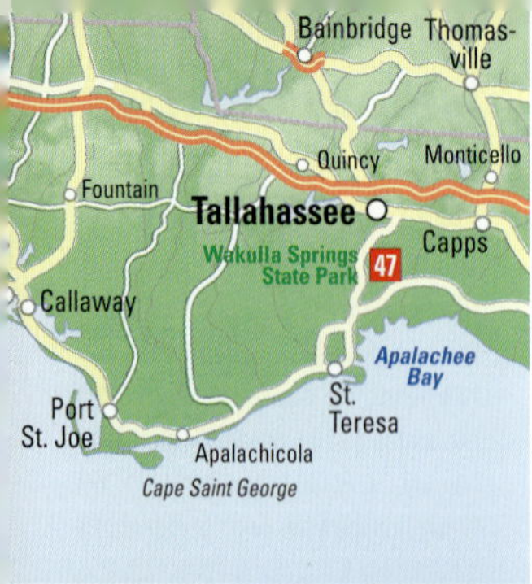

Mitte: Im Wakulla River schwamm schon Tarzan im Lendenschurz.
Unten: Mit etwas Glück kann man ein Gürteltier in freier Wildbahn erleben.

47 Wakulla Springs State Park

Glasklarer Sprudel aus der Tiefe

Inmitten einer Waldlandschaft von Zypressen, Pinien und Laubbäumen liegt der Edward Ball Wakulla Springs State Park. Er beherbergt eine der größten Süßwasserquellen der Welt: die Wakulla Springs. 2,5 Millionen Liter Wasser sprudeln pro Minute aus dem alten Erosionstrichter und speisen den Wakulla River. An einem heißen Sommertag gibt es kaum etwas Erfrischenderes als ein Bad in dem glasklaren Wasser.

Auch Johnny Weissmüller alias Tarzan sprang hier schon mit seinem weltberühmten Jodler in die konstant 22 Grad kühlen Fluten. 1932 wurde im State Park der erste Lendenschurz-Film gedreht – Cineasten als *Tarzan der Affenmensch* ein Begriff. Später folgten der Gruselstreifen *Der Schrecken vom Amazonas* (Original: *Creature from the Black Lagoon)* aus dem Jahr 1953 und *Airport '77 – Verschollen im Bermuda-Dreieck.*

Die Wakulla Springs gehören zu den größten und tiefsten Süßwasserquellen der Welt. Überall in Nord- und Mittelflorida sind derartige Quelltöpfe zu finden. Sickerwasser, das in den Boden eindringt, schuf im Laufe von Jahrtausenden ein weit verzweigtes unterirdisches Höhlensystem, in dem es sich sammelt, um dann an vielen Stellen wieder an die Oberfläche zu drücken. Im State Park bildet dieses Wasser auch den Ursprung des Wakulla Rivers, der sich südwärts durch ein mit Zypressen bewachsenes Sumpfgebiet schlängelt. Sein Weg ist nicht lang – bereits nach 18 Kilometern mündet er in den St. Mark's River. Doch diese kurze Strecke reicht aus, um ihn mit seinem kristallklaren Wasser zu einem beliebten Revier für Kanu- und Kajakfahrer zu machen. Täglich werden im Wakulla Springs State Park geführte Touren im Glasbodenboot angeboten, die Einblicke in die unberührte Unterwasserfauna und -flora geben. Wie im Aquarium können Fischschwärme im glasklaren Fluss beobachtet werden, während sich gleichzeitig am Ufer Alligatoren und Schildkröten ein Sonnenbad gönnen. Sie scheinen sich an die Besucher gewöhnt zu haben. Im oberen Teil des Parks durchziehen Naturlehrpfade 3000 Hektar unberührtes Waldgebiet. Der Wakulla Springs State Park ist ein idealer Ort, um eine Vogelwelt mit mehr als 180 gefiederten Arten zu beobachten.

Mammut im Topf

Mutige Taucher dringen bis auf den Boden des mehr als 50 Meter tiefen Quelltopfes vor. Hier liegen die Knochen eines urzeitlichen Mastodons, eines amerikanischen Mammuts, das vermutlich im Quartär aus nördlicheren Regionen nach Florida kam – und dann ins Wasser plumpste. Für weniger Ambitionierte eignet sich ein kühlendes Bad in der Nähe der Quelle. An einem kleinen Strand inmitten üppiger subtropischer Vegetation sind Schwimmen und Planschen erlaubt: willkommene Erfrischung in einem der schönsten Naturfreibäder Floridas. Wer Glück hat, begegnet einem Manati (Seekuh) – aber: bitte nicht anfassen! Gleich nebenan beginnt das Reich der Alligatoren und Schildkröten, die sich an die Anwesenheit der Badebesucher längst gewöhnt haben. Sie lassen sich bei ihrem täglichen Treiben jedenfalls nicht aus der Ruhe bringen.

Für Nimmermüde, die keine Stufen scheuen: Einen herrlichen Ausblick über das Gelände bietet der Sprung- und Beobachtungsturm am oberen Ende der Quelle.

Infos und Adressen

ESSEN UND TRINKEN

Wakulla Springs Lodge Ball Room Dining Room. Eine Fülle an Spezialitäten im *southern style.* Tgl. 7.30–14 Uhr, Dinner 17–21 Uhr, 550 Wakulla Park Drive, Wakulla Springs, FL 32327, Tel. 850 421 2000

ÜBERNACHTEN

The Inn at Wildwood. Einfaches, aber zweckmäßig eingerichtetes Hotel mit hauseigenem 18-Loch-Golfplatz, 3896 Coastal Hwy., Crawfordville, FL 32327, Tel. 850 926 4455, www.innatwildwood.com

Wakulla Springs Lodge. Idyllisch direkt im Park und am Quelltopf gelegen, bietet dieses Hotel Übernachtungsmöglichkeiten im reizvollen Ambiente der 30er-Jahre. 550 Wakulla Park Drive, Wakulla Springs, FL 32327, Tel. 850 984 3966, www.wakullaspringslodge.com

INFORMATION

Edward Ball Wakulla Springs State Park. Tgl. 8 Uhr bis Sonnenuntergang, 550 Wakulla Park Drive, Wakulla Springs, FL 32327, Tel. 850 561 7276, www.floridastateparks.org/wakullasprings

Gediegene Gastlichkeit erwartet den Gast in der »Wakulla Springs Lodge«.

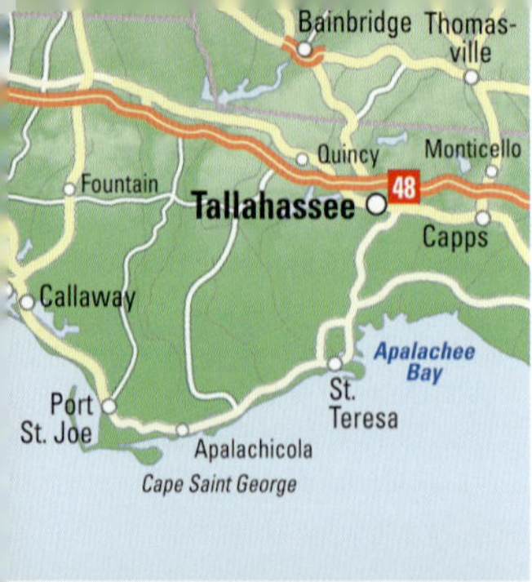

Historie und Poesie: Das Knott House in Tallahassee, heute ein Museum, schrieb im Mai 1865 Geschichte.

48 Tallahassee

Verträumtes Zentrum politischer Macht

Nur keine falsche Bescheidenheit! Die Einwohner von Tallahassee vergleichen ihre Stadt gerne mit Rom, das bekanntlich auch auf sieben Hügeln erbaut wurde. Provinzieller Hochmut? Tatsächlich verirren sich nur wenige Touristen in die 135 000-Seelen-Gemeinde – sie jedoch erleben eine wirklich charmante, gewachsene Stadt mit jeder Menge historischem Flair.

Hier schlägt das ruhigere Herz der Südstaaten, die Nähe zu Georgia ist in Tallahassee besonders in der Architektur und dem entspannten Lebensstil deutlich spürbar. Die Häuser mit ihren Holz- oder Metallbalkonen zeugen vom Wohlstand des frühen 19. Jahrhunderts. Und in der näheren Umgebung der Stadt finden sich noch eine Vielzahl von Plantagen, deren vergangene Pracht an *Vom Winde verweht* erinnert. Auch auf einer Fahrt entlang der berühmten baumbestandenen Alleen (*canopy roads*) mit ihren üppigen Blätterdächern würde man sich nicht wundern, wenn plötzlich Rhett Butler und Scarlett O'Hara in der offenen Kutsche um die Ecke bögen. Hier sind die alten Eichen mit Epiphyten baldachinartig zugewachsen, hängen in dichten Schleiern tief herab und bilden eindrucksvolle Tunnel.

Aufstieg zur Hauptstadt

Bei allem beeindruckenden Lokalkolorit – wer weiß schon, dass die eher behäbige Metropole die Hauptstadt Floridas ist? Und warum eigentlich? Die Antwort erzählt von einem einzigen Hin und Her: Im Rahmen des Pariser Friedens von 1763

Rundgang Tallahassee

Ⓐ Knott House Museum – Hier wurde am 20. Mai 1865 die Befreiung der Sklaven Floridas proklamiert. Später schrieb seine Bewohnerin Luella Knott, Frau des Politikers William Knott, Gedichte und befestigte sie mit Satinbändern im ganzen Haus, weshalb das Haus den Beinamen »The House that Rhymes« (das Haus, das dichtet) erhielt. Führungen zu jeder vollen Stunde, Eintritt frei, Mi–Fr 13–15 Uhr, Sa 10–15 Uhr, 301 East Park Ave.

Ⓑ John G. Riley House and Museum – Die Sammlung und ihre Exponate sind der Freiheitsbewegung der *farbigen* Bevölkerung gewidmet. Mo–Fr 10–16 Uhr, Sa 10–14 Uhr, Eintritt frei (eine Spende wird erwartet), 419 East Jefferson St.

Ⓒ State Capitol – Von seiner Aussichtsgalerie gibt es einen Panoramablick – und man vermeidet den Anblick des architektonisch fragwürdigen Turmes.

Ⓓ Old Capitol – Hübscher als sein direkter Nachbar, beherbergt das repräsentative Gebäude mit seiner klassizistischen Kuppel heute das Florida Historic Capitol Museum.

Ⓔ Museum of Florida History – Einen Blick in die früheste und in die jüngste Geschichte Floridas bieten unzählige Exponate, Schriften und Schaukästen. 12 000 Jahre der geologischen und historischen Entwicklung werden hier beleuchtet. Unbestrittener Star des Museums ist das riesige Skelett eines Amerikanischen Mastodons, das in den 30er-Jahren im nahe gelegenen Wakulla Springs State Park ausgegraben wurde. Mo–Fr 9–16.30 Uhr, Sa 10–16.30 Uhr, So 12–16.30 Uhr, Eintritt frei (um eine Spende wird gebeten), 500 South Bronough St., www.museumoffloridahistory.com

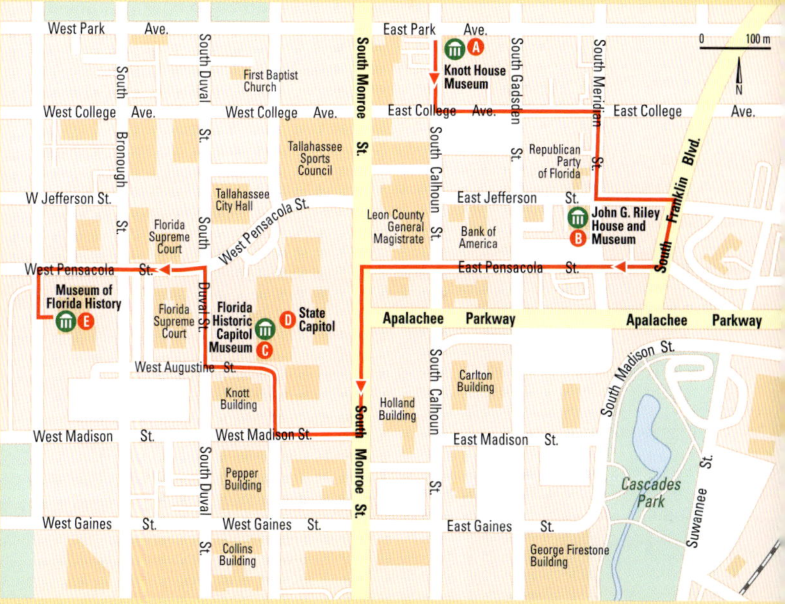

AUTORENTIPP!

BAUSÜNDE MIT RUNDUMBLICK
So etwas darf man getrost Bausünde nennen: Der Turm des State Capitol, 1977 fertig gestellt, passt mit seiner klotzigen Gestalt nur sehr bedingt ins Kleinstadtgepräge Tallahassee. Vielen gilt er gar als »hässlichster Regierungssitz in den USA«. Immerhin: Von der Aussichtsgalerie im 22. Stock hat man einen herrlichen Blick. Viel charmanter wirkt das in direkter Nachbarschaft liegende Old Capitol mit seinen Marmorsäulen. Der Kuppelbau mit den rot-weiß gestreiften Markisen wurde 1845 erbaut und beherbergt das Florida Historic Capitol Museum mit Ausstellungen zur Geschichte Floridas.

Florida Historic Capitol Museum. Mo–Sa 10–16.30 Uhr, So 12–16.30 Uhr, Eintritt frei, 400 South Monroe St., Tallahassee, FL 32399, Tel. 850 487 1902, www.flhistoriccapitol.gov

State Capitol. Mo–Fr 8–17 Uhr, 400 South Monroe St., Tel. 850 488 6167, www.flsenate.gov

erhielt England die Herrschaft über Florida zugesprochen – und teilte die Halbinsel in einen Ost- und Westteil mit den jeweiligen Hauptstädten St. Augustine und Pensacola.

Schon bald erwies es sich nicht als praktisch, ständig für Verwaltungsaufgaben zwischen St. Augustine und Pensacola hin und her zu pendeln. So wurde nach einem zentralen Ort gesucht, und im Oktober 1823 fand man ihn in Tallahassee. Man traf sich – im wahrsten Sinne des Wortes – in der geografischen Mitte.

Wissen und Macht

Heute stehen neben der Politik und der öffentlichen Verwaltung als Hauptarbeitgeber vor allem Bildung und Erziehung im Mittelpunkt, denn hier ist der Standort zweier renommierter Universitäten; die Florida State University zählt 40 000 Studenten, während die Florida Agricultural & Mechanical University 15 000 Studenten ausbildet. Der kleinstädtische Charme und das gemütliche Treiben wird höchstens im Herbst etwas gestört, wenn die FSU-Football-Teams die Saison eröffnen und Zehntausende Fahnen schwingender Fans sämtliche Hotels und Restaurants Tallahassees bevölkern.

Unbedingt anschauen sollten sich Besucher den Apalachicola-Nationalpark, der im Westen der Stadt liegt. Für Anhänger der Südstaaten-Romantik ist die Plantation Goodwood (1600 Miccosukee Rd.) mit ihren alten, moosbehangenen Eichen ein beliebtes Besuchsziel – und ideal für stimmungsvolle Fotos. Im Tallahassee Museum im Südwesten der Stadt (3945 Museum Rd.) kann man sich eine Vorstellung davon machen, wie das Landleben um 1880 in Florida aussah. Ausstellungsstücke aus über 100 Jahren Automobilgeschichte finden Fans im Tallahassee Automobile Museum (6800 Mahan Drive).

Infos und Adressen

ESSEN UND TRINKEN

Andrew's 228 Grill & Bar. Im Herzen des Regierungsviertels gelegen, treffen sich hier die Macher des politischen Florida zum Lunch bei gehobener, italienisch angehauchter Küche. 228 South Adams St., Tallahassee, FL 32301, Tel. 850 222 3444, www.andrewsdowntown.com

Cypress Restaurant. Mit viel Liebe zeichnet das junge Ehepaar David und Elizabeth Gwynn für moderne, frische Gerichte verantwortlich, die ihre Südstaatenwurzeln nicht verleugnen. 320 East Tennessee St., Tallahassee, FL 32301, Tel. 850 513 1100, www.cypressrestaurant.com

Food Glorious Food. Mehrfach prämiert: Seit 28 Jahren überzeugen hier Ambiente, Service und eine Speisekarte mit Meeresfrüchten über Fleisch bis hin zu *heavenly desserts.* 1950 Thomasville Rd., Tallahassee, FL 32303, Tel. 850 224 7279, www.foodgloriousfood.com

ÜBERNACHTEN

Aloft Tallahassee Downtown. Gegenprogramm zum historischen Charme vieler Hotels: Das Haus wartet mit urbanem Chic und puristischem Design auf. 200 North Monroe St., Tallahassee, FL 32301, Tel. 850 513 0313, www.alofttallahassee.com

Governors Inn. Nur einen Straßenzug vom Capitol entfernt: das üppig ausgestattete, in einem ehemaligen historischen Lagerhaus untergebrachte Hotel ist ein idealer Standort zur Erkundung der Stadt. 209 South Adams St., Tallahassee, FL 32301, Tel. 850 681 6855, www.thegovinn.com

Ein lauschiger Ort: das »Café Paisley« an der Thomasville Road in Tallahassee

INFORMATION

Tallahassee Area Visitor Information Center. Mo–Fr 8–17 Uhr, Sa 9–13 Uhr, 106 East Jefferson St., Tallahassee, FL 32301, Tel. 850 606 2305, www.seetallahassee.com

Eine historische Schatzkammer: das Museum of Florida History in Tallahassee

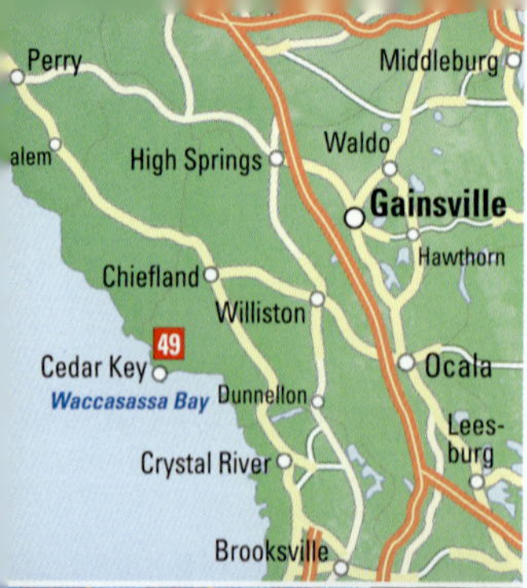

49 Cedar Key, Suwannee und Steinhatchee

Refugien zwischen Salz und Quellen

Die von Buchten gesäumte Küste von Cedar Key und Steinhatchee bildet einen einmaligen Lebensraum, der durch den Zusammenfluss von Süß- und Salzwasser geschaffen wird. Ein Landstrich voll rauer Natur und maritimem Reiz inmitten von Wind und Mangroven. Er ist einer von Floridas bestgeschützten Ökosystemen – und ein zu Unrecht oft übersehenes Stück »Old Florida«.

»Big bend« (»Große Biegung«) werden das Naturschutzgebiet Cedar Key National Wildlife Refuge und unzählige weitere kleine Nachbarinseln an der zerklüfteten Küste genannt. Vielen Fisch- und Vogelarten bietet die Inselgruppe Nahrung im Überfluss. Die Menschen hier mussten hingegen umdenken: Nachdem die örtliche Bleistiftindustrie die Zedernwälder dezimiert hatte, gewann der Fischfang notgedrungen an Bedeutung.

Der Ort Cedar Key befindet sich auf Way Key, der einzigen bewohnten Insel der Kette. Von hier aus kann man Angeltouren per Charterboot buchen. Oder auf eigene Faust mit dem Kajak Inseln besuchen, um Scharen von Vögeln zu beobachten: Das Eiland Seahorse Key etwa ist Brutplatz für Braune Pelikane, Silber- und Graureiher sowie Ibisse. Während der Nistzeit von März bis Juni ist der Zugang allerdings nicht gestattet.

Das rustikale Cedar Key ist für seine Kunsthandwerksläden sowie seine Fischlokale entlang der Dock Street bekannt. Jährlich im Oktober feiert

Mitte: Ein bisschen flippig und leger: bemalter Wohnwagen …
Unten: … und der mögliche Künstler

der Ort das *Seafood Festival* und im April das *Cedar Key Sidewalk Arts Festival.*

Unbekannter Fluss

Auf der Fahrt von Cedar Key nach Norden erreicht man die Mündung des Flusses, den der Komponist Stephen Foster (1826–1864) mit seinem berühmten Song *Way down upon the Suwannee River* beschrieb. Das Lied gilt als inoffizielle Hymne des Bundesstaates. Ironie am Rande: Foster hat in seinem Leben das besungene Gewässer nie gesehen. Heute erkunden Kajakfahrer und Hausbootbesitzer den romantischen Fluss, der von Alligatoren, Manatis und dem Golfstör bewohnt wird. Sporttaucher stürzen sich in seine Fluten, vor allem in Hawkerville und dem dortigen Underwater Archaeological Preserve, um am Wrack eines Dampfschiffes aus den 20er-Jahren zu tauchen.

Im Lower Suwannee National Wildlife Refuge stehen seit 1979 rund 210 Quadratkilometer Naturpark unter Schutz. Das Gebiet gehört zu den größten naturbelassenen Mündungsdeltas der USA. Stromaufwärts gelangt man zu einigen Quellen, die den Fluss auf seiner Reise vom Okefenokee Swamp in Georgia speisen. Allein jene im Manatee Springs State Park hat pro Tag einen Ausstoß von über 400 Millionen Litern kristallklaren Wassers.

An vielen Orten der Küste ist die Suche nach Kammmuscheln (*scallops*) ein beliebter Zeitvertreib. Im Sommer wird das Fischerdörfchen Steinhatchee zum Mekka für Genießer der edlen Meerestiere. Sportangler haben die Wahl zwischen Unterkünften in Anglercamps oder dem im viktorianischen Stil erbauten »Steinhatchee Landing Resort«. Als Gastgeber von Ex-Präsident Jimmy Carter und Gattin Rosalynn sowie anderen Prominenten trug es zur heutigen Berühmtheit des Ortes bei.

Infos und Adressen

ESSEN UND TRINKEN

Roy's Restaurant. Vom Fischerboot direkt auf den Tisch – frischer kann man keine Meeresfrüchte servieren. Herrliche Sonnenuntergänge gibt's inklusive. Tgl. 11–21 Uhr, 100 1st Ave. SW, Steinhatchee, FL 32359, Tel. 352 498 5000, www.roys-restaurant.com

Tony's Seafood Restaurant. Bekannt für seine *World Champion Clam Chowder.* So–Do 11–20 Uhr, Fr, Sa 11–21 Uhr, 597 2nd St., Cedar Key, FL 32625, Tel. 352 543 0022, www.tonyschowder.com

ÜBERNACHTEN

Steinhatchee Landing Resort. Das direkt am Steinhatchee River gelegene Resort vermietet Kanus und Kajaks. 203 Ryland Circle, Steinhatchee, FL 32359, Tel. 352 498 3513, www.steinhatcheelanding.com

AKTIVITÄTEN

Suwannee Guides & Outfitter. Verleih von Kanus und Kajaks sowie geführte Touren entlang des Suwannee River. P.O. Box 304, Suwannee, FL 32692, Tel. 352 542 8331, www.suwanneeguides.com

Wegweiser zum viel besungenen Suwannee River

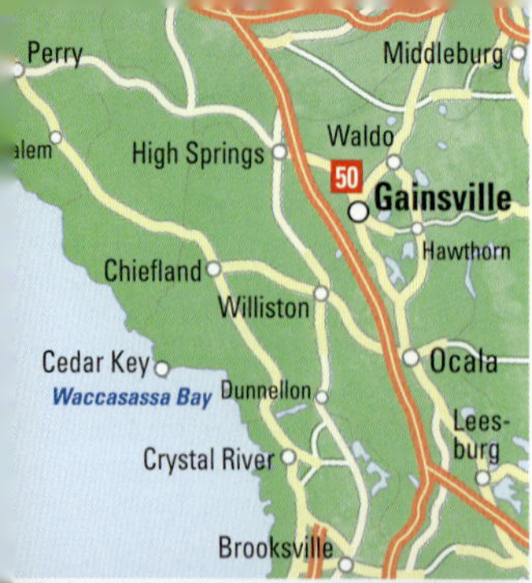

Mitte: Das Hippodrome State Theatre im Zentrum der Stadt
Unten: Im Ben Hill Griffin Stadium ist das Football-Team der *Florida Gators* zu Hause.

50 Gainesville und Ocala

Junge Szene zwischen den Meeren

Eine junge Stadt, in der fast die Hälfte der Bevölkerung Studenten sind. Und dazu eine Gemeinde, die vom Bürgerkrieg und von Bränden heimgesucht wurde und heute das Zentrum der floridianischen Pferdezucht ist: Die Bildungsmetropole Gainesville und der alte Plantagenort Ocala erschließen sich mit ihrem Südstaaten-Charme ihren Besuchern manchmal erst auf den zweiten Blick.

Breite Boulevards, gepflasterte Straßen und Stadthäuser aus dem frühen 20. Jahrhundert geben Gainesvilles alter Ortsmitte ein fast pittoreskes Flair. Der Besucher hat viel zu entdecken: den Turm mit der Originaluhr aus dem alten Gerichtshaus. Oder das prächtige Postamt von 1909 im Beaux-Arts-Stil mit seinem korinthischen Säulengang, das heute das Hippodrome State Theatre beherbergt.

Ein Ort mit zahlreichen Parks und historischen Gebäuden, in dem es sich offenbar gut leben lässt: Vor ein paar Jahren wurde Gainesville zur US-Stadt mit der höchsten Lebensqualität gewählt. Das war nicht immer so: Während des amerikanischen Bürgerkriegs war sie Stützpunkt der Konföderierten Armee und Schauplatz zweier großer Schlachten. Nach dem Ende der Auseinandersetzungen im Jahre 1865 entwickelte sich die Stadt dann zum Handelszentrum, vor allem für Baumwolle und Zitrusfrüchte. Und prosperierte weiter. Nach zwei Großbränden Ende des 19. Jahrhunderts wurden Holzhäuser durch massive Backsteingebäude ersetzt. Mit dem Ausbau der Eisenbahnanbindung stieg auch die Einwohnerzahl. Bald war Gainesville die größte und fortschrittlichste Stadt in Florida. Mit einer unterirdischen Wasserversorgung, Telefon, elektrischem Licht – und einer Oper. Der Ausbau der Eisenbahn und damit der Transportwege brachte weiteren Aufschwung im Handel mit Zitrusfrüchten und Phosphat. Bald wurde das Gebiet interessant für Investoren, Spekulanten und Touristen. Heute wird das Stadtbild wesentlich von der University of Florida und ihren 50000 Studenten geprägt. Die Hochschule wurde 1906 gegründet, war schon zwei Jahrzehnte später der wichtigste Arbeitgeber und trug als Wirtschaftsfaktor dazu bei, Gainesville ab 1929 durch die schwere Zeit der Depression zu helfen. Mittlerweile ist sie die größte Universität des Sunshine States und hält zahlreiche Professoren und wissenschaftliche Angestellte in Lohn und Brot. Das Santa Fe College als weitere Hochschule macht den Rang Gainesvilles als Bildungsmetropole Floridas perfekt. Mit sichtbaren Folgen für die gesamte Stadt und ihre Bürger: Man kann hier abends gut ausgehen, das Nachtleben ist lebendig, die Szene jung und modern. Und sportlich: Besonders lokalpatriotisch wird es im Ben Hill Griffin Stadium auf dem Campus der Universität. Fast 90000 Plätze hat die Schüssel, in der das Football-Team der *Florida Gators* beheimatet ist – eine Mannschaft mit einer fanatischen Fangemeinde.

Wer sich für das Einst und Heute Gainesvilles interessiert, sollte das Matheson Historical Center nicht verpassen. Das Museum und seine botanischen Gärten stellen die Geschichte der Stadt, des Alachua Countys und Nordfloridas zur Schau. Kunstfreunde finden im Harn Museum of Art die größte Einrichtung einer Universität im Südosten, die sich mit der Sammlung, Präsentation, Darstellung und Deutung von Kunstwerken widmet. Gezeigt werden über 9000 Werke zeitgenössischer Kunst, aber auch *antike* afrikanische und asiatische Exponate.

AUTORENTIPP!

PAYNES PRAIRIE PRESERVE STATE PARK

Eine Besonderheit ist das südlich von Gainesville gelegene Becken, das an der breitesten Stelle 13 Kilometer misst und durch das Absinken des Kalksteinbetts entstanden ist. Heute grasen auf der Savanne Büffelherden. Während der spanischen Kolonialzeit standen noch Rinder einer großen Hacienda auf der Prärie. Doch vor 120 Jahren blockierte ein Gesteinsrutsch den Abfluss der Quelle des Alachua-Trichters. Für einige Jahrzehnte entstand in der Senke ein See, auf dem sogar Schaufelraddampfer verkehrten. Dann bahnte sich das Wasser einen neuen Weg, so als hätte jemand den Stöpsel aus einer Badewanne gezogen: Tausende von Fischen verendeten im Schlamm, und die Schiffe lagen auf dem Trockenen.

Paynes Prairie Preserve State Park. Besucherzentrum tgl. 9–16 Uhr, 100 Savannah Blvd., Micanopy, FL 32667, Tel. 352 466 3397, www.floridastateparks.org/paynesprairie

Oben: Die University of Florida in Gainesville mit dem Century Tower im Hintergrund
Unten: Laptop statt Geplauder – typische Szene vor einem Café in Gainesville

Gainesville mit seinen 125 000 Einwohnern liegt – untypisch für Florida – nicht am Meer. Sowohl der Golf von Mexiko als auch der Atlantik sind jedoch in Ausflugsentfernung zu erreichen. Und auch andere Ziele lohnen: Einen Abstecher wert ist unbedingt die Devil's Millhopper State Geological Site. Dieses Senkloch ist über 40 Meter tief und 150 Meter breit und hat sich vor mehr als 10 000 Jahren durch einen Gesteinseinbruch gebildet. Hier überrascht ein Mini-Regenwald mit Pflanzen und Tieren, die eigentlich im weit nördlicheren Appalachen-Gebirge beheimatet sind. Über Treppen (mehrere Hundert, zum Teil glitschige Stufen), und schmale Wege am Kraterrand kann man fast bis auf den Grund wandern und das eindrucksvolle Senkloch erforschen. Wer die fast mystische Atmosphäre in Ruhe genießen möchte, sollte sich schon am frühen Morgen auf den Weg machen.

Welthauptstadt der Pferde

Als Ort mit Tradition versteht sich die Stadt Ocala, 1846 gegründet und südlich von Gainesville gelegen. Der Name stammt von dem ausgestorbenen Indianer-Stamm der Timucuan, der hier in einem Dorf namens Ocali lebte. Seit seiner Gründung ist Ocala Verwaltungssitz des Marion County, nach dem Kriegshelden General Francis Marion benannt.

Anfang der 50er-Jahre des 19. Jahrhunderts wanderten reiche Farmer aus South Carolina in das Umland Ocalas ein und gründeten riesige Plantagen. Ab 1858 war Ocala das wichtigste Geschäfts- und Gesellschaftszentrum Floridas. Doch der amerikanische Bürgerkrieg verwüstete alle Plantagen und Geschäfte und ließ die Bevölkerung auf 200 Einwohner schrumpfen. Im Jahr 1883 zerstörte dann ein Großbrand während des Erntedankfestes die gesamte Innenstadt. Seit dem Tag wurden neue Häuser nur noch aus Ziegelsteinen gebaut, was der Stadt auch den Namen »Backsteinstadt« einbrachte. Heute gilt Ocala als Zentrum für die Zucht amerikanischer Vollblüter und nennt sich stolz »Welthauptstadt der Pferde«. Das scheint nicht übertrieben: Im hügeligen Umland widmen sich rund 400 Gestüte mit ihren typischen weißen Holzzäunen der Zucht und Ausbildung edler Vierbeiner. Einige von ihnen bieten Ausritte in die Natur sowie Reitunterricht an.

Wälder, Sümpfe und Seen

Ocala ist ein guter Ausgangspunkt für Besuche im Ocala National Forest, einem der größten Waldgebiete Floridas. Der Wald erstreckt sich über ein Gebiet von 1742 Quadratkilometern. In seinen Sümpfen und Seen leben Alligatoren und Schildkröten, in den Lüften schweben Weißstörche. Die Landschaft ist abwechslungsreich: Neben Kiefern- und Eichenwäldern gibt es Prärien und Weiden. Unbedingt besuchen sollte man Silver Springs, eine der weltgrößten artesischen Quellen. Die einzigartige Landschaft diente in den 30er-Jahren zahlreichen *Tarzan*-Filmen als Filmkulisse. Für Naturfreunde, die gerne wandern, Kanu fahren

AUTORENTIPP!

ÖKOSYSTEME UNTER DER LUPE

Das Florida Museum of National History zählt zu den besten naturgeschichtlichen Museen der USA, ist auf dem Campus der University of Florida angesiedelt und beherbergt 25 Millionen Exponate: von Amphibien, Vögeln, Schmetterlingen, Fischen, Säugetieren, Reptilien bis hin zu versteinerten Pflanzen. Das Museum beleuchtet Ökosysteme wie Korallenriffe, Savannen sowie gemäßigte und tropische Wälder. Im Bereich »Windows into Natural History« können kleine und große Forscher mithilfe wissenschaftlicher Geräte die Pflanzen- und Insektenwelt Floridas erkunden. Darüber hinaus werden Kunstgegenstände von Timucuan-, Seminole- und Calusa-Indianern gezeigt, die hier in der Region einst ansässig waren.

Florida Museum of National History. Mo–Sa 10–17 Uhr, So 13–17 Uhr, Eintritt frei, 3215 Hull Rd., Gainesville, FL 32611, Tel. 352 846 2000, www.flmnh.ufl.edu

Oben: Um amerikanische Vollblüter dreht sich alles in der »Welthauptstadt der Pferde«.
Unten: Im Juniper Springs Ocala National Forest

und sich für die Flora und Fauna interessieren, bietet die Region perfekte Bedingungen. Speziell die Quellgebiete der Flüsse sind (in der Regel als kostenpflichtiger State Park oder Recreation Area) für Touristen erschlossen. So gibt es hier meist ein großes Badeareal, einen Bootsverleih, einen Campingplatz sowie gute Wandermöglichkeiten. Touristen, die während der Wintermonate kommen, können sogar Seekühe in den Flüssen und Quellen beobachten. Eine besonders genüssliche Art der Fortbewegung ist es, sich mit Reifen auf einem der vielen Flüsse wie etwa dem Rainbow River oder dem Ichetucknee River stromabwärts treiben zu lassen. Zahlreiche Anbieter offerieren das sogenannte Tubing, Rücktransport inklusive. Dabei ist es lohnenswert, sich mit Schnorchel und Maske die glasklare Unterwasserwelt anzuschauen.

Wer es hingegen lebhafter mag und obendrein gern ländlich-urig feiert, sollte sich jedes Jahr das letzte Oktoberwochenende freihalten. Dann lädt der kleine Ort Inverness zu einem rustikalen Fest, dem *Great American Cooter Festival* (www.cooterfestival.com), mit Grillwettbewerb, Kajakrennen, Triathlon, Misswahl und Modenschauen ein.

Infos und Adressen

Typisch für die schmackhafte *Southern Kitchen* sind üppige Portionen.

SEHENSWÜRDIGKEITEN

Samuel P. Harn Museum of Art. Ständige Sammlung von 40 000 Objekten in einem auffälligen postmodernen Gebäude. Wechselausstellungen zeigen amerikanische Kunst des frühen 20. Jhs., lateinamerikanische Kunst, Stammeskunst aus Westafrika und Neuguinea und präkolumbische Keramiken. Tgl. Di–Fr 11–17 Uhr, Sa 10–17 Uhr, So 13–17 Uhr, 34th SW St., Gainesville, FL 32611, Tel. 352 392 9826, www.harn.ufl.edu

University Gallery. Zeitgenössische und experimentelle Kunst mit Schwerpunkt auf aufstrebenden jungen Künstlern. Mo–Fr 10–17 Uhr, Sa 13–17 Uhr, im College of Fine Arts an der University of Florida, Kreuzung 400 SW 13th St. und 4th Ave., Gainesville, FL 32611, Tel. 352 273 3000, www.arts.ufl.edu/galleries

ESSEN UND TRINKEN

Emiliano's Cafe. Tapas, saftige argentinische Steaks und Mojitos. 7 SE 1st Ave., Gainesville, FL 32601, Tel. 352 375 7381, www.emilianoscafe.com

Paramount Grill. Küchenchef Cliff Nelson verspricht innovative Küche: Tofu, Meeresfrüchte, Fleisch und köstliche Desserts. 12 SW 1st Ave., Gainesville, FL 32601, Tel. 352 378 3398, www.paramountgrill.com

ÜBERNACHTEN

Herlong Mansion Bed & Breakfast. B&B im herrschaftlichen Kolonialstil in einem traumhaften Garten mit altem Baumbestand. 402 NE Cholokka Blvd., Micanopy, FL 32667, Tel. 352 466 3322, www.herlong.com

Magnolia Plantation Inn. B&B in einer Villa von 1885 im viktorianischen Stil, 1990 renoviert; jedes Gästezimmer hat einen Kamin. 309 SE 7th St., Gainesville, FL 32601, Tel. 352 375 6653, www.magnoliabnb.com

Hübscher Shop im historischen Stadtzentrum

REISEINFOS

Florida von A–Z

Anreise

Florida hat mehrere internationale Flughäfen. Größere Städte wie Miami, Orlando, Tampa, Fort Lauderdale und Fort Myers werden von Europa aus direkt per Charter oder Linie angeflogen, bei anderen Destinationen ist ein Zwischenstopp notwendig. Nonstop dauert ein Flug neun bis zehn Stunden, ein Zwischenstopp kann die Reisezeit deutlich verlängern. Innerhalb der Ferienzeit (Oster-, Sommer- und Weihnachtsferien) sind die Flüge erheblich teurer als in der übrigen Zeit. Auch Flüge an den Wochenenden kosten meist mehr als unter der Woche.

Einreise

Für einen Aufenthalt in den Vereinigten Staaten brauchen Reisende aus Deutschland, Österreich und der Schweiz kein Visum mehr. Doch ganz ohne Auflagen geht es trotzdem nicht: Seit Januar 2009 haben die USA die Einreiseformulare auf das elektronische, internetbasierte ESTA-System umgestellt. Reisende sind verpflichtet, bis spätestens 72 Stunden vor Reiseantritt per Flugzeug oder Schiff eine ESTA-Genehmigung einzuholen (https://esta.cbp.dhs.gov). Für den Antrag sind eine Kreditkarte und ein Internetzugang notwendig. Benötigt wird zudem ein Reisepass, der für die Dauer des Aufenthaltes gültig ist. Dies gilt auch für Jugendliche und Kinder.

Bereits am Check-in-Schalter am Flughafen muss die Kontaktadresse in den USA hinterlegt werden. Dies kann ein Hotel, eine Ferienwohnung oder die Mietwagenstation sein. Diese Daten werden bereits vor dem Abflug an die US-Behörden weitergeleitet – wenn der Reisende amerikanischen Boden betritt, ist er kein Unbekannter mehr.

Vorangehende Doppelseite: Blick auf die Skyline von Miami Beach
Oben: Kleines Boot vor Palmen und mondäner Kulisse
Mitte: Schön bunt – Touristen in Miamis Wynwood Art District
Unten: Kreuzfahrtschiff am Cruise Ship Terminal von Miami

Essen und Trinken

Wer nicht im Hotel oder daheim frühstückt, geht in einen *coffee shop*, wo Filterkaffee serviert und so oft kostenlos nachgeschenkt wird, wie es der Gast möchte. Dazu gibt es Eier in verschiedenen Variationen (*scrambled* = Rührei, *sunny side up* = Spiegelei, *poached* = pochiert) mit Speck oder Schinken (*bacon* oder *ham*), Bratkartoffeln und in den Südstaaten Maisgrieß (*grits*). Mittags gibt es die Auswahl zwischen verschiedenen Restaurants – wobei sich auch Lokale so nennen, die in Europa eher Imbissstuben wären. Das abendliche Dinner wird oft schon ab 17 Uhr und nur bis 21 Uhr serviert.

In fast allen Restaurants stehen am Eingang Schilder mit der Aufschrift »Wait to be seated«. Der Gast wartet hier und wird vom Personal an einen freien Tisch geführt. In gehobenen Restaurants erwarten die Angestellten dafür ein Trinkgeld.

Die Nähe zu Kuba und zur Karibik hat die Küche Floridas geprägt. Und durch die Nähe zu den Ozeanen stehen viel frischer Fisch und Meeresfrüchte auf den Speisekarten. Aber auch die typischen Steakhäuser sind reichlich vertreten.

Feste/Feiertage

Im Vergleich zu europäischen Ländern gibt es in den USA und in Florida nur wenige Feiertage. Sie fallen aber häufig auf einen Montag, sodass es dann ein verlängertes Wochenende gibt.

1. Januar: Neujahr
3. Montag im Januar: Martin Luther King Day
3. Montag im Februar: President's Day
17. März: St. Patricks Day (kein gesetzlicher, aber trotzdem ein gefeierter Gedenktag!)
Letzter Montag im Mai: Memorial Day

Oben: Parade zum Nationalfeiertag, dem 4. Juli, in Key Largo
Mitte: Kleines Café mit Charme in Crystal River
Unten: John Ringlings Wohnzimmer im Herrenhaus Ca' d'Zan in Sarasota

Oben: Junges Paar beim Sonnenuntergang in Sarasota
Unten: Stilleben am Pensacola Beach im Norden Floridas

4. Juli: Independence Day
1. Montag im September: Labor Day
2. Montag im Oktober: Columbus Day
1. Dienstag im November: Election Day
11. November: Veterans Day
4. Donnerstag im November: Thanksgiving
25. Dezember: Weihnachten

FKK

Freikörperkultur ist an vielen Stränden von Florida nicht erlaubt; Verstöße werden mit Geldstrafen geahndet. In einigen Strandhotels in Miami Beach und Key West ist das Nacktbaden und -sonnen am Meer gestattet. An allen Stränden in Miami Beach wird »oben ohne« toleriert, nicht jedoch an der Westküste sowie in Hollywood und Fort Lauderdale.

Fremdenverkehrsämter

Visit Florida
www.visitflorida.com

Geld/Währung

Europäische Währungen sind in Florida nur schwer umzutauschen und wenn, dann zu ungünstigen Konditionen. Empfehlenswert sind daher Reiseschecks, die von fast allen Restaurants und Geschäften angenommen und bei Verlust problemlos ersetzt werden. Kreditkarten (MasterCard, VISA) sind ein bequemes Zahlungsmittel, das nahezu überall und auch bei kleinen Beträgen akzeptiert wird. Zudem ist das telefonische Reservieren von Hotelzimmern, Veranstaltungstickets und Mietwagen vor Ort ohne Kreditkarte kaum möglich.

An Bankautomaten kann Bargeld mit Kreditkarte und Geheimzahl abgehoben werden, dabei fallen Gebühren von bis zu vier Prozent an.

Bargeld gibt es als Münzen zu 1 Cent (Penny), 5 Cent (Nickel), 10 Cent (Dime), 25 Cent (Quarter) und in den Banknoten 1 Dollar, 5 Dollar, 10 Dollar, 20 Dollar, 50 Dollar und 100 Dollar. Es ist in Geschäften und Restaurants weder üblich, die passende Summe in Scheinen und Münzen auf den Tresen zu legen, noch mit großen Scheinen zu bezahlen.

Golfen

Florida gilt als das »Land der 1100 Golfplätze«. Von Oktober bis April ist das Klima, anders als zur selben Zeit in Europa, ideal für den Sport auf grünem Rasen. Wer den heimischen Wintergrüns entfliehen will, findet hier eine große Auswahl an Plätzen und Herausforderungen. In den Sommermonaten ist wegen der Hitze und hohen Luftfeuchtigkeit keine Saison. Wen dies nicht beeindruckt, den erwarten finanziell günstigere Konditionen als in der Hoch-Zeit. Informationen zum Golfen in Florida: www.floridagolf.com.

Insekten

Durch den Wasserreichtum, seine Sumpfgebiete und die hohe Luftfeuchtigkeit in den Sommermonaten ist Florida ein Paradies für Moskitos. Sie dringen mit ihren Stechrüsseln mühelos in die menschliche Haut ein, saugen Blut und spritzen chemische Stoffe in ihre Opfer, die einen lang anhaltenden Juckreiz hervorrufen. Vorbeugend sollten Insektenschutzmittel direkt auf die Haut und auf die Kleidung aufgetragen werden, um die Fieslinge abzuhalten. Ebenso lästig: *No-see-ums* (»man sieht sie nicht«) – diese beißenden Sandfliegen sind so klein, dass sie mit bloßem Auge nicht erkennbar sind. Sie kommen besonders in den Sommermonaten an den Küstengebieten vor und schaffen es sogar durch die winzigen Löcher der Fliegennetze. Einzige Hilfe: Insektenschutzmittel.

Oben: Vorsicht Kokosnuss! Überall in Miami Beach säumen Palmen die Straßen.
Mitte: Golffreuden auf Captiva Island
Unten: Eine Kurzfühler-Heuschrecke im Corkscrew Swamp Sanctuary bei Fort Myers

Oben: Pelikan beim Landeanflug auf den Florida Keys
Mitte: Keine Sorge, der Dino im Jurassic Park Discovery Center in Orlando beißt nicht.
Unten: Bunte Boards im Ron Jon Surf Shop in Cocoa Beach

Internet

Empfehlenswert ist die Website www.nps.gov, auf der sich alle Nationalparks vorstellen. Viele Infos zu Bundesstaaten, Städten, Kultur und Politik gibt es auf www.usacitylink.com.

Kinder

Florida ist für Familien mit Kindern ein perfektes Reiseziel – Service wird großgeschrieben, schließlich ist schon der allerkleinste Kunde der König von morgen. Man findet Hotels mit Familiensuiten und unzählige Ferienappartements mit dem Equipment, das die Jüngsten benötigen. Die meisten Restaurants sind auf Kinder eingestellt, so gibt es häufig eine spezielle Kinderspeisekarte. In Bussen und Zügen können Kinder unter zwölf Jahren für 50 Prozent des Fahrpreises oder weniger mitfahren. Die großen Autovermietungen bieten auf Anfrage passende Kindersitze. Für kleinere Kinder halten die großen Unterhaltungsparks und auch viele Shopping-Malls am Eingang meist einen sogenannten *stroller* gegen Leihgebühr bereit. Dabei handelt es sich um Buggys oder auch größere Kinderplastikkarren.

Klima/Reisezeit

Florida wird in zwei Klimazonen geteilt: die warm-gemäßigte/subtropische im Nordwesten und die subtropische in der Südhälfte. Die beste Reisezeit für den nördlichen Teil ist der Frühling. Dann fallen die wenigsten Niederschläge, es ist warm, aber nicht zu heiß, und ab April hat das Meer Badetemperatur. In den südlichen Teil Floridas sollte man am besten im europäischen Winter reisen. Dann gibt es dort die wenigsten Regentage, es kann im Meer gebadet werden, und es ist nicht zu heiß für Ausflüge und Besichtigungen.

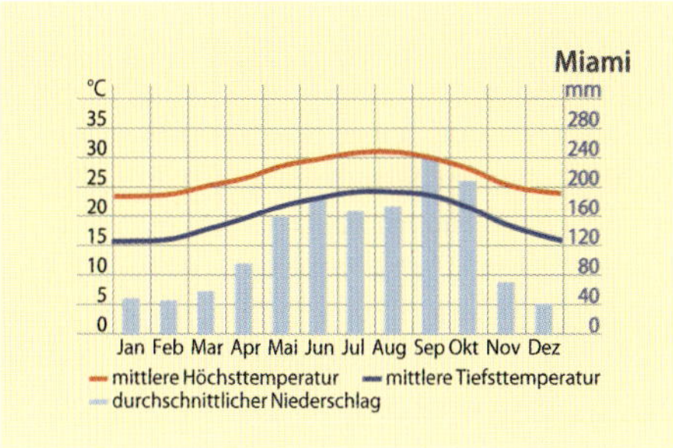

Hohe Temperaturen herrschen während der Monate Juli und August, in denen es aufgrund der hohen Luftfeuchtigkeit auch extrem schwül sein kann. Niederschlagsreich sind die Monate von Juni bis Oktober. Dies ist auch die Zeit, in der mit tropischen Wirbelstürmen, starken Regenfällen und unter Umständen auch mit Überschwemmungen gerechnet werden muss (*hurricane season*). Am häufigsten treffen Hurrikans, die über das Meer Richtung Westen ziehen, an der Südostküste, den Keys, den Everglades und dem westlichen Panhandle auf das Festland von Florida. Reisende sollten die regionalen Wettervorhersagen verfolgen und die Hinweise der lokalen Sicherheitsbehörden beachten.

Mietfahrzeuge/Verkehr

Wer ein Auto mieten will, muss mindestens 25 Jahre alt sein und einen gültigen Führerschein besitzen. Autovermietungen (Hertz, Budget, AVIS, Alamo etc.) sind an allen Flughäfen zu finden. Bei Abholung des Mietwagens wird eine Kreditkarte benötigt. Man sollte klären, ob eine Haftpflichtversicherung im Mietpreis enthalten ist. Eine Kaskoversicherung ist meistens nicht im Preis inbegriffen, wird aber bei Interesse angeboten.

Wichtig: Die meisten Kreditkarten bieten bei Unfällen mit dem Mietwagen Versicherungsschutz, wenn das Auto für maximal 15 Tage gemietet

Oben: Bootsanleger mit Strohhütte auf den Keys
Mitte: Zeit für einen Sundowner – hier mit Meerblick in Key West
Unten: Nostalgisch – Tankstelle in Quincy westlich von Tallahassee

Oben: Im hohen Bogen über der Tampa Bay – die Sunshine Skyway Bridge
Unten: Domino-Spieler in Little Havana

wurde und die gesamte Mietgebühr mit der Karte bezahlt wurde.
Die American Automobile Association (AAA) ist der wichtigste Automobilklub und unterhält Partnerschaften mit mehreren ausländischen Autoclubs. Daher sollte man seine europäische Klub-Mitgliedskarte bei sich führen.

Notrufnummern

Die Telefonnummer für den Notruf: 911

Krankenwagen, Feuerwehr und Polizei werden unter dieser Nummer alarmiert. Bei akuten Verletzungen – oder falls kein Arzt in der Nähe ist –, kann das nächstgelegene Krankenhaus aufgesucht werden. Europäische Reisende müssen in den USA als Privatpatienten entweder sofort bezahlen oder eine Kreditkarte vorweisen. Empfehlenswert ist der Abschluss einer Auslands-Reisekrankenversicherung, die für Urlaubs- oder Geschäftsreisen bis zu sechs Wochen zwischen 10 und 20 Euro kostet.

Post

Die Postämter des United States Postal Service (USPS) haben in der Regel montags bis freitags von 8 bis 17 Uhr und samstags bis 14 Uhr geöffnet, wobei dies von Filiale zu Filiale und von Stadt zu Stadt abweichen kann. Briefmarken erhält man im Postamt, an Automaten und in Souvenirgeschäften.

Rauchen/Spirituosen

In den meisten öffentlichen Gebäuden sowie in Zügen, Bussen und Taxis ist das Rauchen nicht erlaubt. Auch in Gaststätten und Cafés, in denen Essen serviert wird, ist es verboten. Viele Restaurants bieten ihren Gästen die Möglichkeit, im Freien zu rauchen. Hotelzimmer sind in die Kategorien »Raucher« und »Nichtraucher« eingeteilt. Alkohol ist in Florida nur in speziellen Spirituosenhandlungen erhältlich oder in Lokalen, die eine Lizenz besitzen. Angebrochene Flaschen dürfen nicht im Auto mitgeführt werden und müssen in der Öffentlichkeit mit einer Tüte umhüllt sein. Verkauft werden darf Alkohol nur an Kunden, die älter als 21 Jahre alt sind.

Shopping

In den USA gibt es keine geregelten Ladenschlusszeiten. Supermärkte haben meist täglich bis 22 Uhr geöffnet, einige auch rund um die Uhr. Shopping-Malls sind während der Woche von 10 bis 21 Uhr geöffnet, sonntags von 10 bis 18 Uhr. Saisonale Schlussverkaufs-Aktionen gibt es nicht, rund ums Jahr locken »Sale«-Verkäufe mit zum teil erheblichen Preisreduktionen die Konsumenten.

Sprache

Amtssprache ist Englisch. In manchen Teilen Floridas (Südspitze der Halbinsel und den Keys) ist aufgrund der zahlreichen Einwohner aus Kuba und Südamerika Spanisch weit verbreitet.

Strafzettel

Strafzettel wegen Falschparkens, überhöhter Geschwindigkeit oder Ähnlichem sollten unbedingt sofort bezahlt werden. Andernfalls könnte es bei der nächsten Reise in die USA zu Problemen kommen. Wer nicht zahlt, riskiert eine Haftstrafe oder ein lebenslanges Einreiseverbot.

Stromspannung

In den USA beträgt die Stromspannung 110 Volt, in der EU sind es 220/230 Volt. Mitgenommene

Oben: Künstlerisch gibt sich Fort Worth – auch die Mode ist hier schräg und bunt.
Unten: Oder doch den? Zwei junge Damen beim Hutkauf

Oben: »Petri Heil« beim Hochseeangeln auf dem offenen Meer
Unten: Gänsemarsch mit Board am Strand von Cocoa Beach

Elektrogeräte müssen auch mit diesem Wert funktionieren. Notwendig ist in jedem Fall ein spezieller Reisestecker (Adapter), den man am besten schon daheim im Fachgeschäft kauft.

Telefon

Die Vorwahl von Deutschland, Österreich und der Schweiz in die USA ist 001.
Die Vorwahl von Florida nach
Deutschland: 0 11 49
Österreich: 0 11 43
Schweiz: 0 11 41

Wichtige Telefonnummern

Fluggesellschaften (innerhalb der USA kostenlos)
Condor: 1 800 364 1667
Lufthansa: 1 800 645 3880
Air Berlin: 1 866 266 5588
Martinair: 1 800 366 4655
Swiss: 1 877 359 7947
Air France: 1 800 992 3932
British Airways: 1 800 247 9297
American Airlines: 1 800 433 7300

Konsulate
Deutsches Generalkonsulat in Miami: 305 358 0290
Deutsche Honorarkonsulin in Naples: 239 821 6504
Deutscher Honorarkonsul in Orlando: 407 843 2111
Österreichisches Konsulat in Miami: 305 325 1561
Schweizer Konsulat in Miami: 305 377 6700

Tiere

Bei der Mitnahme von Hunden in die USA muss ein tierärztliches Gesundheits- und Tollwut-Impfzeugnis vorliegen. Dieses Zeugnis muss mindestens einen Monat vorher ausgestellt werden und gilt höchstens ein Jahr.

Touristeninformation

In allen größeren Orten Floridas findet man die »Convention & Visitors Bureaus«. Hier erhalten Touristen Informationsmaterial zu den einzelnen lokalen Sehenswürdigkeiten.

Trinkgeld

Tip oder *gratuity* heißt in den USA das Geld, das man bei einer Rechnung als Trinkgeld einkalkulieren sollte. Für die Höhe der Summe gibt es Faustregeln: Bedienungspersonal lebt im Wesentlichen von Trinkgeldern. Hier sollte man, je nach Zufriedenheit, 15 bis 20 Prozent der Rechnungssumme zahlen. Bei Kofferträgern zahlt man 1 Dollar pro Gepäckstück; Taxifahrer erhalten 10 bis 15 Prozent zuzüglich zu den geforderten Fahrtkosten und 20 Prozent, wenn der Fahrer beim Ein- und Ausladen der Koffer behilflich war. Zimmermädchen erwarten 1 bis 2 Dollar pro Übernachtung.

Zoll

In die USA dürfen 200 Zigaretten, 1 Liter alkoholische Getränke sowie Geschenke im Wert von bis zu 100 Dollar eingeführt werden. Für Bargeldbeträge ab 10 000 Dollar muss ein zusätzliches Zollformular ausgefüllt werden.
Strengstens verboten ist die Einfuhr von Fleischprodukten, Obst, Gemüse, Pflanzen, Erde oder Samen, Feuerwerksartikeln, pornografischem Material, Drogen, Klappmessern, Giften und Arzneien. Medikamente für den Eigenbedarf sollten vom Hausarzt durch ein Attest aufgelistet werden. Erlaubt ist die Mitnahme von Backwaren und haltbar gemachtem Käse.
Bei der Ruckreise gilt in Deutschland und Osterreich pro erwachsener Person die Wertfreigrenze von 430 €; in der Schweiz betragt diese 300 CHF (Stand 2015).

Oben: Futuristische Architektur – Parkhaus in Miami Beach
Unten: Blick auf den Pool des luxuriösen »Eden Roc«-Hotels in Miami Beach

Florida für Kinder

Miami und die Florida Keys

Florida Keys Wild Bird Center. Was 1984 als private Initiative eines Tierarztes begann, ist heute eine Vogelklinik für Ibisse, Kormorane, Kraniche und Pelikane. Tgl. von Sonnenaufgang bis -untergang, 93997 Overseas Hwy., Tavernier, FL 33070, Tel. 305 852 4486, www.keepthemflying.org

Miami Zoo. Mehr als 100 Tierarten leben in Gehegen, die natürlichen Lebensräumen nachempfunden sind. 1982 eröffnet, wurde der Zoo 1992 von Hurrikan *Andrew* verwüstet, doch danach wieder aufgebaut. Mo–Fr 10–17 Uhr, Sa, So 9.30–17.30 Uhr, 1 Zoo Blvd., 12400 Southwest 152 St., Miami, FL 33177, Tel. 305 251 0400, www.zoomiami.org

Dinosaur Word Plant City: Bin ich nicht mutig?

Monkey Jungle. Auf einer riesigen Fläche tummeln sich hier Orang-Utans und Makaken. Tgl. 9.30–17 Uhr, 14805 Southwest 216th St., Miami, FL 33170, Tel. 305 235 1611, www.monkeyjungle.com

Robbie's Pier. Jeden Tag werden am Kai für die Fähre nach Lignumvitae Key die bis zu 2,5 m langen Tarpons gefüttert. Mile Marker 77.5, Islamorada, Tel. 305 664 9814, www.robbies.com

Die Everglades und Big Cypress Preserve

Everglades National Park Boat Tours. Vor allem für kleinere Kinder sind ruhigere und nicht allzu lange Touren geeignet. Hier werden viermal täglich 1 ½-stündige Ausflüge durch das Ten Thousand Islands National Wildlife Refuge angeboten, bei denen man Delfine, Manatis, Weißkopfadler und Rosa Löffler treffen kann. Gulf Coast Visitor Center, Everglades City, Tel. 239 695 2591, www.nps.gov/ever

An der Golfküste

Children's Science Center. 3-D-Shows, Berichte über Fossilien, Muscheln, Wetter und Wasser. Kinder aller Alterstufen werden hier spielerisch mit den Naturwissenschaften vertraut gemacht. Außerdem gibt es ein Reptiliengehege und einen Schmetterlingsgarten. Mo–Fr 9.30–16.30 Uhr, Sa, So 12–17 Uhr, 2915 Northeast Pine Island Rd., Cape Coral, FL 33909, Tel. 941 997 0012, www.tryscience.org

Imaginarium Hands-On Museum and Aquarium. Naturwissenschaften zum Anfassen, Experimentieren, Forschen und Entdecken. Di–Sa 10–17 Uhr, So 12–17 Uhr, 2000 Cranford Ave., Fort Myers, FL 33916, Tel. 239 321 7420, www.imaginariumfortmyers.com

Museum of Science & Industry. Dieses Museum zählt zu den modernsten technisch-naturwissenschaftlichen Museen der USA und ist ein einziges Entdeckungsparadies. Neben wechselnden Ausstellungen gibt es hier ein Planetarium, ein IMAX-Kino und das über 50 Meter große Skelett eines Dinosauriers. Mo–Fr 9–17 Uhr, Sa, So 9–18 Uhr, 4801 East Fowler Ave., Tampa, FL 33617, Tel. 813 987 6315, www.mosi.org

The Florida Aquarium. Wassertanks simulieren Korallenriffe, Tiefsee und Marschen mit 10 000

Meerespflanzen und -bewohnern. In einem Becken können die Kids Meerestiere berühren. Tgl. 9.30–17 Uhr, 701 Channelside Drive, Tampa, FL 33602, www.flaquarium.org

An der Atlantikküste

Angell & Phelps Chocolate Factory. Während einer 30-minütigen Gratistour kann bei der Schokoladenherstellung zugeschaut werden – Kostproben inklusive. Mo–Sa 9.30–18 Uhr, 154 South Beach St., Daytona Beach, FL 32114, Tel. 386 252 6531, www.angellandphelps.com

Kona Statepark. Hier mischen sich Historie und Schwung: Der Park gehört zu den ältesten, für Fachleute zu den besten Skateparks in den USA. Tgl. 13–21 Uhr, Sa 10–22 Uhr, So 12–21 Uhr, 8739 Kona Ave., Jacksonville, FL 32211, Tel. 904 725 8770, www.konaskatepark.com

Ripley's Believe It or Not! Eine Kugel aus einem Volkswagen geformt, Malerei auf Kartoffelchips, skurrile Schulbrote – einfach absurd! Tgl. 9–19 Uhr, 19 San Marco Ave., St. Augustine, FL 32084, Tel. 904 824 1606, www.staugustine-ripleys.com

Rund um Orlando

Green Meadows Farm. 300 Tiere warten auf diesem Bauernhof am Rande Orlandos darauf, gestreichelt, gemolken, geritten und bewundert zu werden. Es gibt Lagerfeuer, Exkursionen zu Pferd oder einfach eine Antwort auf die Frage: Wer legt mein Frühstücksei? Tgl. 9.30–16 Uhr, 1368 South Poinciana Blvd., Kissimmee, FL 34746, Tel. 407 846 0770, www.greenmeadowsfarm.com

Im Norden

Beach Sand Sculptures. In zweistündigen Kursen lernt man von Experten, wie man die tollsten Sandburgen baut. Anmelden genügt, das nötige Werkzeug bringt der Sandmann mit. Beach Sand Sculptures, Santa Rosa Beach, FL 32459, Tel. 303 681 2631, www.beachsandsculptures.com

Gulfarium. Shows mit Delfinen und Seelöwen, riesige Becken mit Haifischen, Meeresschildkröten und Stachelrochen. Tgl. 9–16 Uhr, 1010 Miracle Strip Parkway Southeast, Fort Walton Beach, FL 32548, Tel. 850 243 9046, www.gulfarium.com

Entdeckerspaß im Museum of Science & Industry

Kleiner Sprachführer

Floridas subtropische Tier- und Pflanzenwelt bietet viele Besonderheiten, die man als Besucher kennenlernen möchte. So sind mehr als 200 Baum- und 3500 Pflanzenarten hier beheimatet. Neben einheimischen Vertretern gibt es auch einige »Zugewanderte«. Nicht minder vielfältig und aufregend ist die Tierwelt – und keineswegs immer harmlos.

FAUNA

Alligator Alligator; lebt in vielen Parks und Tierschutzgebieten. Vorsicht: Er kann blitzschnell sprinten

American Crocodile Krokodil; es hat eine schmalere Schnauze als ein Alligator, wird etwas größer und scheut die Nähe des Menschen

Anhinga Schlangenvogel; beim Schwimmen hält er den Körper unter Wasser

Armadillo Gürteltier mit urzeitlichem Aussehen

Bald Eagle Weißkopfseeadler; seit 1782 das Wappentier der USA

Bobcat Rotluchs; er ist größer als eine Hauskatze und hat messerscharfe Zähne

Bald Eagle – der Weißkopfseeadler

Dolphin Delfine sind rund um Floridas Küsten anzutreffen

Florida Black Bear Schwarzbär; mit seinen gekrümmten Krallen kann er sogar Bäume erklimmen

Florida Panther eine Unterart des Pumas; lebt in den Everglades

Florida Sandhill Crane Kranich; in städtischen und ländlichen Gebieten anzutreffen

Florida Scrub Jay Buschblauhäher; kommt nur in Florida vor

Gopher Tortoise die einzige heimische Schildkrötenart der USA; sie gleichen Meeresschildkröten, können aber nicht schwimmen

Great Blue Heron Reiher; wird bis zu 1,20 Meter groß

Horse Conch Riesenbandmuschel; wird bis zu 60 Zentimeter groß

Key Deer Weißwedelhirsche; sie werden nicht größer als ein Hund

Manati Seekuh; die sanftmütigen Dickhäuter sind Verwandte der Elefanten

Mockingbird Spottdrossel; der Staatsvogel Floridas ahmt den Gesang anderer Vögel nach

Northern Right Whale bedrohte Walart; ihre Jungen bringt sie in den nordöstlichen Küstengewässern Floridas zur Welt

Opossum Floridas einziges Beuteltier; es ist nachtaktiv und stellt sich bei Gefahr tot

Osprey Fischadler

Pelican robuster Ruderfüßer; lebt an Stränden und Wasserwegen

Racoon Waschbär; das nachtaktive Tier gehört zur Familie der Kleinbären

Roseate Spoonbill rosafarbener, einheimischer Löffler; kommt hauptsächlich im Süden Floridas vor

Sailfish Atlantischer Fächerfisch; der offizielle Salzwasserfisch des Sunshine State

Sea Turtle Meeresschildkröte; sie baut ihre Nistplätze an beiden Küsten Floridas

Shark Hai; in Florida sind vor allem der Sandtigerhai, der Zitronenhai, der Hammerhai und der Bullenhai beheimatet

Snook Fisch aus der Familie der Barsche

Stingray Stachelrochen; seine Giftstachel benutzt er nur zur Verteidigung

Striped Skunk Stinktier

FLORA

Australian Pine Kängurubaum; er ziert viele Strände und Küstengebiete

Beach Sunflower hübsche Küstenblume mit gelben Blüten

Brazilian Pepper der weit verbreitete Zierbaum stammt aus Südamerika und hielt Ende des 19. Jahrhunderts in Florida Einzug

Cabbage Palm großwüchsige Palmenart; in den Südstaaten heimisch

Coconut Palm Kokosnusspalme; wird bis zu 30 Meter hoch

Firebush Hamelia; rotblühend und weit verbreitet

Ghost Orchid die berühmteste der 100 einheimischen Florida-Orchideen

Gumbo Limbo Weißgummibaum mit federähnlichen Blättern und glänzender, roter Rinde

Live Oak Floridas historischer Baumbestand besteht vor allem aus diesen Virginia-Eichen, oft mit spanischem Moos behangen

Eiche mit »Spanish Moss«

Longleaf Pine Sumpfkiefern; einst bedeckten sie in Florida Hunderttausende von Hektar Land. Heute werden sie wieder aufgeforstet

Orange Blossom wachsartige, duftende Orangenblüte

Red Mangrove bekannteste der drei Mangrovenarten Floridas mit rötlichen Wurzeln

Florida Royal Palm einheimische Palme mit duftenden Blüten

Sabal Palm Palmettopalme; der Staatsbaum Floridas

Saw Palmetto winterharte Fächerpalme

Sea Grape die »Meertraube« wächst als salztolerante Pflanze an vielen Stränden

Sea Oats Plattährengras; weit verbreitete Dünenpflanze

Spanish Moss Luftpflanzen (Epiphyten), die von Eichenbäumen herabhängen

Swamp Lily weißblühende Lilie; in Feuchtgebieten zu Hause

IMPRESSUM

Produktmanagement: Claudia Hohdorf
Lektorat: Rosemarie Elsner
Korrektorat: Viola Siegemund
Layout: Roman Bold & Black
Umschlaggestaltung: Fuchs-Design, Sabine Fuchs, München
Repro: Repro Ludwig, Zell am See
Kartografie: Kartographie Huber, Heike Block
Herstellung: Bettina Schippel
Printed in Slovenia by Florjancic

★★★★★

Sind Sie mit diesem Titel zufrieden? Dann würden wir uns über Ihre Weiterempfehlung freuen.
Erzählen Sie es im Freundeskreis, berichten Sie Ihrem Buchhändler, oder bewerten Sie bei Onlinekauf. Und wenn Sie Kritik, Korrekturen Aktualisierungen haben, freuen wir uns über Ihre Nachricht an Bruckmann Verlag, Postfach 40 02 09, D-80702 München oder per E-Mail an lektorat@verlagshaus.de.

Unser komplettes Programm finden Sie unter

www.bruckmann.de

Alle Angaben dieses Werkes wurden von den Autoren sorgfältig recherchiert und auf den neuesten Stand gebracht sowie vom Verlag geprüft. Für die Richtigkeit der Angaben kann jedoch keine Haftung übernommen werden.

Bildnachweis:
Alle Bilder des Innenteils und des Umschlags stammen von Christan Heeb, außer:
Brevard Museum, S. 178; Bridgewater Inn/Matlacha, S. 140 o. ; Bubba Gump Shrimp Co. Orlando, S. 237 u.; Hard Rock Hotel Universal Orlando, S. 237 o.; Hutchinson Island Marriott Beach Resort & Marina, S. 188 u.; IGFA Fishing Hall of Fame and Museum, S. 214; Jaguar Hospitality Group, S. 41 o.; LILA PHOTO/The Breakers Palm Beach, S. 22 o.; Marriott International, Inc., S. 117; Museum of Science and Industry Tampa, S. 283; Press Photos Canyon Ranch, S. 55; Roberto Gonzalez/Orlando Science Center, S. 224; SeaWorld Parks & Entertainment, Inc., S. 242 o., 243 (3); Secundino Hernandez/Rubell Family Collection, S. 59; Simon Hare, S. 61 u.; The Margulies Collection at the Warehouse, S. 57; Turtle Beach Resort, S. 132 u., 133 o.; Visit Sarasota County, S. 274 o.; Waldorf Astoria Orlando, S. 225; Shutterstock: Silken Photography, S. 136 u.; Stockfood/svry, S. 69 u.; Action Sports Photography, S. 173; Arto Hakola, S. 70 u.; Besjunior, S. 15 u.; Celso Diniz, S. 177; Don Fink, S. 86; ecadphoto, S. 239; Edward Fielding, S. 233 o.; FloridaStock, S. 202 o.; gary yim, S. 84 u.; Henry Hazboun, S. 222 o.; Irina Silayeva, S. 266 o.; jeff gynane, S. 99; Jesse Kunerth, S. 176 u., jo Crebbin, S. 96 o.; Jon Bilous, S. 136 o.; Jorg Hackemann, S. 98 u.; Juneisy Q. Hawkins, S. 45, Kamira, S. 232 o., 235; Ken Durden, S. 236 o.; Mark Winfrey, S. 127, MARKABOND, S. 240; Mary Terriberry, S. 175 u.; Off Axis Production, S. 63; Paul Brennan, S. 268 o.; picturepartners, S. 204 u.; Pieter De Pauw, S. 72 o., Richard Cavalleri, S. 42 o.; Richard Goldberg, S. 37; Rob Hainer, S. 219; Rob Wilson, S. 159 u.; Roka, S. 232 u.; Snapper 68, S. 6 2.v.o.; Songquan Deng, S. 218 o.; Steven Frame, S. 248 o.; Varina and Jay Patel, S. 84 o.; visceralimage, S. 70 o.; William Silver, S. 98 o.; Wikimedia Commons: S. 6 2.v.u., 100, 101, 248 u., 264 u., 268 u.; LoneStarMike, S. 156 u.; Michael Lowin, S. 241 o. und u.; Rob Bixby, S. 159 o.; Wikipedia: Averette, S. 60 o. und M.; Brian Marshall, S. 242 u.; ClaudiaTampa39, S. 118 u.; Ebyabe, S. 72 u., 72, 157, 161, 162 o., 174 u., 246 u.; Invertzoo, S. 7 o., 139; Ironman11, S. 267; Karin Yarnell, S. 119; Mick Fournier, S. 97; Rborroto, S. 204 o.; Rcragun, S. 128 o.; Stephen B Calvert Clariosophic, S. 188 o.; WillMcC, S. 242 o.; www.sarasotafl.org, S. 5 o.

Umschlag:
Vorderseite: Oben: Flügel eines Rosalöfflers (Shutterstock/jo Crebbin); Mitte links: Teilnehmer des Hemingway Days Festival in Key West (Shutterstock/Chuck Wagner); Mitte rechts: Im Big Cypress National Preserve (Franz Marc Frei); Unten: Clearwater Beach, Tampa Bay (Franz Marc Frei); Rückseite: Links: Im Hafen von Key West; Rechts: Silberreiher in den Everglades

Die Deutsche Nationalbibliothek verzeichnet diese Publikation in der Deutschen Nationalbibliografie; detaillierte bibliografische Daten sind im Internet über http://dnb.d-nb.de abrufbar.

ISBN 978-3-7654-6825-4